悠紀主基地方風俗歌屏風（昭和天皇即位御大礼） 悠紀地方（川合玉堂画）
（東京国立博物館蔵・『皇室の名宝』より転載）

日本文化のかなめ

つがやま市民教養文化講座二十年の記録

発刊にあたり

そろそろ「守山学」について考えてみましょうか。

日ごろ「つがやま市民教養文化講座」の運営に携わっていただいております先生からのご発言でありました。

「それぞれの地域には、それぞれの地域に根づいた独自の文化があり、それらの地域のもつ条件に恵まれ、あるいは制約されて、精一杯花開いたものが、その地域の文化というものである。近江太郎野洲川という大川の恵みで育まれたこの地方の文化に肌で触れ、これを学んでいこう。」という目的で始められた「つがやま市民教養文化講座」が二十年目を迎えたときの課題でありました。この講座は、財団法人守山市野洲郡勤労福祉会館「つがやま荘」が開館した翌年の昭和五十六年四月から開講したものであります。

守山学とは守山を中心とした地域で育まれた文化をテーマにしたものです。中央に琵琶湖をかかえる滋賀県は、近江一国からなり、日本列島の東と西をつなぎ、本州のほぼ中央の「ヘソ」に位置します。そして、いつの時代においても文化・経済の接点、動脈にあたり人びとに鼓動を与えてきました。司馬遼太郎の紀行文『街道を行く』も近江から始まります。その中で、野洲川流域に展開した歴史と文化は、日本の歴史と文化を象徴するものでありました。

野洲平野に繰り広げられた歴史は、本書を通して、弥生の下之郷遺跡と伊勢遺跡・銅鐸文化から説き始め、近江太郎といわれる野洲川がもたらした豊穣の地に発達した荘園と、荘園の崩壊にともなって成立した惣村の文化について述べられています。東山道の一国としての近江国は、悠紀主基の文化を留めた近江にスポットをあて都の文化と直接に結びついていた姿を掘り起こされました。また、近江商人にもまして劣らず日本の文化・経済に影響を与えた辻村の鋳物師の活躍に脚光を与えられました。

そして、二十一世紀を指向する若い人びとの思惟を紹介することができました。

一口に二十年と申しましても、国内外ともにきわめて変化の激しい「激動の時代」でありました。世界的な国家体制の変革をはじめ、政治・経済・科学・環境などあらゆる分野にわたって、これまでにわたしたちが経験したことのない大きな変化が日常的に生起し、これにともない市民の暮らしの中に新しい生活様式への志向がおこり定着しはじめました。

物質的に豊かになったわたしたちの生活様式も、一面では多くのひずみをもたらし、自然や文化との触れあいや人とひととの心の触れあいがややもすると軽視されてきました。いま、このような生き方の傾向を見直す気風がおこりはじめています。その背景には、人びとの意識の大きな変化があります。

「モノやカネ」優先から「こころや精神の豊かさ」へ、経済一辺倒から生活のなかに文化的バランスをとり戻すことへ、個人主義から人とひととの触れあいや、連帯意識を大事にする価値観へ。これらの価値基準は、わたしたちの祖先や先輩たちがこれまでに大切にしてきたかけがえのない財産でもあります。このことは精神の復興であり、いわば「文化・生活ルネッサンス」とも呼べるものであります。

文化講座二十年の星霜を振り返ってみますと、この間に一七〇人に及ぶ講師から多彩な内容ある講義を承り、併せて年二回実施いたしましたエクスカーションから多くのことがらについて学んでまいりました。講座の十年の節目には、すべての講師から講義のテーマに関してエッセイをいただき『都賀山』と題して論集を刊行いたしました。そして今回の二十年目を記念して、講座に関連して守山市・中主町・野洲町に居住されるか、勤務地をもたれる方々から稿を寄せていただきました。ここに体系的に纏められました論旨は、まさに「守山学」というのに相応しい内容のものではないかと思います。これは講師・受講者・開催者の心をつないで完成されたものであると確信いたします。わたしどもが提唱しようとします守山学が、新たなる文化の創造をねがい、このエネルギーが郷土の発展と、新たなる明日への文化の創造に寄与することかとおもいます。
最後になりましたが、稿を寄せていただきました先生がた、またこの本の編集の労を賜りました先生がたに衷心より御礼申し上げます。そして、この本の刊行をお勧めいただきましたサンライズ出版の岩根治美氏に満腔の謝意を申し上げます。

平成十二年十二月八日

財団法人 守山市野洲郡勤労福祉会館「つがやま荘」理事長
武冨寛幸

目次

一　守山地名考

内田秀雄
高橋正隆

守山地名考

守山の「もり」は地名語源的にいうならば「やま」の意味である。それでは、やまが重なって守山の説明にならぬ。

守山の地名は比叡山の東門を守る寺、すなわち守山寺東門院によるものとする考え方がある。なるほど、方角からみても、まことにぴったりで、頷かれるのであるが、史実は必ずしも、それを証することができない。そこで、その地名はもっと古く、大和朝廷が枢要の地においたとされる「山守」・「山部」に由来するものであろうと考えてみた。

一

『日本書紀』の応仁紀五年秋八月の条に「諸国に海人および山守部を定めしむ」とのことが出ており、同じく清寧・顕宗紀にも「山守」・「山部」の記事がある。しかし、ただそれだけの記述であり、内容に乏しく、しかも、その後このような部民のことは大化の改新で廃止されたので、資料の不足から、彼らの実態に関することは明らかにされ得ないという。井上光貞博士によると、山守・山部は大和朝廷の直轄の山林の民で、全国的におかれたらしく、隷属の民とはちがって、自営の農民で、必要があれば、栗・葛・竹などの山林の生産物を貢納していたもののようである。それは海人（海部）が海辺にあつて、海産物を献上していたのと対をなしている。彼らはその居住地では「山部首」または「山部直・公」に統轄されていたが、これらの地方に散在する山部首や山部の集団は、中央では、海人が「阿曇連」に属していたように、山部連に所属していたという。

しかし、さらに応仁紀四十年の条をみると、天皇が大山守命と大鷦鷯尊の言う所をよしとして、尊を皇子菟道稚郎子の後見人とし、同じ日に大山守命を任命して、「山川林野」をつかさどらしめたとある。その名のごとく山守にしたのである。この一片の記事だけからわたくしの判断であるが、これに依ると、山守は単に山だけではなさそうで、山・川・林・野をも管理せしめたことになる。そうすると、どこの土地でも山川林野があるとは限らぬから、その支配地はおそらく、そのような枢要な土地ということになろうか。

『万葉集』巻三に額田王の「紫野行き標野行き、君が袖ふる野守は見ずや」の有名な歌があるが、そのほか万葉には島守・防人に関する歌が多く、応仁紀の山守とは時代は降っているが、これによって種々の守人がおかれていたことが知られる。なかでも山守が最も多くおかれていたようである。

この多くおかれていた「山守」が地名となって伝えられているものは、わずかに大和と伯耆にふたつあるのみで、大和のものは今はない。ところが、山部・山守は「守山」と入れ代って地名となっているという新妻利久博士の説がある。「森山」「守山」の地名となると全国に広

琵琶湖大橋

く残って、吉田東伍博士の『大日本地名辞書』だけをみても十八をあげうる。なるほど、人を中心に考えると山守であるが、土地を中心にしていえば守山である。地名として定着するには、「守人の山」の守山が自然であろう。守山・森山は、この山守の転化しているものと考えるのである。

この地名をたどって行くと、近江・尾張・伊豆、さらに伊奈谷から碓氷峠を経て陸奥に至る交通路が推察される。「森」の地名は「守」が変わったもので、そのことは紀伊・関東・北海道などの森林地域にこれが殆どなく、東北地方に俄然多いのは興味を引くものである。これは大和朝廷の東国経営のため見張りのよい山上に守人をおいたことから守山となったと考えている。

従って新妻博士は各地にのこる守山という地名は三世紀頃の大和朝廷の勢力圏を示すものであって、これによって、「やまだい国大和説」の一つの論拠としているのである。

わが守山もこの山守・山部に由来するものと考えてよいであろうか。

してみると、山部・山守は、交通要路の山川林野のある守備隊的な性格をもあわせもったものであったであろうか。わが守山はそんなに早く大和朝廷と直接関係をもっていたのであろうか。ところが、それが大いにあり得ると思われるのである。

応仁天皇に先だって、近頃いわれている鳥越憲三郎博士の葛城王朝の流れを引く開化天皇の皇子、日子坐王が三上山の山麓にその居を定め、和珥氏と連携し息長氏と婚姻関係を結び、のちにこれは安国造となり、いわゆる和珥（湖西）と息長（湖北）に広がつて、野洲を中心として、高穴穂宮の景行・成務・仲哀の林屋辰三郎博士の主張される近江王朝が成立するのである。近江王朝はとにかくとして、三上山を中心として大きな政治勢力が生まれていたことはまちがいないであろう。日子坐王の近江での一応の統一は四世紀の始めと考えられている。

考古学的には、野洲平野に展開した人びとの生活の跡は「ムラ」から「クニ」へと成長し、更に強固な権力が芽生えて大岩戸の古墳群を形成したことを物語っている。『日本書紀』の記録に従えば、持統天皇の七年（六九三）に益須寺の醴泉の出現、翌八年にはこの吉祥によって益須郡の雑徭免除の史実を載せている。このころ近江国には七十余の古代寺院のあったことが発掘調査で明らかにされているが、六国史に見えるのは益須寺のみである。この地が如何に大和朝廷と深いかかわりあいがあったかを示すものであろう。

三上山に向かって、野洲川の橋頭堡としての守山は、「山川林野をそなえて」東国に対して、重要地そのものである。

二　守山の地名として、最初に文献に現われるのは『古今和歌集』巻五の紀貫之の歌である。「守山の辺にて詠める」と詞がきして、

白露も時雨も甚く洩る山は
　下葉残らず色づきにけり

とある。この歌は石山から守山辺に足を延ばしての作であるが、守山のどの辺りか判明しないが、後の東山道、中山道の古大路（今は小大路とかく）、堀海道、泉海道、馬路石辺神社（式内）・益須廃寺あたりの湧水豊かな野洲川周辺のそれらをとりまくうつ然たる広葉林の守山をさしたのであろうか。ここは野洲川の扇頂近くの一種の丘陵地で、左に比叡、右に比良の連峰を大観し、一望十里の沃野を

展望しうる、すばらしく見晴らしのよい所である。山あり川あり森林あり平野あるの、まさに風光明媚の「山川林野」の地である。

この歌からは守備隊的な色合はうかがいえないが、その後、この歌が貫之の権威のもとに一種の規範となって、永くその伝承がつづけられて行くが、それらをはぶいて、『千載和歌集』嘉応元年の大嘗祭神遊歌に

すべらぎを八百万世の神も皆
ときはに守る山の名そこれ

『新古今和歌集』永承元年後冷泉天皇大嘗会の式部大輔資業の詠歌に

すべらぎをときはかはにもる山の
山人ならし山かづらせり

がある。いずれも同巧異曲のもので、即位式のものであるため、天皇を祝福するものであるが、悠紀主基地方の屏風絵の風景を詠む歌絵の主題に多く守山の地が詠まれている所にその意義をみとめたい。すなわち、語り伝えられてきた伝承によって、古代の山守・山部の姿を詠じているものであろう。

三　かくの如く、守山の地名は古代の山部にもとづくものであろうことを述べたが、これに対して、古くから、守山の地名は叡山の東門にあって、山を守る守山寺東門院に由来すると云う考えがある。『近江国輿地志略』には「東門院」の伝承をのせているが、それによると、

「寺僧曰、守山寺と号することは、桓武天皇叡山御建立の節、当寺へも御幸あって、我山を守護し奉

る所なればとて、地を守山といひ寺を守山寺と号す。守山駅の名此時に始る」とあって、守山の地名は守山寺に由来するとしている。東門院の草創に関して『守山市史』には簡単にふれて、「大和朝廷以来、深い関係のあった守山の地に、平安京都城の守護の願いをこめて、延暦寺などとのかかわりあいとともに寺観がととのえられ、東門院・守山寺の歴史が人びとの間に語りつたえられた。」としている。ここで「大和朝廷以来、深い関係のあった」というのも、以上述べてきた、山部の駐屯地であったことをも、関係の一つとして指しているのである。

『市史』の云う如く、守山寺は比叡山の山を守るの意があったとしても、それはよくあるように寺の縁起を権威づけてあるものであって、すでに、もっと古くからあった守山の地名に由来するものでなかろうかと考える。

（内田秀雄）

〔参考文献〕
山中襄太『地名語源辞典』板倉書房（昭和五十年）
井上光貞『日本古代史の諸問題』思索社（昭和四十七年）
新妻利久『やまと耶馬台国』新月社（昭和四十三年）
大津市教育委員会『日本文化の源流近江』（昭和五十年）
鳥越憲三郎『神々と天皇の間』朝日新聞社（昭和四十五年）

歴史を語る地名と忘却される地名

琵琶湖と近江の文化　明治二十九年に湖国を襲った水害がきっかけとなって、明治三十八年に南郷の洗堰が建設されると、琵琶湖の水量を調節して一定の水量を保つようになり治水の目的が達成された。私どもは、近江国を琵琶湖を中にして、湖北・湖西・湖東・湖南の四ブロックに分けて、文化圏を認識してきた。そして、昭和三十九年に琵琶湖大橋が誕生すると、琵琶湖の東と西を直結して、湖国の新しい文化圏の成立を期待された。しかし湖国の文化と歴史を考える場合には、かつては常に変動した琵琶湖の水位の中での人びとの営みを無視することは出来ないのである。

滋賀県教育委員会が県下に伝世する室町時代以前の大般若経の悉皆調査した結果、識語の調査によって琵琶湖を中心にして、県下一円に亙って人びとの交流のあった事実が証明された。また、埋蔵文化財の調査の成果から、物流によってさまざまな交流の跡が明らかにされた。さらに、市町村立の博物館が推進した地域文化の発掘調査の個々の成果を加えると、琵琶湖を挟んで人びとの交流があって、湖国特有の文化を形成してきたことを証明することが可能となる。これから叡知を集めて叙述しようとする湖国の文化は、日本文化の根幹を成すものであることに気付く。

地名の変遷　こうした文化の残影は、旧い地名によって窺うことができる。市町村の合併が促進され、広域の地方自治体が成立すると、歴史的に由緒を留めていた地名が忘却される結果となった。そして、この失われつつある地名にこそ、湖国の歴史を留める大切なキイワードがあったのである。

かつての荘園の集落から近世郷村制に移行してできた村は、明治二十二年に市町村制が施行されて、統廃合された。近郊では、新しく守山村・物部村・小津村・玉津村・河西村・速野村・中州村・兵主村・野洲村・中里村・祇王村となった。さらに、昭和十五年に制定された市町村合併促進法により、紆余曲折を見ながら守山市・野洲町・中主町が成立した。その中には由緒を留める村から別れてそれぞれの自治体に所属した処もあった。

新しく地方自治体が誕生すると、文化の中心であった村の名を継承するもの、合成の新しい町名を創作するものがあった。集落や小字名のなかには、条里制や荘園の名残りを窺うことのできる由緒を留める地名が幾つかある。しかしながら、耕地のほ場整備や農地の宅地化によつて、忘却されつつある。これら地名の考証をすべてに試みるのは煩雑になる故に、いまは現行の市町村名を手掛かりにその由来を尋ねてみたい。

もりやま　守山の地名は、近江太郎野洲川が氾濫を繰り返して創出した築山（都賀山）の「もるやま」に由来する伝承があつたが、この築山は高塚古墳と見るべきかと思う。なぜならば、野洲川流域の沃野では、立入・古高・金森の地先に見られるごとき高塚古墳群があった。この他にも破壊して耕地化された古墳があった。かなり多くの高塚古墳があったものと考えられる。また、別に東門院草創伝承のなかでも語られていたが、先に述べられた如く、古代の大和国家の文化圏を考える基盤として守山の地名を認識すべきことが説明されたことは意義深い。

やす　野洲の地名は、『日本書紀』にまみえる持統天皇七年に益須寺の醴泉の出現、翌八年には益須郡の雑徭免除の史実を継承しているもので、野洲郡は近江国の中で中心的な郡の一つであった。そして、この野洲の名は『古事記』景行天皇の条に見える「安國造云々」の記載まで遡ることができる。野洲郡の中に、式内社という『延喜式』神名帳の中に見える神社があった。その数は九座、すなわち御上神社・小津神社・下新川神社・兵主神社・比利多神社・上新川神社・馬路石辺神社・己爾乃神社〔二座〕であった。そのうち兵主神社・御上神社・小津神社の名をとって名付けられたのが、それぞれ兵主村・三上村・小津村であった。

兵主から中主へ　中主町の名は、兵主村と中里村との頭を合成して成立した町の名である。兵主という歴史的な由緒を留める名は、今後は兵主神社にしか残らないことになる。式内社が成立する以前に、国史見在社というのがあって、そこには式内社に見えない物部大明神の名があった。

国史見在社とは、『六国史』という律令の制度の中で、国史の編纂が行なわれた史書の中に、神階授与などの史実を掲載された神社のことである。野洲郡内の神社に神階授与があったのは、『日本三代実録』に新川神社（貞観十一年）、物部大明神（仁寿元年・元慶六年）、御上神社（貞観元年・七年・十七年）、兵主神社（貞観四年・八年・九年・十一年）の名が見える。この『六国史』に見える国史見在社が『延喜式』には見えず、式内社の中に加えられなかった理由について、律令体制の中で長いあいだ権力の座にあった藤原氏が、かつて藤原氏の祖蘇我氏の宿敵であった物部氏を、『延喜式』という史書に掲載すべきところを除外したものという見解がある。

近年になって、物部氏ゆかりの物部村は勝部村と改名した。物部神社は勝部神社と変わり、また、物部小学校は、守山小学校から物部小学校に再改変された。物部氏の名はやがて忘却されることを危惧するものである。

物部氏『延喜式』から除外された物部氏ゆかりの神社などの存在については、全国的に多く紹介されている。多くの文化を継承し、地域文化の発展に寄与してきた。湖南地域で物部氏を名乗る人びとの事跡を検証してみよう。物部氏の事跡は、湖南地方に遺る経典や仏像などの文化財の識語や墨書名の中に、その名を遺しているものにしばしば遭遇することがある。一・二を紹介しておきたい。

草津市山田区有の大般若経は、鎌倉時代の建長六年（一二五四）に物部成俊が願主となって、かつて現在の草津市山田町にあった山田金峯山（山田鎮守権現）に書写奉納されたものである。大般若経六百巻を書写して奉納するということは、その経済的な基盤とともに物部氏一族の宗教文化の背景を窺わせるものである。

また、栗東町荒張の金躰寺本尊阿弥陀如来の躰内銘には、康治元年（一一四二）の年記の交名中に物部氏の名が認められる。同じく持國天像・増長天像の胎内墨書銘には、物部氏の僧俊賢が願主となって、両天像を造顕したことを記録している。大般若経の書写奉納とともに、仏像の造顕の事実もまた物部氏の動向を窺う資料の一つである。まだまだ、調査は十分ではないが、湖南地方には高度の文化をもった物部氏の系譜を名乗る人びとや他の氏族の人びとが多く居住していたことを知る。

野洲平野の文化を留める地名　中山道守山宿から脇道に入って、錦織寺に通じる道がある。延享元年（一七四四）に建てられた道しるべの石柱、今もかつての往来の繁盛の跡を偲ばせる。道筋にある円光寺に、本願寺から永正十六年（一五一九）に野洲郡守山浦西之惣道場に下付された阿弥陀如来の絵像を伝えている。裏書の記録によって浦西という地名があったことを知る。浦西という固有名詞ではなく、浦の西にあるという意味である。浦のある広大な湖があったことを証明する。伝承では、丸小舟七八艘が常駐して、水運の便があったという。

この水運は、さらに進んで赤野井から石田を経由して、下之郷から吉身の馬路石辺神社のあたりで、中山道と交差した処までの人工川を構築した。野洲平野の農産物を、水運によって琵琶湖を利用して遠方まで運んでいた。また、他地の物産を運んできた逆の場合もあったであろう。唯一の幹線水路であった。水路の一部は、江戸時代に写した守山村の麁絵図に記録されている。

道標（守山市文化財指定）

野洲平野の中心に繰り広げられた水上交通を活用した経済活動の事情を物語る浦という地名は、裏町に変わり、さらに元町に変更され、新たな土地表示によって守山五・六丁目となった。

行政改革の過程で、物部や浦のごとき地名となって由緒を留めた呼称が相次いで忘却されて行く一方で、新しい地名が付けられて行く。梅田・銀座・栄町・元町などは、大阪・東京・名古屋などを代表する繁華街の地名である。これらの守山市に実在する地名は、如何ような文化を背景として誕生した経緯があったのであろうか。

（高橋正隆）

〔参考文献〕
滋賀県教育委員会編『滋賀県大般若波羅密多経調査報告書』一、二　一九八九―九六刊

二　野洲川の流れと堆積

辻　広志

はじめに

昭和五十四年六月、約四・五キロの野洲川新放水路に暫定通水が開始された。この新川以前にあっては、野洲町竹生町で南北に二分し、本流である北流は中主町吉川で、南流は守山市今浜の琵琶湖大橋北側でそれぞれ突出する分岐砂州を形成し、琵琶湖に流入していた。特に湖中に突出した分岐砂州は、対岸大津市堅田との間を僅か一・二キロと狭めており、まさに琵琶湖を北湖と南湖に二分するほどの莫大な土砂の堆積が進んでいたのである。ちなみに琵琶湖、南北の最大長（瀬田～塩津）六三・五キロ、東西の最大幅（饗庭～下坂浜）二二・八キロ、湖岸線の延長距離二三五・二キロ、最大水深一〇三・六メートル、平均水深四一・二メートルで、その面積六八五・五平方キロメートルは県面積の約六分の一に相当し、湖水の容積は約二七五億立方メートルと言われる。大陸に住む人が見れば河か池かもしれないが、滋賀県人である私にとってはやはり「うみ」（＝淡海）である。

現在、律令時代の「野洲郡」は、守山市、野洲町、中主町、近江八幡市や栗東町の一部となるなど、明治四年の廃藩置県以降分割されてしまったが、これらの土地は紛れもなく一本の川、「野洲川」が作ったものである。ここでは、野洲川の特長やこの地に生まれてから今日までの移り変わりを、地理学・地学・自然史学等の成果を用いて素描してみたい。また、野洲川下流域平野の真中を占める野洲郡にとって、「野洲川」とは一体何なのか。今後どうあるべきなのかを考えてみたい。

野洲川が生まれた理由

野洲川は何時どのようにして生まれたのだろう。未だ明確な答えはない。

地殻変動の動きと古琵琶湖から琵琶湖へ　滋賀県は、近江盆地とその盆地を取り囲む山地、その中央にある琵琶湖からなる。これらの景観は、新第三紀鮮新世（約二〇〇万年前）以降に活発化した、六甲変動と総称される地殻変動によって形成された。図1及び2の「近畿三角地帯（近畿トライアングル）」がそれである。この三角地帯は東を美濃山地、西を丹波山地、南を紀伊山地が囲む範囲で、それぞれ敦賀湾・伊勢湾線、花折断層・有馬高槻構造線・六甲断層系、中央構造線で限られる。滋賀県はこの三角地帯の頂部、合掌部分に相当し、布引山地・鈴鹿山脈や比叡・比良山地の比高差一、〇〇〇メートル以上の隆起部と琵琶湖の沈降部の地殻変動は、第四

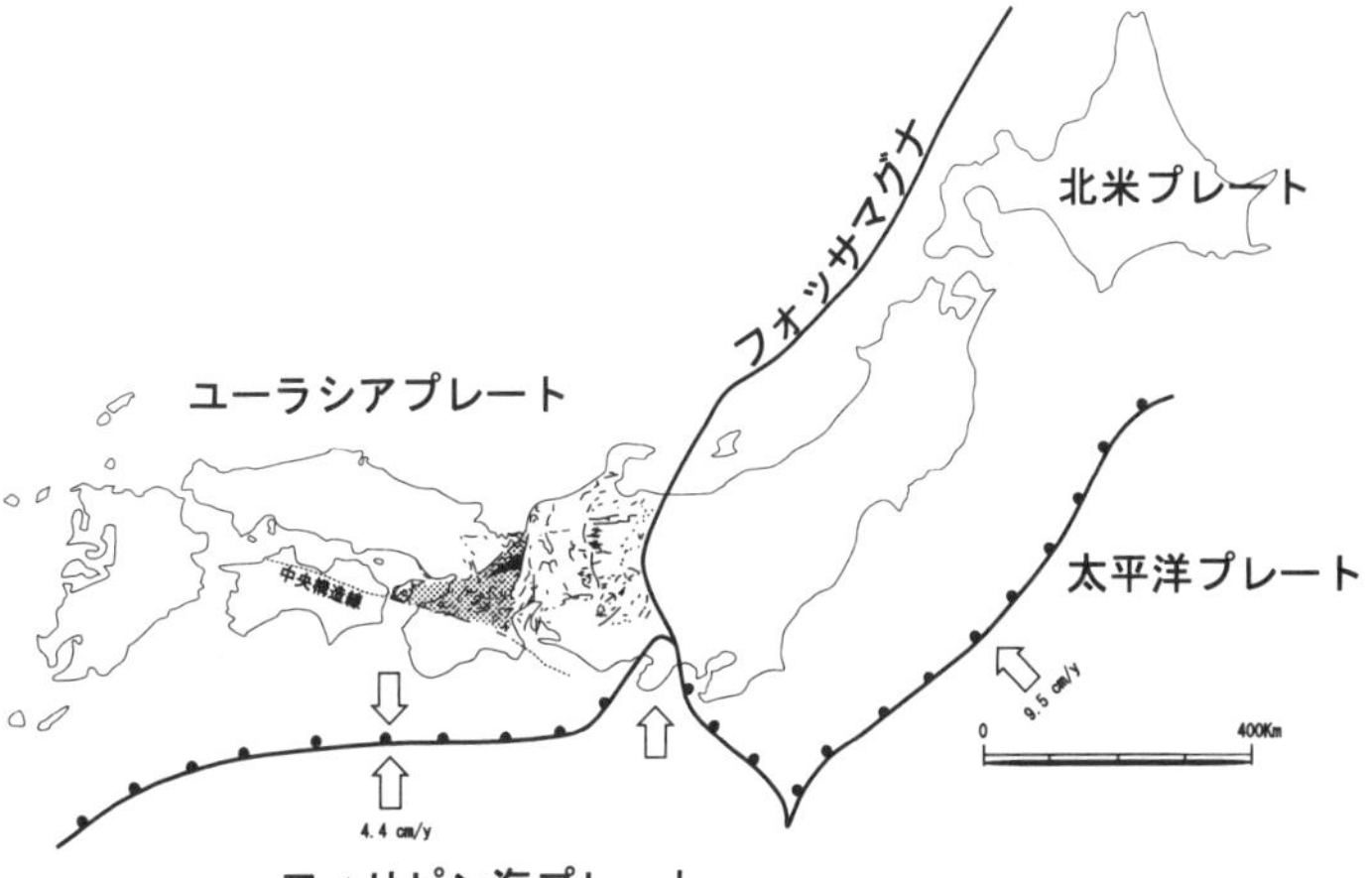

図1　日本周辺のプレート図（活断層研究会（1980）に加筆）

紀では最も地殻応力が集中し、世界的にも激しい変動地域の一つであると指摘されている。

以下にも難解な地質時代名が続出するので、滋賀県に係わる地史の概略とおよその年代を表1に掲げておくので、参考にしていただきたい。

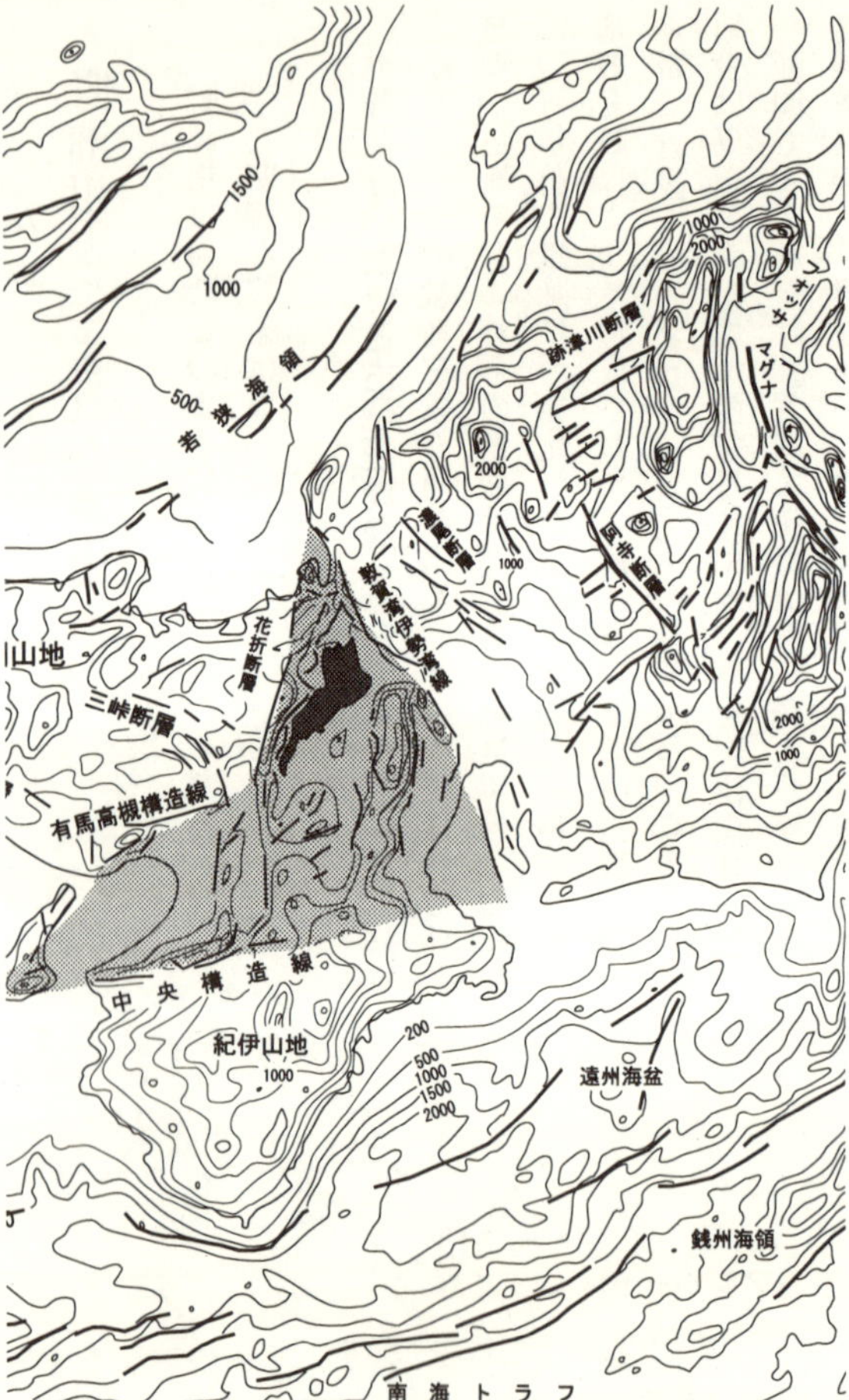

図2　近畿・中部地方の主な活断層と接峰面
（活断層研究会（1980）・池田ほか（1991）に加筆）

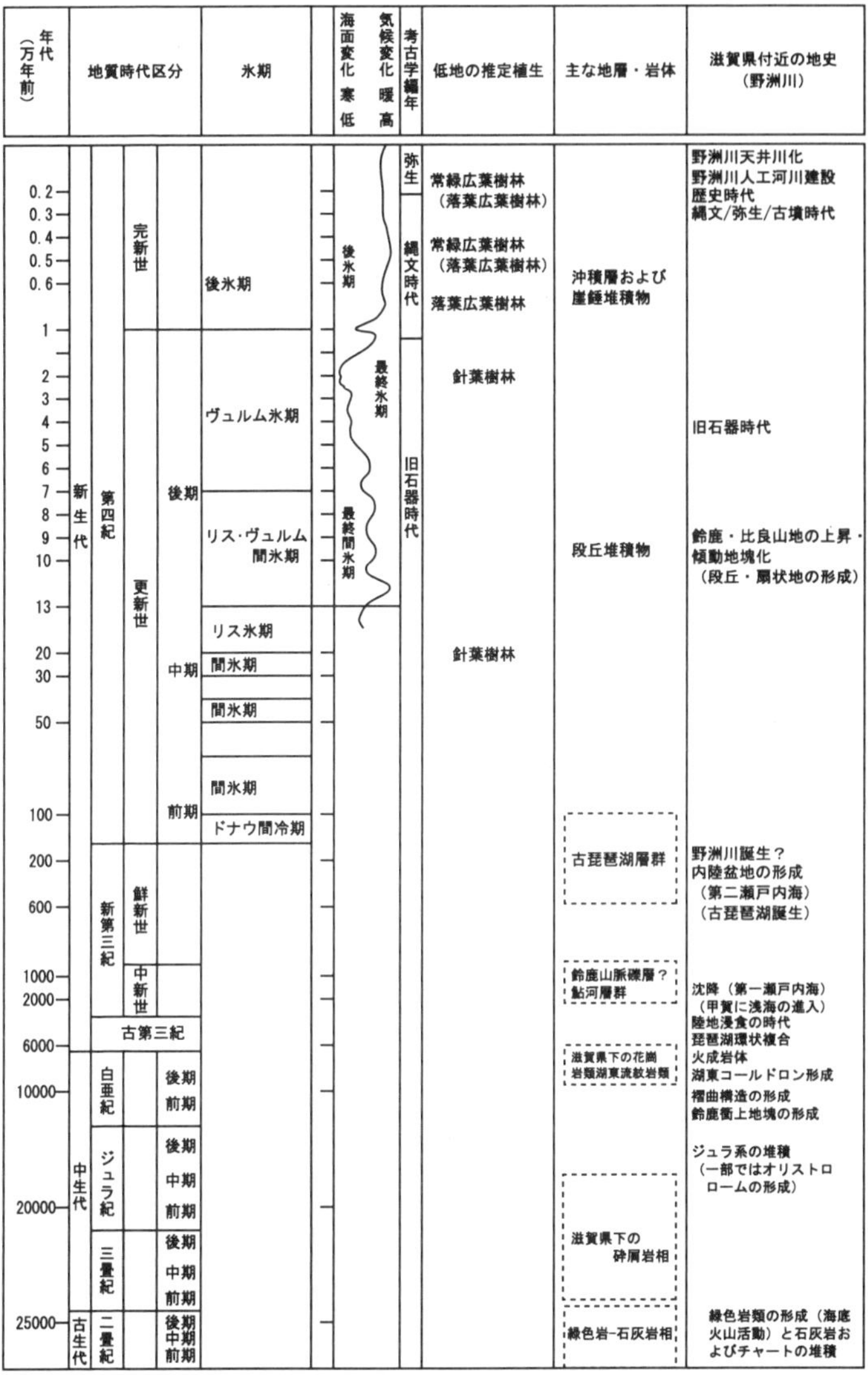

年代（万年前）
地質時代区分
氷期
海面変化 寒 低
気候変化 暖 高
考古学編年
低地の推定植生
主な地層・岩体
滋賀県付近の地史（野洲川）
0.2
0.3
0.4
0.5
0.6
1
2
3
4
5
6
7
8
9
10
13
20
30
50
100
200
600
1000
2000
6000
10000
20000
25000
新生代
中生代
古生代
第四紀
新第三紀
古第三紀
白亜紀
ジュラ紀
三畳紀
二畳紀
完新世
更新世
鮮新世
中新世
後期
中期
前期
後氷期
ヴュルム氷期
リス・ヴュルム間氷期
リス氷期
間氷期
間氷期
間氷期
ドナウ間冷期
後氷期
最終氷期
最終間氷期
弥生
縄文時代
旧石器時代
常緑広葉樹林（落葉広葉樹林）
常緑広葉樹林（落葉広葉樹林）
落葉広葉樹林
針葉樹林
針葉樹林
沖積層および崖錐堆積物
段丘堆積物
古琵琶湖層群
鈴鹿山脈礫層？鮎河層群
滋賀県下の花崗岩類湖東流紋岩類
滋賀県下の砕屑岩相
緑色岩−石灰岩相
野洲川天井川化
野洲川人工河川建設
歴史時代
縄文/弥生/古墳時代
旧石器時代
鈴鹿・比良山地の上昇・傾動地塊化（段丘・扇状地の形成）
野洲川誕生？
内陸盆地の形成（第二瀬戸内海）（古琵琶湖誕生）
沈降（第一瀬戸内海）（甲賀に浅海の進入）
陸地浸食の時代
琵琶湖環状複合火成岩体
湖東コールドロン形成
褶曲構造の形成
鈴鹿衝上地塊の形成
ジュラ系の堆積（一部ではオリストロームの形成）
緑色岩類の形成（海底火山活動）と石灰岩およびチャートの堆積

表１　滋賀県の地誌・植生の変遷（藤本（1997）に加筆）

さて、この滋賀県の中央を占める現在の琵琶湖の東である鈴鹿山脈の西側一帯、伊賀から近江に向かって図3のように北側傾斜で粘土や砂礫からなる地層が折り重なっている。この、「昔の琵琶湖」を「古琵琶湖」と呼び、その堆積層の総称を「古琵琶湖層群」と呼んでいる。これは約六〇〇万年前に上野盆地に発生し、中央構造線の隆起傾動により北へ移動を繰り返しながら堆積したことを示すもので、上野累層・伊賀累層・阿山累層・甲賀累層・蒲生累層・草津累層と重なり、約一三〇万年前の鈴鹿山脈の急激な隆起と大量の砂礫層の堆積により消滅したと考えられている。現在の琵琶湖も蒲生累層の堆積しているころ約二二〇万年前には瀬田・南郷付近に沈降が始まり、約一八〇万年前には八日市から瀬田・石山・草津にかけての草津累層、約一〇〇万年前には膳所・堅田累層に沈降と堆積が進み、約四〇万年前には高島累層の堆積にまで及んでいたと言われる。

それでは野洲川は何時生まれたのか。蒲生累層の堆積する約二五〇万年前より以前の湖水の排出は、その頃は低かった鈴鹿山脈を越えて伊勢湾に流れていた。それが野尻粘土層という粘土の堆積以降は、鈴鹿山脈を越えることができなくなって、現在の瀬田川が生まれたと考えられている。このころの南郷や瀬田丘陵の古水流の方向も明らかに西向きであり、瀬田川を通って京都盆地に湖水が排出されていた。野洲川もこの頃に流れ始めた可能性がある。その痕跡ともいえる資料を三つ上げる。

①約二五〇万年前に始まる蒲生累層の下部堆積層（布引山互層）の古水流は、現在の野洲川と同じ北西方向に流れていること。

②守山市上十軒家の野洲川河口一、〇〇〇メートルボーリング資料の砂粒組成が、最下部の約一〇〇万年前から全層準を通じて現在の野洲川の砂粒組成と同じ物であったこと。

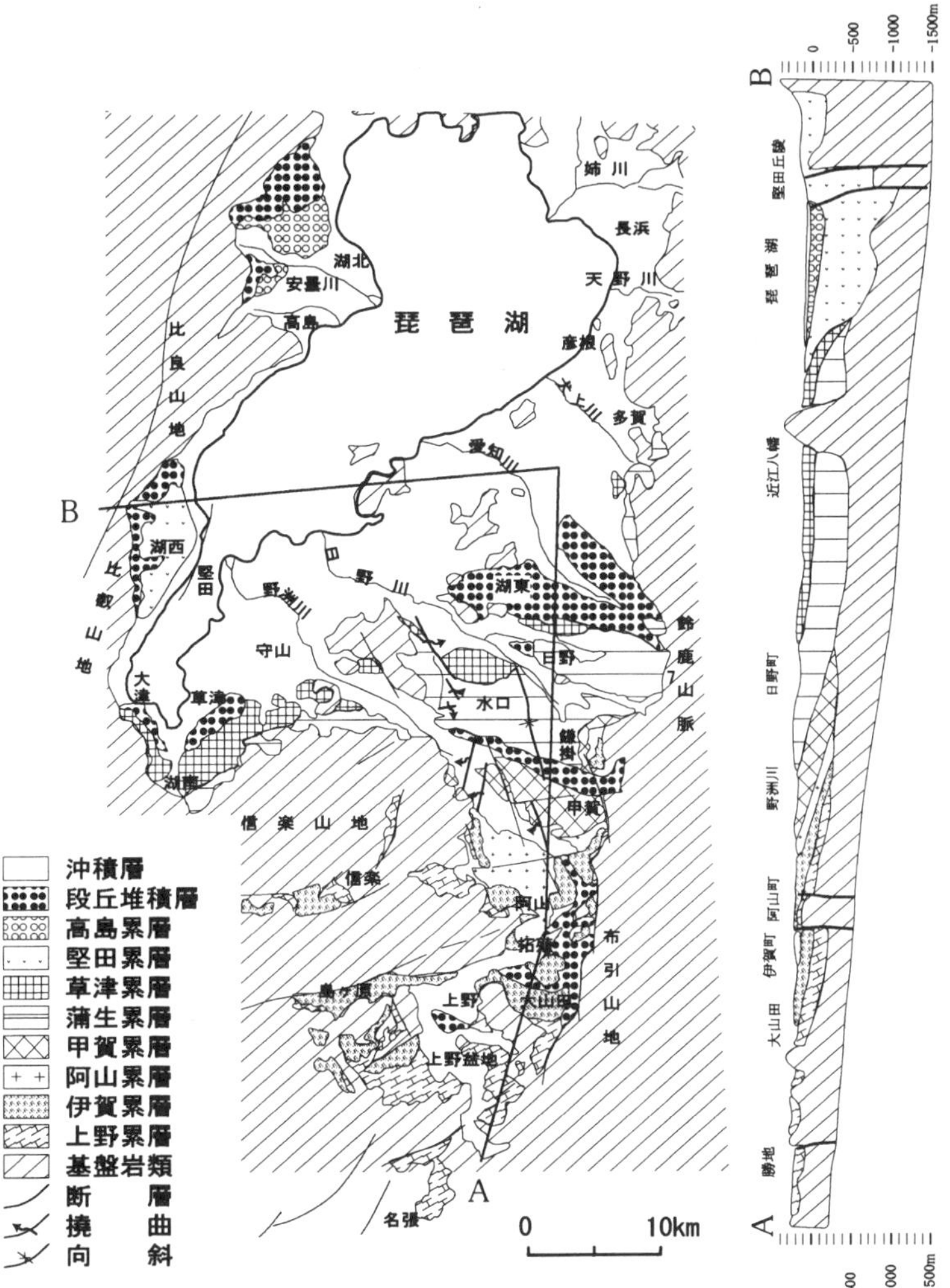

図３　古琵琶層群の地質図及び断面図
（川辺（1989）・川辺（1994）に加筆）

③甲西町朝国の野洲川河床での足跡化石が、甲賀累層上部の約二六〇万年前から蒲生累層初期のものであったこと。

これらの事実から、確実なのは堅田累層の堆積した約一〇〇万年前以降であるが、蒲生累層の堆積した凡そ二五〇万年余り前から流れていた可能性も捨てきれない。

また、信楽山地から野洲にかけての花崗岩地帯を野洲川が通り抜けた直接の原因は、今の所活断層の可能性のあるリニアメントにも入っていないが、図4の伊吹山地・関ケ原断層・美濃断層系の「野洲川断層」と仮に名付ける断層により、甲賀から栗東への断層谷による流路が作られたことによるものと推定しておきたい。

野洲川の右遷原因は活断層とプレート運動　「活断層」という用語は、兵庫県南部地震（平成七年）以降は誰もが知るところとなり、地震は断層運動によって発生するものであることがようやく認知されてきた感がある。厳密には第四紀の中・後期（約五〇万年前）以降に活動し今後も活動する可能性のある断層を呼ぶ。

現在の地形変化は、過去数十万年の地殻変動の延長上にあるものであると理解されるから、この活断層に地質図を加味して近年の琵琶湖深層ボーリング調査の成果や、ここ一〇〇年余りの測量成果による変化を加えて、その構造単元（ブロック）の境界を推定したのが図5である。この結果、相対的に〔A〕強いマイナス約〇・八ミリ／年の沈降区域、〔B〕弱いマイナス約〇・五ミリ／年の沈降地域、〔C〕弱い約〇・八ミリ／年の隆起区域、〔D〕〔C〕よりも強い隆起区域に大きく分かれて、各区域の

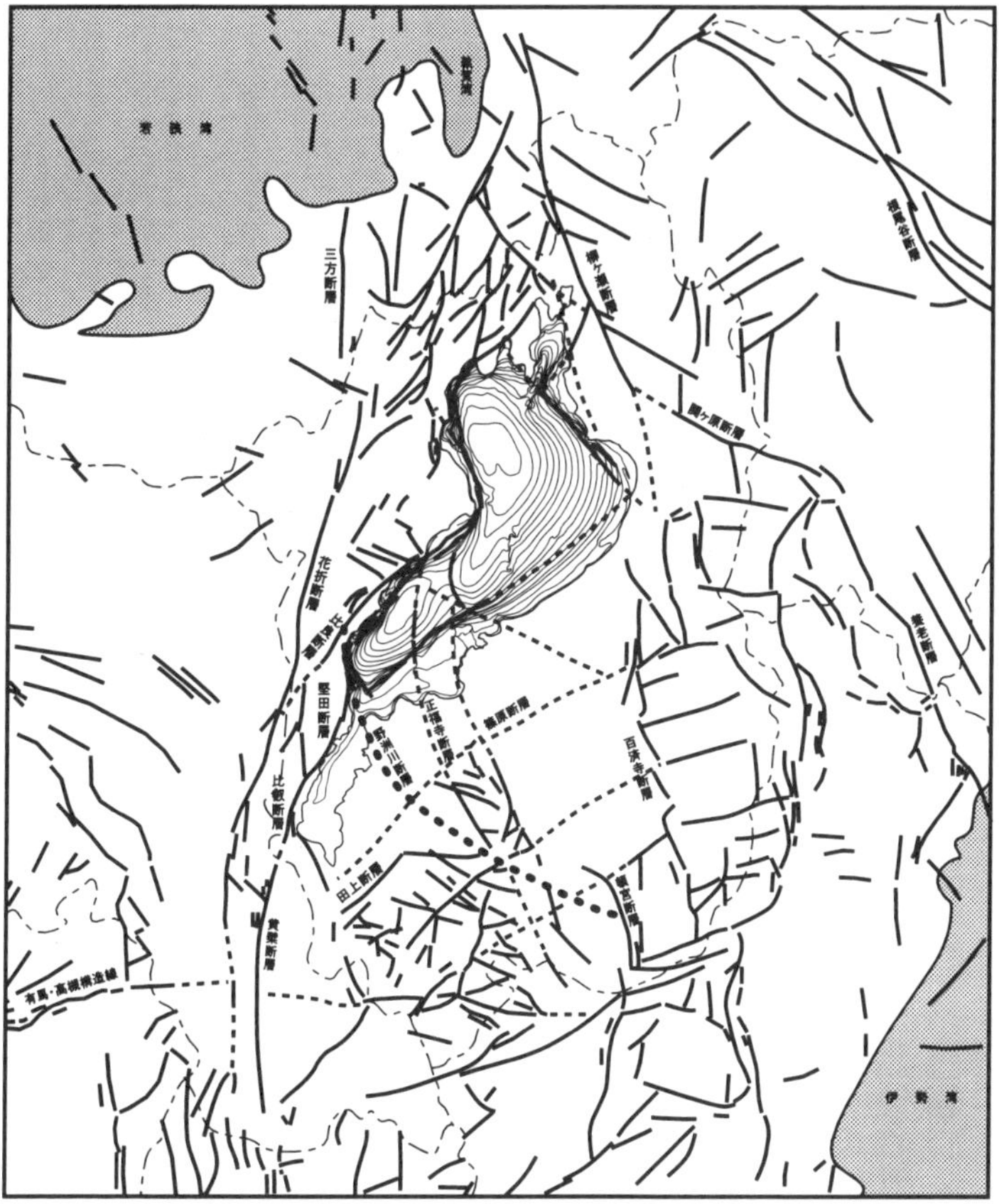

図4　琵琶湖周辺の断層
（活断層研究会（1991）に加筆）

ブロックが排他的に比較的小さな数キロから数十キロの単位で異なる沈降や隆起運動をしてきた可能性が指摘されている。

これによるならば野洲川下流域の南北流や日野川下流域は、活断層や活断層の疑いのあるリニアメントにより限られ、近江舞子沖や高島沖の北湖と共に相対的に強い沈降区域〔D〕に相当していることとなる。つまり、野洲川の南北流は強い沈降域の流れるべきところを自然の法則に従い流れているのである。中世後期に自然河川である野洲川の水の一部を人工河川に流すという大工事をやっているが、自然河川である本流自体を強引にこの地帯に流したものでないことは、このことからも明らかである。

また、この断層は、言い換えれば隆起沈降する地盤の皺であり、その皺の原因となった地域が動き続ける限り、等しい方向（塊状の一点であれば同心円、線状であれば平行）に土地の亀裂である断層のできることが推定される。そこで図4を見なおしてみると〔A〕比叡山地・花折断層の北北東系、

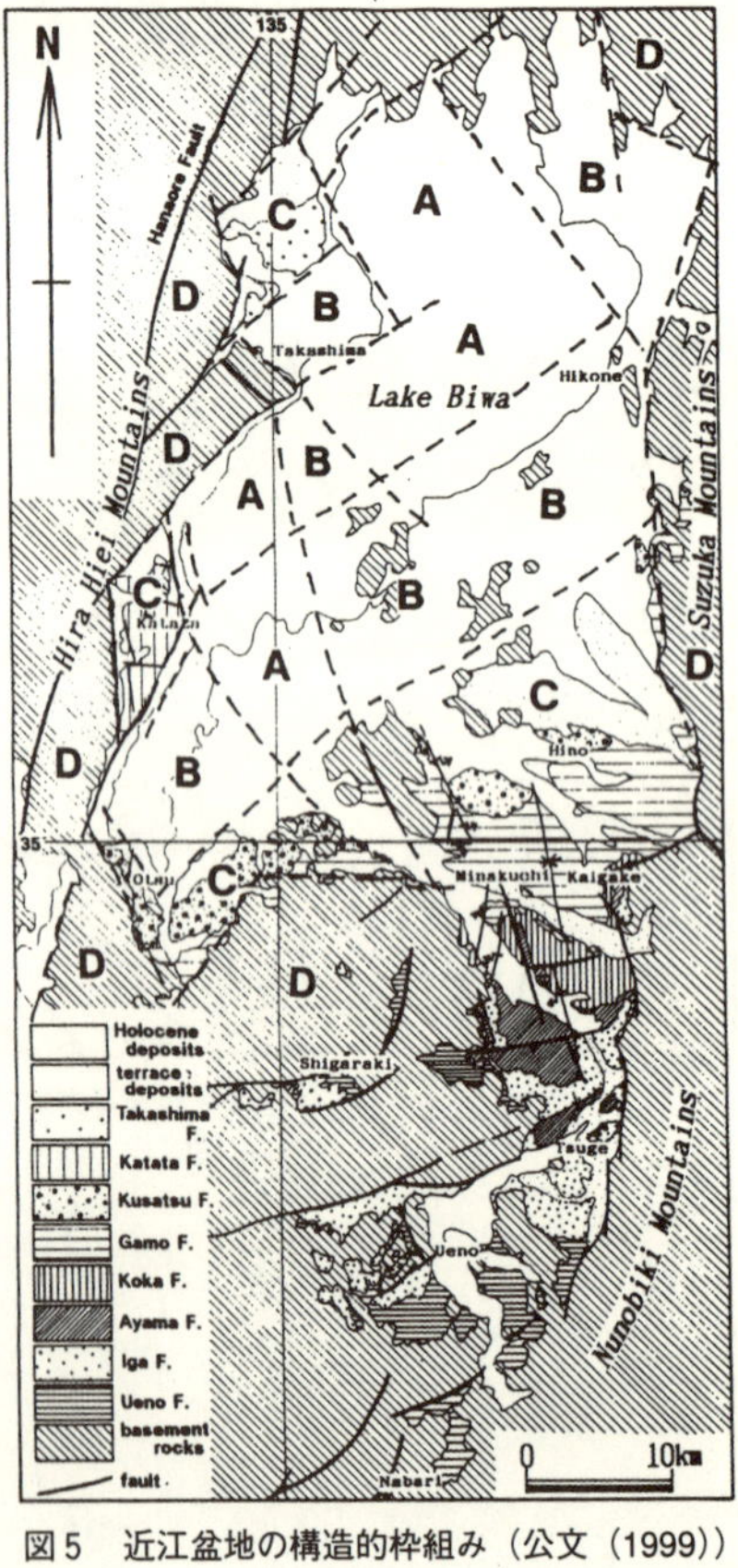

図5　近江盆地の構造的枠組み（公文（1999））

〔B〕丹波山地・比良山地・比良断層の北東系、〔C〕鈴鹿山脈・布引山地・柳ケ瀬断層の北北西系、〔D〕伊吹山地・関ケ原断層・美濃断層の西北西系、〔E〕信楽山地・木津川断層の東北東〜東系の、五系統に分けることができる。これらの五系統の断層は、沖積地の下や琵琶湖の下、活動が古く変異地形が風化しているものなどがあって明確でない部分も多いが、断層の切り合い関係からその前後関係が考えられる。そうすると前頁で示した仮称「野洲川断層」は〔D〕に相当し、伊吹山地や日本アルプスの隆起との係りをもつ断層群の一つであるということとなる。

次に、これまで野洲川を始め琵琶湖の東岸に所在する河川は、山地をでるや右（北）側に曲がったり次第に移動し、方や西岸に所在する河川は左（北）側に変遷するという現象が指摘されてきた。このことについては琵琶湖の北遷や北湖の沈み込みが、プレート運動による南側が隆起し北側が沈降するという地殻変動と極めてよく調和した動きと理解できる。さらに、先のブロック運動がこの地殻変動と連携して流路を決定しているものと見ることができるのである。

日本最大の湖岸沖積平野

野洲川下流域平野は、海岸平野と比べると表2の様に比較にならないほど小規模であるが、我国においては最大の湖岸沖積平野であるとよく言われる。

平野・盆地名	面積（約km²）
関東平野	15,000
石狩平野	4,000
十勝平野	3,600
濃尾平野	1,800
大阪平野	1,700
伊勢平野	1,300
筑紫平野	1,200
津軽平野	1,000
熊本平野	775
上川盆地	450
山形盆地	400
奈良盆地	300
京都盆地	270
岡山平野	230
野洲川下流域平野	160
高知平野	140

表2　主要平野部・盆地面積比較表

しかし、これらは現在の地形図の等高線より大凡の地形変換点をさがし求積したもので、野洲川の水が運んだ堆積物の範囲ではない。本来の流域面積を決定するのは、極めて難しい。なぜなら、その前提として野洲川の堆積物の中に特殊な堆積物が存在するなどの要因が必要である。しかし現実には、火成岩類（花崗岩）、古生層、中生層、古琵琶湖層群の各堆積物は、日野川などの源流や中流域では何れの河川でも含んでおり、下流域での判別は各堆積物の相対的な割合と堆積方向で想像するしかない。もう一つ地下水の影響範囲で見る方法もあるが、それほど明瞭な範囲を示すものとは思えない。もう少し、地図上でその範囲を探ることはできないだろうか。

図6は、琵琶湖南部沿岸部の等高線図と湖底の等深線図を合成したものである。そこには湖底に沈水した三角州がものの見事に表れている。つまり、旧野洲川南北流や草津川・伯母川・狼川が、天井川化と天井川沿いの微高地の発達が著しく、河口を湖中に突出させた尖状三角州で、河口先端が急激に湖中に落ちるのに対し、赤野井湾北側の江西川・法竜川の古流路、烏丸崎の境川とその支流・旧本流である守山川・古川の古流路、中ノ井川・葉山川の古流路では、烏丸崎を除き陸上に尖状三角州は無く、湖中沖合に二キロ余りも張り出し、水深三～四メートルで急激に落ち込む沈水三角州が見られる。後者の沈水三角州は、現在よりも低い水位の時代に形成されたものである。この沈水三角州は、よく見ると野洲川の谷底平野の出口である石部頭首工・名神高速道路野洲川橋付近から手のひらを開けたように扇形状に広がっており、その方向より野洲川の流路の一つであると考えられる。これにより、野洲川下流域平野の北西側は旧野洲川南流の河口部までの約一四キロ、西側は古葉山川の沈水三角州先端までの約一三キロ、南西側は粗粒花崗岩を多量に含む草津川が近世以降急激に成長しその痕

図６　野洲川流域等高・等深線図（辰己（1993））

跡を残さないがほぼ草津川周辺かそれを越える約一一キロの範囲、北東側についても近世以降の日野川により明確にできないが旧野洲郡と蒲生郡の郡界である近江八幡市江頭・水茎内湖付近の約一二キロの範囲、つまり半径約一一〜一五キロ余りの北側に大きい扇形の範囲約一六〇平方キロメートルが下流域平野と考えられるのである。この範囲は、旧野洲郡（現、守山市・野洲町・中主町と近江八幡市域の一部を含む）と旧栗太郡（現、栗東町と草津市域の三分の二以上を含む）の大部分に当り、名古屋市域の面積の約二分の一、霞が浦の面積に相当する。

野洲川下流域平野が生まれた理由とは

野洲川が生まれてから以降、この日本最大の湖岸沖積平野の堆積がなぜ生まれたのだろうか。同じ琵琶湖周辺の河川と異なる点は何なのか。四つの大きな理由が考えられる。

鈴鹿山脈の雨　周囲を一、〇〇〇メートル前後の山地に囲われた近江盆地の中央には琵琶湖があり、この盆地に降った膨大な雨と雪は、一二〇本余りの大小の河川によってその殆どが擂り鉢状の琵琶湖に貯えられ、唯一瀬田川より宇治川・淀川を経由して大阪湾に流れる。この雨と雪、県内でも場所によってその量が大きく異なることが明らかにされている。なぜこれほどの流域面積を作り得たかという理由の一つ、それは鈴鹿山脈の年間降水量の多さによる。

滋賀県は、日本海の若狭湾と太平洋の伊勢湾の距離が、約九〇キロと本州の中で最も短い所に位置している。さらに北の野坂山地が八〇〇～九〇〇メートルと低いこと、伊吹山地と鈴鹿山脈の間が途切れていることにより、若狭湾からの北西風や伊勢湾からの南東風が流入しやすい地形となっている。このため、一般的に西日本では梅雨（六～七月）と台風の時期（九月）の雨量が多いのはどの地域でも共通しているが、湖北から湖東では冬の降水量、つまり雪の多いのが大きな特長である。その降水量は、多雨の常習地帯である大台ケ原や紀伊山地の周辺部と年間降水量としては大きく変わらず、大阪市街の倍近い降水量である。降った雪は春の雪解けとともに琵琶湖に流入し、水資源となり逆に大

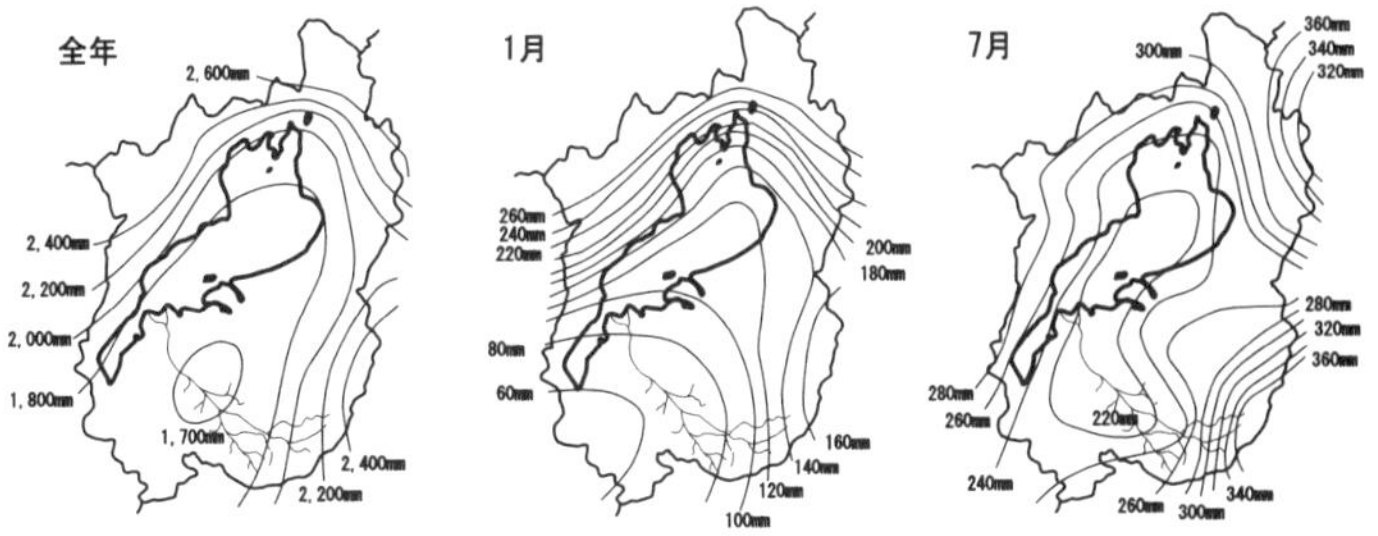

図７　滋賀県の降水量分布（武田（1991）に加筆）

阪を潤すのである。

冬季は一般的に日本海からの寒冷な気流が入り、湖北から湖東では雪雲が通りたびたび大雪となる。湖東南部から湖南では丹波・比良山地で既に雪を降らせているため、積雪は少ない。県下の最大積雪量の平年値は、余呉町で一メートル近くに達するのに対し、草津市周辺では一〇センチ以下である。

夏季は太平洋上の暖気流が大阪湾や伊勢湾から流入し、湖南から湖東にかけて雨をもたらす。特に後者の南東風は鈴鹿山脈や伊吹山地、比良山地の上昇気流の影響もあり雨を降らせる。

では、野洲川の水源である鈴鹿山脈山間部の降水量はどうであろう。図7は年間降水量、一月と七月の月降水量の分布図である。年間降水量が湖北から湖東北部では二、六〇〇ミリをこえるが、湖東の甲賀・蒲生・神崎郡の内陸部では一、七〇〇ミリを下回る。鈴鹿山脈周辺では二、四〇〇ミリと比較的南に位置しながらも比良山地と同じ年間降水量であるのは注目される。これは一月の降水量（降雪量）が北側の伊吹山地・野坂山地、比良山地に多いのは当然であろうが、寒冷な北西季節風に太平洋岸の低気圧が当たり、鈴鹿山脈周辺である永源寺町でも五〇センチ以上の積雪があるなど比較的多く降っていること、夏

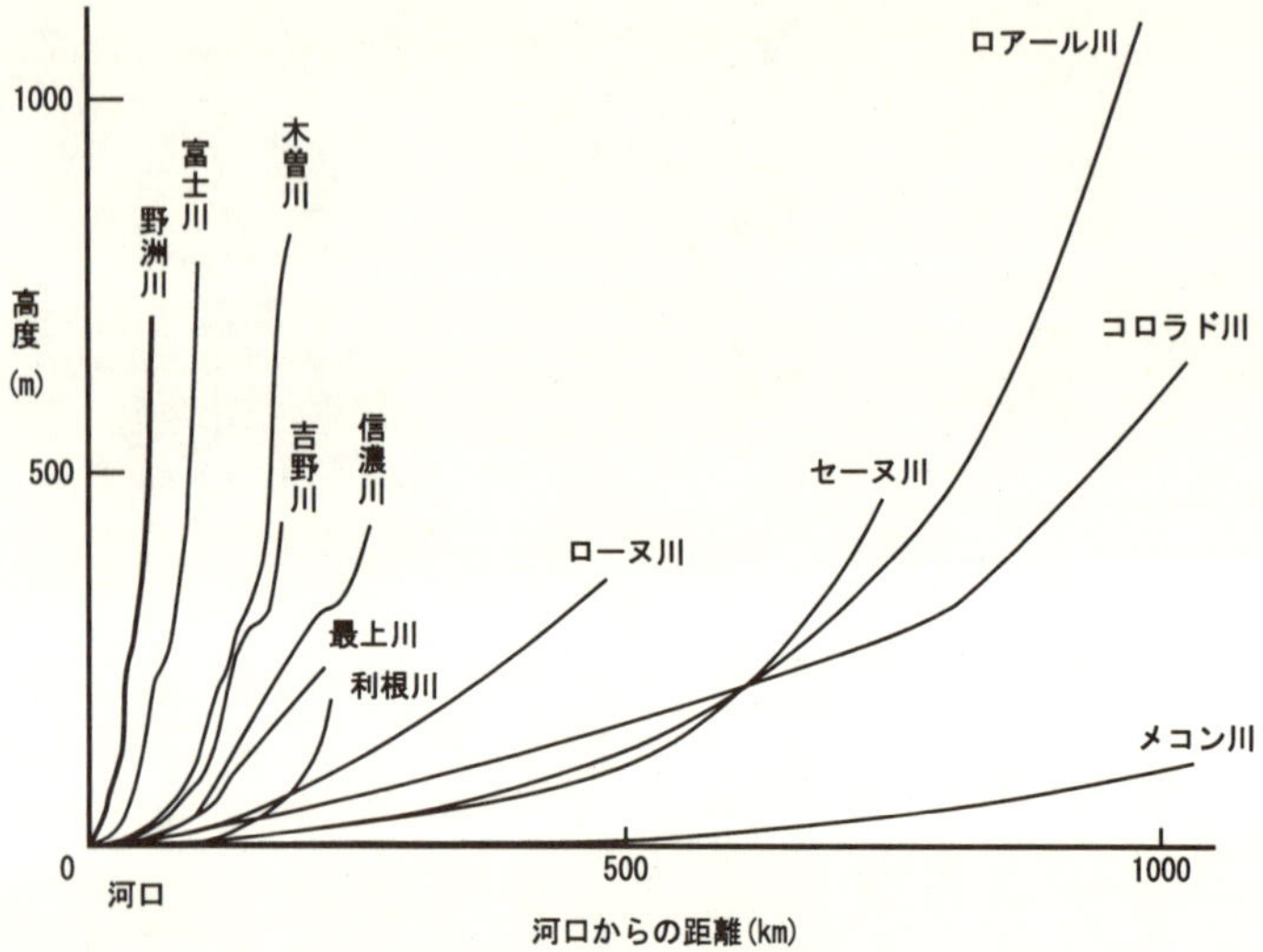

図8　主要河川縦断曲線図

季である7月の降水量が伊吹山地と同じ三六〇ミリを越えているためである。野洲川は、この夏季と冬季の雨と雪を常に広い集水域より集めるため、年間を通して水量が多く、水が枯れることなく流れ続けるのである。

集水盆としての地形　平野の発達は、上流山地の地形や地質にも大きく左右されている。ここでは集水範囲（域）である野洲川流域の地形を見てみる。

図8を見てもらいたい。野洲川及び日本と諸外国の主要な河川の縦断曲線図である。日本の河川が大陸の諸河川と比べて、いかに急流かということを示すものである。日本の木曽川や信濃川等の大河川と比べると野洲川の流路延長はさらに短いことから、上流の土砂をそのまま下流に供給しているということが言える。

野洲川の集水範囲である流域面積は、図9の

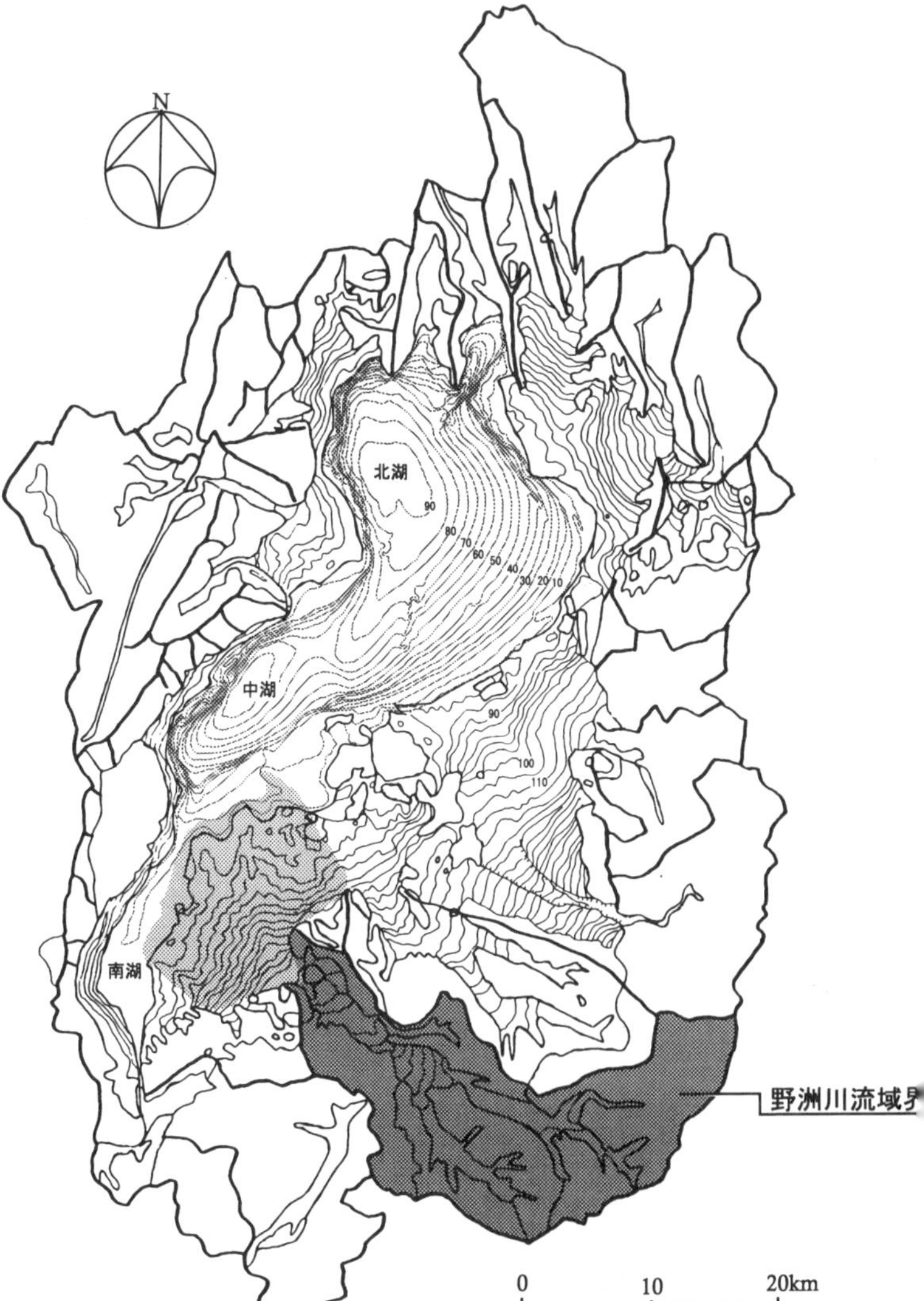

図９　野洲川流域図（池田ほか（1991）に加筆）

河川名	流域面積（k㎡）	延長距離（km）	標高差（m）
大浦川	24.3	9.0	165
大　川	20.6	9.5	165
余呉川	73.1	26.6	345
高時川	207.1	47.5	445
姉　川	215.5	38.8	625
草野川	56.6	17.5	685
田　川	42.1	15.8	245
天野川	120.0	17.0	165
芹　川	60.7	21.0	595
犬上川	89.7	25.3	465
宇曽川	74.4	21.2	365
愛知川	193.3	48.5	645
日野川	229.3	45.8	465
家棟川	37.5	12.5	105
野洲川	**376.5**	**64.4**	**665**
草津川	32.3	14.5	125
大戸川	203.0	25.0	445
信楽川	15.0	20.0	255
大石川	10.7	6.0	85
柳　川	6.9	3.5	175
大宮川	6.1	4.0	365
四ッ谷川	3.9	2.5	445
際　川	4.2	2.0	135
和邇川	17.0	10.9	335
真野川	14.9	9.0	155
天神川	10.0	7.6	285
高橋川	1.1	1.7	45
雄琴川	2.7	3.8	75
大正寺川	3.4	2.3	195
足洗川	1.7	2.6	185
滝　川	3.5	2.2	355
家棟川	4.6	2.5	195
比良川	7.4	4.1	475
大谷川	7.3	2.8	435
木戸川	3.7	1.5	335
野離子川	2.8	2.1	575
鴨　川	36.8	19.6	845
安曇川	302.4	43.6	605
石田川	52.6	28.5	525
知内川	49.6	20.7	335
百瀬川	12.4	10.5	465

表3　滋賀県内主要河川比較図
（池田ほか（1991）に加筆）

範囲で表3のように三七六・五平方キロメートル、流路延長は六四・四キロである。滋賀県内の流域面積は二番目が安曇川の三〇二・四平方キロメートルで、三番目が日野川の二二九・三平方キロメートルである。流路延長は二番目が愛知川の四八・五キロで、三番目が高時川の四七・五キロである。いずれも二番目との差が大きく離れており、県内ではその規模の大きさが際立つ。

野洲川流域の地形は大きく、鈴鹿山脈から山地が張り出し狭くなった部分により三分割される。まず鈴鹿山脈から頓宮断層が縦断する土山町頓宮までの山地は、本流と田村川が作る低位段丘があり、傾斜は四〇度から二〇度の勾配で、集水範囲としては流域の二〇%程度で、全河道延長の六分の一程度である。山地としてはそれほど大きな面積を占めていない。鈴鹿山脈や上流で生産された土砂は、野洲川の河床勾配が緩やかなため上流低地の中で堆積し、一気に掃流されない。

次が甲西町三雲の横田橋付近までで、花崗岩層が両岸から迫り、ちょうど上流部を塞き止めるダムの様な状況を呈している。本流・田村川、杣川が作る低地は、傾斜は一五度から八度、集水範囲は流域の七〇％余りで、その大部分が古琵琶湖層群上に位置するため、多量の堆積物はこの範囲から流出している。水口町付近より下流部では、低位の段丘の発達が不良で、河床に古琵琶湖層群が露出し河床堆積物は一～二メートルと浅く、どちらかというと浸食域となっている。

次が野洲町の名神高速道路野洲川橋付近までで、本流と両岸の花崗岩地帯から流入する天井川化した小河川からなり、低位段丘化している。

この甲西町の菩提寺山を西に過ぎると急に開け、野洲川下流域平野が開ける。扇頂である標高一一七メートル以下より傾斜四度余りの扇状地帯となり、さらに傾斜三度から二度で標高九六メートル以下の自然堤防帯（氾濫原）、傾斜一度余りで標高八六メートル以下の三角州帯（デルタ）となる。

この様な野洲川の状況は、県内の他の河川とどのように違い、どこが違うのか。野洲川の北側を流れる日野川は、大きな集水域を持つが山地の比率が少なく河床勾配が小さいため土砂が下流まで掃流されず、扇状地も作らない。天野川では中流部の山東盆地の中で土砂が堆積し、流域規模が広いにもかかわらず、下流部に大きな低地を形成しない。湖西で最大の流域面積を持つ安曇川は、比良山地北部を流れる鴨川と共に花折断層に沿う断層谷から供給される大量の土砂により大きな三角州を形成している。ここでも中・下流域の河床勾配が三～五度と意外に小さく、山地を抜け出たあとは一気に湖岸に出る。河口の安曇川町船木崎の湖中には最深部水深一〇四メートルがある。安曇川・鴨川も野洲川も山地・丘陵にて塞き止められ、中流域の古琵琶湖層群の砂礫と花崗岩砂礫が加わり、下流域でそれが一気に掃流される点、流域面積の大きな点が大規模な湖岸沖積平野形成の共通点といえよう。

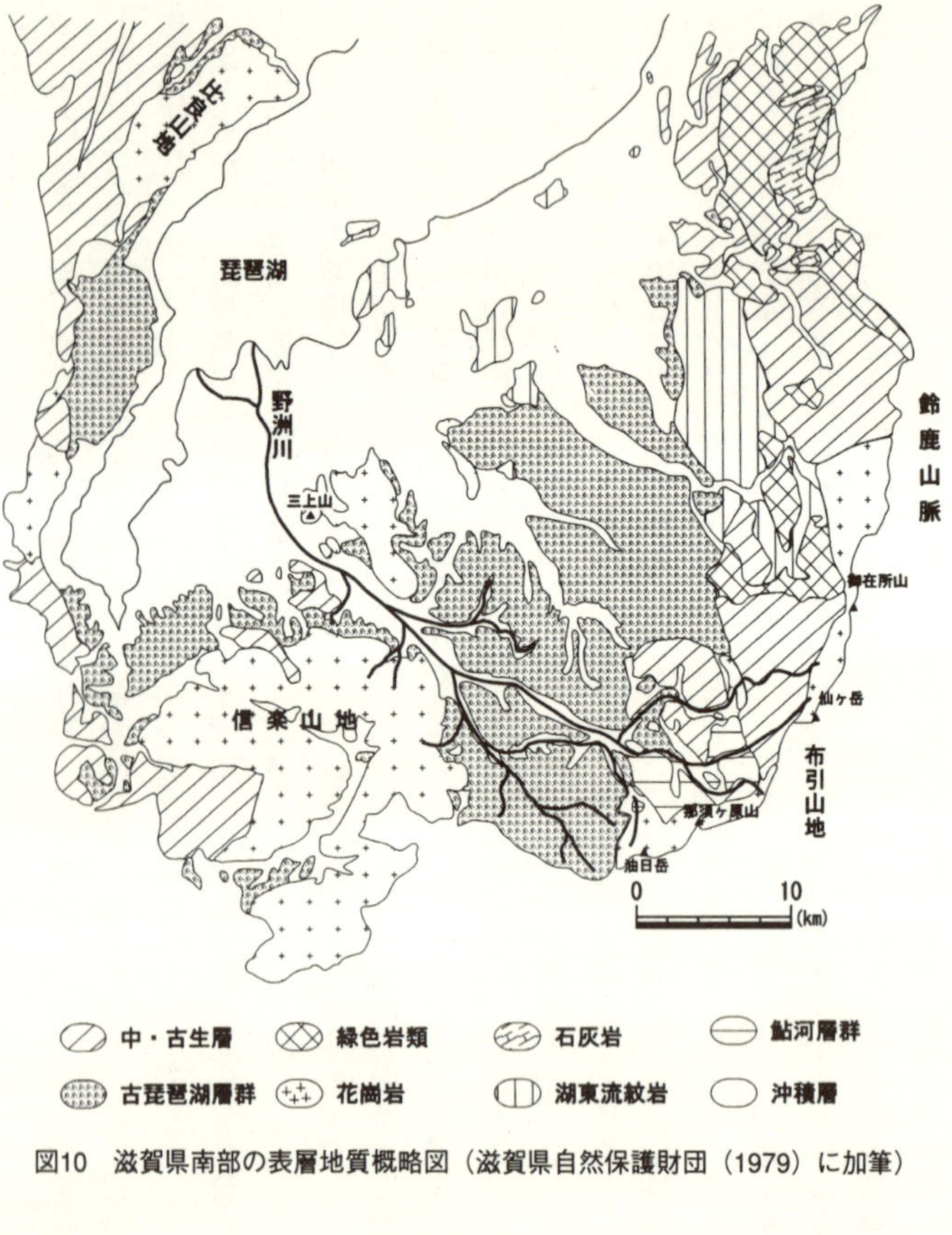

図10　滋賀県南部の表層地質概略図（滋賀県自然保護財団（1979）に加筆）

土砂の中身　前線性の集中豪雨や台風が過ぎ去った次の日、轟々と流れる濁流を毎年見かける。濁流の色は、河川の上流部の堆積物によって異なっており、この色こそ堆積物そのものである。では、野洲川下流域平野を埋めた土砂とはどんなものであろうか。

図10は滋賀県南部の表層地質概略図である。野洲川の源流である鈴鹿山脈周辺や流域の地質はどうであろう。

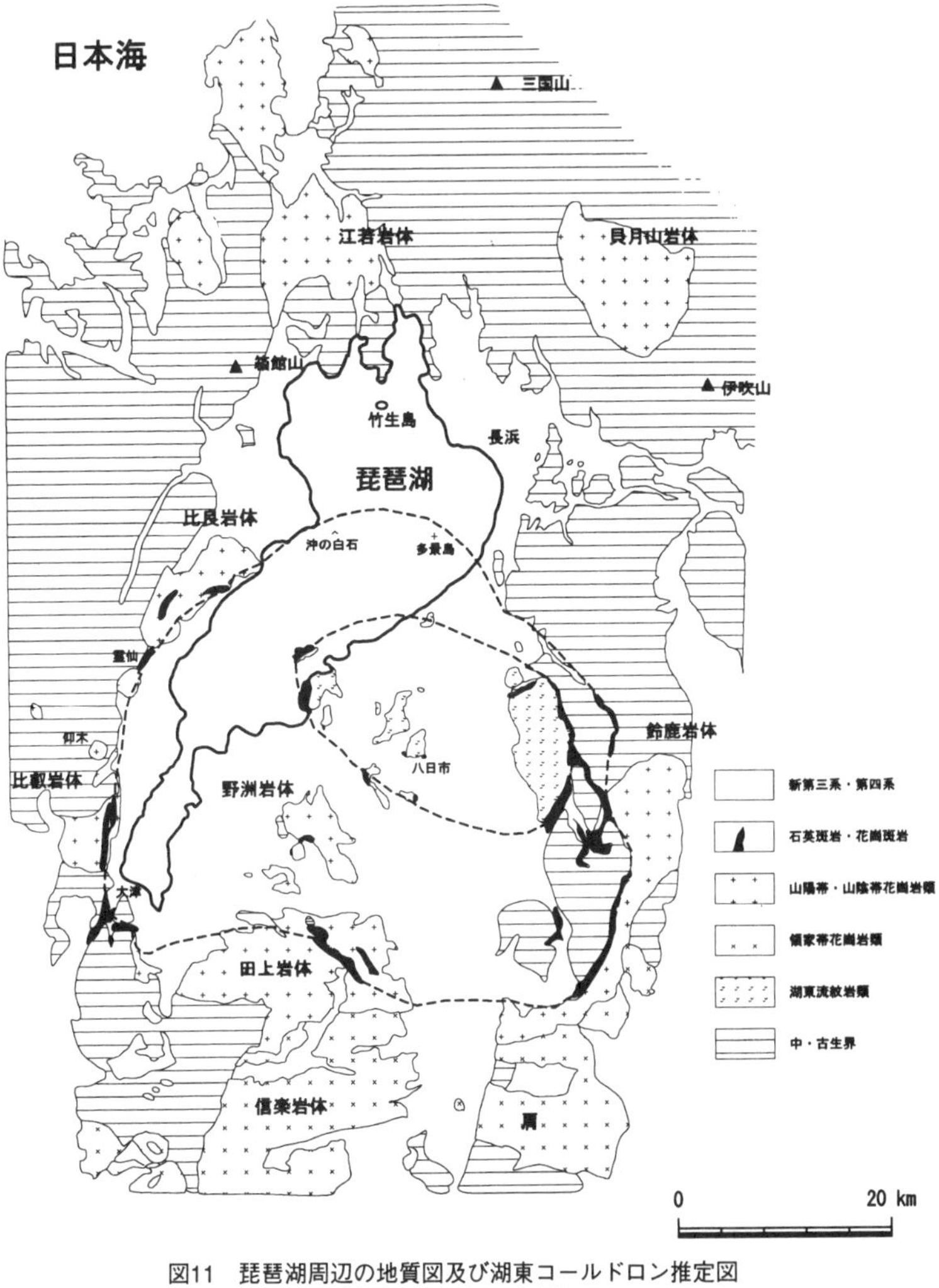

図11　琵琶湖周辺の地質図及び湖東コールドロン推定図
（藤本（1996）に加筆）

三重県との分水嶺である鈴鹿峠の油日岳・那須ケ原山や、北東の仙ケ岳・御在所岳などは花崗岩が広く南北に連なり山地を形成している。野洲川中流域南西の信楽山地、さらに野洲川を挟んだ北側の希望ヶ丘・鏡山・十二坊周辺にも花崗岩帯が見られる。これらは、中生代白亜紀後期～古第三紀の火山活動（約九、〇〇〇万年～七、〇〇〇万年前）で生まれたもので、図11に示す長径約六〇キロ、短径約四〇キロもの湖東コールドロンとは、浸食などにより火山としての地形が見られないカルデラを言う。花崗岩帯よりも内側にあって、蒲生・神崎・愛知・犬上郡といった湖東域の直径二〇～三〇キロの円内の火成岩は湖東流紋岩と呼ばれ、近くでは岡山・奥島山・沖の島・八幡山等で認められるが野洲川流域では見られない。

鈴鹿山脈の花崗岩帯の西側である土山町・永源寺町と野洲川の下流域平野にでる両岸の三上山・妙光寺山・菩提寺山南半・石部町には、古生代～中生代の石灰岩・緑色岩・チャート・砂岩・頁岩・泥岩等からなる滋賀県では最も古い地層が見られる。これらは現在の日本がはるか南方の海底で誕生したのちに、フィリピン海プレートにのって北上し、中生代ジュラ期にユーラシアプートにぶつかりせり上がって陸化したものである。よってこれ以前、つまり中生代末の白亜紀以前は全て海底であったことになる。

土山町の鮎河周辺には、新第三期中新世（約一、七〇〇万年前）の鮎河層群と呼ばれる海成層の堆積がある。この堆積層は日本海の原形ができ始めたころの堆積層の一つで、礫岩・砂岩・泥質砂岩・泥岩等からなり、この周辺まで海岸線が入りこんだ時期のものである。

そして野洲川の中・上流低地域で中心となっている堆積層が、図12の新生代鮮新世・更新世の現琵琶湖に先立つ湖沼（＝古琵琶湖）とその水系において形成された未固結堆積物である古琵琶湖層群（約六〇〇〜一三〇万年前）である。水口丘陵では蒲生累層、甲賀丘陵では甲賀累層が主体となっている。野洲川の場合この古琵琶湖層群の集水域が全集水域の七〇％余りあり、砂礫の多くはこの地層の堆積物といえる。

以上のように野洲川の砂粒組成は、広い集水域から各種の砂粒が供給されている。野洲川は図13の石英・長石・岩片の三角ダイアグラムからも明らかなように、比較的単一の地質である湖西の志賀町比良川流域等の花崗岩地帯よりも石英・長石・黒雲母が少なく岩片（緑色岩・チャート・砂岩・頁岩・泥岩等）が多いということと、中・古生代丹波層群の今津町石田川流域等ほどには岩片が多くないということが言える。ここでは野洲川河口一、〇〇〇メートルボーリング試料における砂粒組成分析結果の平均値である、石英が三〇〜五五％、岩片が三〇〜五〇％程度とほぼ同じで、長石が一〇〜二二％程度と少ない

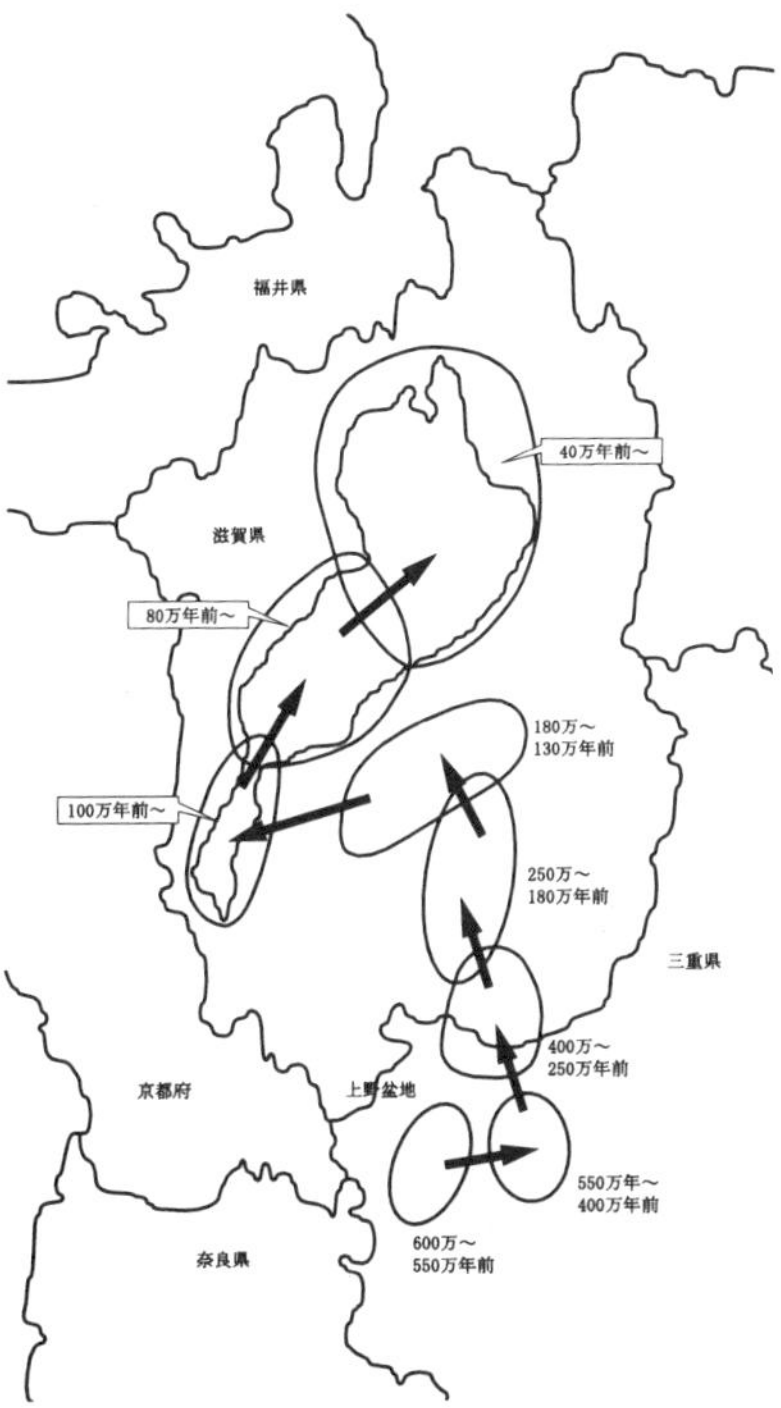

図12　古琵琶湖・琵琶湖の移動図
（横山（1995）に加筆）

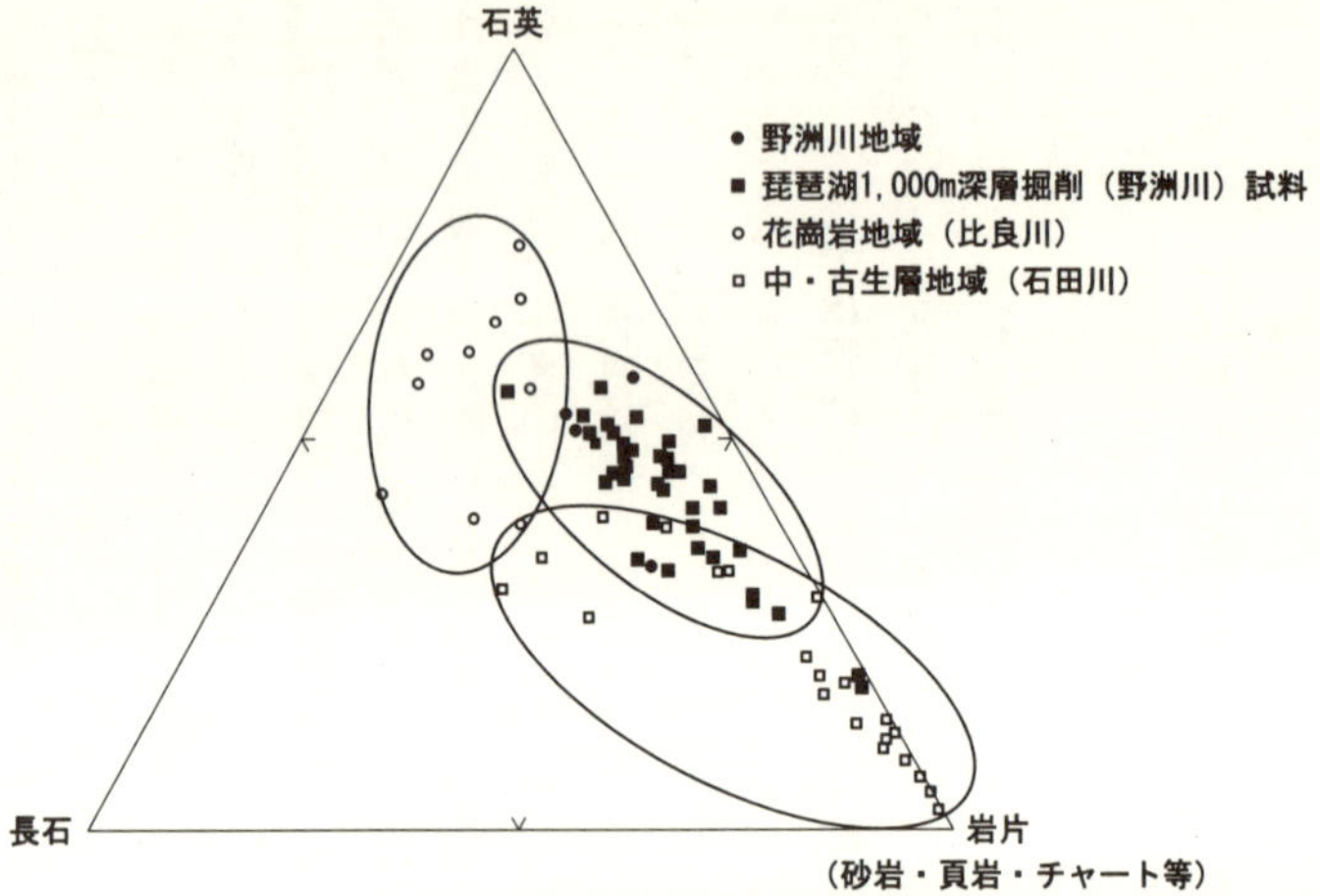

図13　砂粒組成三角ダイアグラム
（竹村・横山（1991）に加筆）

という割合を野洲川流域の土砂の特長として上げておきたい。これらを砂浜の色で言い換えるならば、近江舞子のような白色ではなく、今津浜ほどの暗灰色でもなく、マイアミ浜の灰白色なのである。

埋まりかけの南湖　前頁で、約六〇〇〜五〇〇万年前に古琵琶湖が伊賀に誕生後、プレートの動きにより次第に北に移動しながら約二〇〇万年前に現在の琵琶湖の位置に到達し、今の湖のように大きくなったのは約五〇万年前以降のことであったという説を紹介した。現在私達がなれ親しんでいる琵琶湖の形も、実は古琵琶湖がたどったのと同じ運命を示す形なのである。

琵琶湖をその形から北湖と南湖に分けることはよくある。しかし、図9の湖底の等深線を見てみると志賀町比良の近江舞子前面の湖底と、高島町白髭神社沖から近江八幡市沖の島より北側に広がる湖底とに大きく分かれる。つまり湖底には南湖と北湖の間に「中湖」が存在するのである。この内、南湖は約一〇〇万年前に出来て次第に埋まり、湖西側に溝状に最も深い所で水深約七～八メートルを残すまでになっている。中湖は約八〇万年前にでき最も深いところで水深約八〇メートル、北湖は約四〇万年前にでき最も深いところが水深約一〇四メートルである。この三つの湖の沈降速度は、音波探査装置による火山灰の反射面を基準としたものでは北湖が最も早く、次いで中湖で、南湖は最も遅い。ボーリング調査等による堆積層の厚みは、中湖では九二〇メートルであるのに北湖では最大に見積もっても五〇〇メートル程度と考えられている。さらにその上部に堆積した琵琶湖粘土層と呼ばれる最も新しい堆積層の厚みは、中湖では約二六〇メートルであるが、北湖では四〇〇メートルを越え、北ほど沈降が進み堆積の新しいことが明らかにされている。

つまり、北湖では沈降速度が早く湖西側では隆起速度が早いため、野洲川の様な湖岸沖積平野が形成されない。言い方を替えれば野洲川は、堆積速度と沈降速度がほぼ均衡をとっているか、やや堆積速度が上回っている南湖東岸の河川だからこそ、広大な湖岸沖積平野を形成することができたと言えるのである。

野洲川流路の固定

野洲川が生まれてからの流路の変遷については、実はよくわかっていない。前頁において湖底に沈む砂州のことや航空写真に写った幾つもの旧河道のことを書いたが、これらが何れかの時期、または幾つかが同時に流れていたものと予想されるのみで、資料は全くといっていいほど無い。野洲川が歴

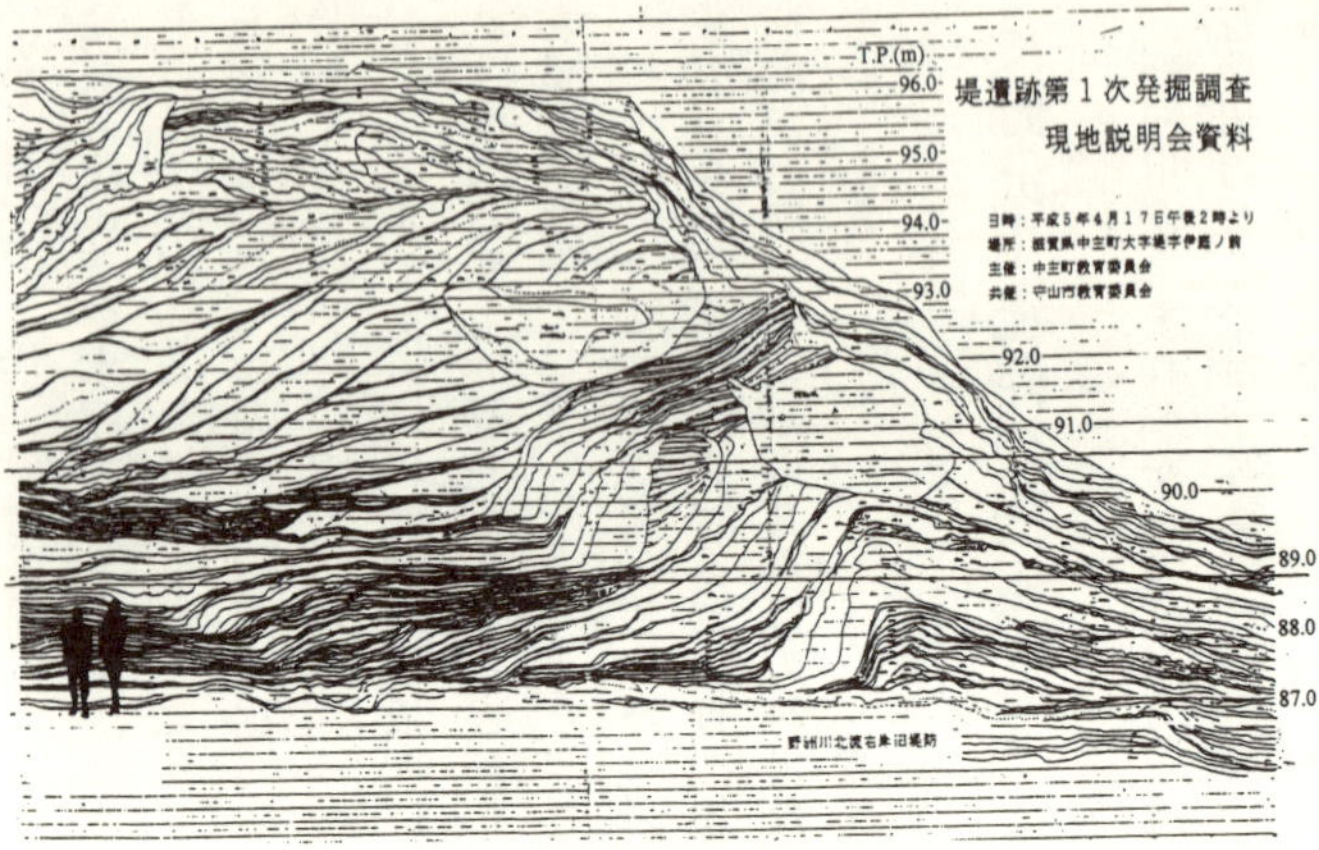

図14　旧野洲川北流堤防断面図
（中主町教育委員会（1993））

史上初めてあらわれるのは、『日本書紀』天武天皇元年（六七二）の「安河浜」での大海人皇子軍と近江朝廷軍の戦闘の場面であるが、これもどの河川跡のどこでのできごとなのかはわからない。私達の知っている新放水路が完成する前の南北流路でさえ、何時頃からここを流れているのかを記す史料は皆無である。まして下流域での天井川化の時期についてもこれまでは明らかでなかった。

平成二年より南北両河川の廃川敷の骨材採取平地化事業が始まった。この中では灌漑用水の樋門や築堤方法などを具体的に示す多くの知見があった。取り分け平成五年に中主町教育委員会が実施した中主町大字堤の旧北流高水敷堤防の断ち割り調査（図14）と、これを平面的に掘った平成十二年の調査において発見された当初の堤防（写真1）は、驚くべきものであった。調査では約九メートルもの天井川化した堤防下より、基底幅約七メートル、高さ二メートル余りの台形の堤防跡が、川底幅約一八メートル余りの左右に検出された。川底は築堤当時の様子を示すように大小の穴や溝が多数見られ、川底を掘り下げた土と周辺の粘質な土砂の搬入によって、堤防が築かれたものであることが明らかとなった。これらの調査の主要な意義には、左記のようなものが上げられる。

①旧北流は自然河道を固定したものではなく、当初は人工河川であったこと。

②築堤時期はおよそ十五世紀とみられること。

③旧地表面近くまで吹き上がる、寛文二年（一六六二）の花折断層による地震（マグニチュード七・六〜七・八）と思われる噴砂跡の存在から、二〜三世紀の間に約九メートルもの天井川化の進んだことが明らかとなった。

写真1　旧野洲川北流堤防遺構写真
（遺跡北側より三上山を望む）

それまで洪水が発生しても、洪水堆積物が広範囲に薄く堆積しているだけで済んだものが、人間による河川の固定化により狭い人工河川内に集中したことにより、一気に天井川化が進んだ。これにより用水確保が容易になった反面、河道の蛇行や決壊による洪水の危険を被ることとなったのである。用水の確保という面からは、近年の圃場整備により琵琶湖の水を用いるまで、築堤以降約五〇〇年間にわたり水田や生活用水に樋門の水を用いてきただけに、築堤記録を全く残さず誰が主導して作ったものかもわからないが、先人達の恩恵ははかり知れないものがある。

このように天井川化した河川は、条里の方向に流れる草津川に代表されるように、下流域が人工河川であったり人の手によって付替え・固定化された河川である可能性が高くなったのである。そして野洲川は、昭和という時代に再び河床幅が二〇〇メートルもの人工河川に付け替えられたのであった。

野洲川の未来

野洲川はこの近江盆地に生まれてから少なくとも一〇〇万年の間、ほぼ同じ場所を水と土砂を流し続けている。いや、現在もこれからも流し続けることは間違いない。人の手が加わらなかった場合、計算上では南湖は二〜三万年後に埋め尽くされる。しかし、新放水路という人工の河川の出現により、下流域平野の全体に堆積がおよぶことはもう無くなり、田圃や畠の土の粒子は次第に荒い砂礫となり、新川河口部では中湖への堆積のみが進み、沈降速度が大きい湖岸部では沈下による浸食が進むことが予想される。琵琶湖はさらに北へ沈降を進め、やがて日本海に…。

さて、これまでは野洲川の流れと堆積の話ばかりを書いてきた。野洲川は単に琵琶湖を埋め続けていたばかりではない。そこに人々が生活を始めて以来、生活の場、生産・猟（漁）の場、そして安らぎの場として、土地と水と緑（＝空気）を無償で提供してきた。そこには野洲川を共通の舞台とする人々により銅鐸祭祀や野洲国造の輩出など、近江一豊かな文化が生まれた。

しかし今、「野洲川」の存在は遠くなりつつある。野洲川新放水路の開通で大洪水の心配も無くなった。水道水も農業用水も琵琶湖の水が使われ、上流の村と水争いをしなくてすみ、旱魃でも水の枯れる心配が無くなった。その代わりに野洲川の水や堤防を心配する人も無くなり、全て行政にお任せとなってしまった。行政も流域の人々を野洲川に入れず、柵で囲ってしまった。その結果、人の心が離れてしまった。

私は、これからの「野洲川」は人々に利用しやすいように、河川敷や河床内を自由に開放し、公園として整備したり自然に近い状態に戻すなどして、こども達の自然教育や環境教育、イベントなどに活用し、親しんでもらえるものとし、野洲川と係わりを持ってもらうことが必要であろうと考えている。近江一の野洲川という流れのど真中を占める守山市・野洲町・中主町にとっては、「やす川」流域文化圏の新たな創造が、これからの重要な仕事ではないだろうか。

〔参考・引用文献〕
秋田裕毅『びわ湖　湖底遺跡の謎』創元社　一九九七年
池田碩・大橋健・植村善博「滋賀県・近江盆地の地形」『滋賀県自然誌』滋賀県自然誌編集委員会編、滋賀県自然保護財団　一九九一年
植村善博「京都盆地の地震災害危険度マップ」『京都の地震環境』ナカニシヤ出版　一九九九年
川辺孝幸「古琵琶湖層群―上野盆地を中心に」『アーバンクボタ』二九、株式会社クボタ　一九九〇年
川辺孝幸「琵琶湖のおいたち」『琵琶湖の自然史』琵琶湖自然史研究会編、八坂書房　一九九四年
川辺孝幸「足跡化石産出地点の地質」『古琵琶湖層群の足跡化石』琵琶湖博物館開設準備室研究調査　報告、三号、野洲川足跡化石調査団編、滋賀県教育委員会　一九九五年
公文富士夫「琵琶湖深層ボーリング資料からみた近江盆地の構造運動と堆積環境」『琵琶湖東岸・烏丸地区深層ボーリング調査』琵琶湖博物館研究調査報告、一二号、烏丸地区深層ボーリング調査団　編、滋賀県立琵琶湖　博物

館　一九九九年
活断層研究会「解説」『新編日本の活断層』東京大学出版会　一九九一年
黒川明「野洲川河床の古琵琶湖層群　層序と構造」『甲西町朝国の野洲川河床足跡化石調査報告』野洲川朝国河床足跡化石調査団編、甲西町教育委員会　一九九八年
象のいたまち編集委員会『象のいたまち―野洲川河原の足跡化石』甲西町・甲西町教育委員会　一九九〇年
武田栄夫「滋賀県の気候」『滋賀県自然誌』滋賀県自然誌編集委員会編、滋賀県自然保護財団　一九九一年
竹村恵二・横山卓雄「琵琶湖湖岸・流入河川の紗粒組成」『滋賀県自然誌』滋賀県自然誌編集委員会編、滋賀県自然保護財団　一九九一年
辰己勝「野洲川下流の地形および地質・土壌の概要」『昭和六二年度中主町内遺跡分布調査（Ⅱ）概要報告書』中主町教育委員会　一九八八年
辰己勝「野洲川下流域平野の形成と地形特質」『中主町内遺跡分布調査（Ⅱ）調査報告書』中主町教育委員会一九九三年
西堀剛・西川一雄・小早川隆・但馬達雄・岨中貴洋「湖東流紋岩類」『滋賀県自然誌』滋賀県自然誌編集委員会編、滋賀県自然保護財団　一九九一年
林隆夫「堅田丘陵の古琵琶湖層群」『地質学雑誌』、八〇　一九七四年
林隆夫・川辺孝幸「古琵琶湖層群と段丘堆積層・沖積層」『大阪層群』、市原実編、創元社　一九九三年
彦根地方気象台編『滋賀県の気象』大蔵省印刷局　一九九三年
藤本秀弘「花折断層についてーとくに滋賀県域の活動時期について」『滋賀県自然誌』滋賀県自然誌編集委員会編、滋賀県自然保護財団　一九九一年
藤本秀弘「志賀町の自然環境」『志賀町史』第一巻、志賀町　一九九六年
藤本秀弘「滋賀県の自然環境」『滋賀の植性と植物』小林圭介編、サンライズ印刷　一九九七年
堀江正治編『琵琶湖湖底深層一四〇〇ｍに秘められた変遷の歴史』同朋舎出版　一九八七年
堀江正治「琵琶湖史の過去・現在・未来の流れ」『太古の旅、琵琶湖』横山卓雄編、三学出版　一九九九年

横山卓雄「びわ湖の生立ちと未来」『びわ湖のロマン―長浜文化塾・講演録』ふるさと文化叢書、三、長浜観光協会編、国友書店　一九八八年
横山卓雄「琵琶湖移動説の提唱―研究史と現状」『滋賀県自然誌』滋賀県自然誌編集委員会編、滋賀県自然保護財団　一九九一年
横山卓雄『移動する湖、琵琶湖』法政出版　一九九五年

三　初期稲作と弥生集落

川畑和弘

弥生の田んぼを求めて

発掘で見つからない「田んぼ」　弥生時代の田んぼの話をする前に、どうしてそんなことに関心をもったのかということをすこし説明しておきたいと思う。

今からもう十五年ぐらい前の話になるが、私が大学三年生のころ守山市の二ノ畦・横枕遺跡という弥生時代の集落の調査に参加した。その時の調査では、竪穴住居や弥生ムラを取り囲むように掘られた環濠などが発見された。そして、この遺跡の過去の調査ではムラの外側で方形周溝墓と呼ばれる弥生人たちの墓が点々と見つかっていた。ところが、住居や墓は見つかるけれども、田んぼは見つかっていなかった。田んぼは何処にあるのだろうか？　この疑問が当時の私には、どうしても納得のいかないことだった。それは、弥生時代のことを考えると、そこには米作りを基本にした生活が大前提としてあったからである。

現在の歴史の教科書でもそうだが、縄文時代はイノシシ、シカ、魚介類を捕獲し、木の実や山菜を採集するといった生活。そして、弥生時代には稲作がはじまり、土器のかたちや石器のかたち、住居やムラのかたち、ひいてはムラとムラの関係にいたっても、大きく変わっていったのだと説明される。ところが、野洲川下流域平野の実際の遺跡の調査では、米づくりの場である田んぼはほとんど見つかっていない。どうしてだろう？　例えば弥生の水田は地中深くに埋もれていて調査がそこまで届いていなかったのではないのか？　とか、弥生以降の新しい時代の開発によって削られてしまったのではないか？　ということでいろいろと思案していた。そして、それからは調査をするたびごとに、どこかに弥生水田の痕跡が見つからないものかと、私のなかで田んぼ探しの調査がはじまったのである。

古墳時代の「田んぼ」発見　平成元年のこと、今度は守山市教育委員会に調査員として赴任し、初めて現場の指揮にあたることとなった。その現場は、下長遺跡という守山市古高町にある遺跡である。この遺跡の中央には幅が五〇メートル程ある古代の川が埋もれており、その両岸に弥生時代から古墳時代にかけての大きな集落跡が見つかった。古墳時代の集落調査については、ここでは本題からはずれるので省略するが、古代の川跡（旧河道）の調査は、その後の私の調査の中でもたいへん想い出深いものとなった。それは、下長遺跡の旧河道が、古墳時代の田んぼの跡そのものだったからである。どういうことかというと、古くには流れていた川が、弥生時代中期ぐらいになるとどういうわけか水流を失い、泥土によって徐々に埋もれていき、古墳時代前半期には湿地帯が広がっていた。そして平安時代ごろまでにはその川跡の凹地のほとんどが土砂によって埋もれてしまい、現在のような平坦な場所になっていたことがわかったのである。大まかな土地の変遷は以上のとおりであるが、実際の発掘では、埋没してしまった旧河道の中から一〇面以上の昔の地表面が確認された。

それぞれの地表は、古いものから順番に下から上に埋もれていっており、いずれもかなり湿気をおびた状態が見て取れた。そして、土層を詳しく調べていくことで、川が流れていた時期、湿地になっていた時期、湿田になっていた時期、荒野になっていた時期、そして乾田になっていた時期という具合に、その土地の使われ方が時代ごとに変化していることがわかったのである。

進歩する発掘技術　どうしてそんなことがわかったのかというと、現在の発掘調査の技術は過去に比べて格段に進んできている。遺跡を発見する方法や、見つかった遺物を鑑定する方法なども、新しい分析法を導入して、今までにわからなかったことが、随分とわかるようになってきている。例えば、過去の田んぼを探すために下長遺跡では、以下のようなことを行った。大雑把に説明すると、

①地形環境分析――遺跡がどのような場所に立地しているのかを探究する調査方法で、昔の地図や地形測量図、航空写真などをもとに地下に埋もれている土地の起伏やなりたち、例えば川の跡や墓の跡を探査することができる。

②プラント・オパール分析――過去の土壌を遺跡から採取し、その中に含まれる植物珪酸体（イネ科の植物に特有の微化石）の存在を確認することで、土地利用の様子を判断する目安となる。

③花粉分析――遺跡から採取し、その中に含まれる花粉を同定し分析することで、過去の植生や環境変遷などを復原することができる。

④出土する植物遺体の分析――遺跡から出土する樹木の組織を分析したり、出土した種子や葉っぱの種類を同定をすることで、周辺の植生や環境変遷などを復原することができる。

こうした分析を行いながら下長遺跡では調査を進めたが、見えてきた古墳時代の田んぼの様子は、現在私たちが身近なところで見かけている田んぼとはかなり様子が違っていた。それではどのような田んぼかというと、まず田んぼが作られている場所が、微高地と微高地の間の緩やかにくぼむ谷に位置し、湿地帯のようになったところを利用していた。そして、田んぼにはどうやら二種類あったようだ。

一つは、沼地のような湿地帯で、植物と土の混じった黒くて軟らかい植物とも土とも言えないよう

な場所に、材木や泥で畦を簡単にこしらえた田んぼ（深田）である。もう一つは、さらに粘土が堆積した時点でそこを水田土壌にし、小さな手畦を地形に沿わせて設けた小区画の水田である。

両者は存在した時期が違うということもあるのだが、用水や米の収穫量の点で若干の違いがあると考えられる。前者は田んぼに水を導くことよりも、田んぼから水を排水することに注意を必要とするような田んぼで、これで一体どの程度のお米が取れたのだろうか？　と思えるほど、生産性は低そうである。そして後者の方は、田んぼ全体に水を上手く行き渡らせることに注意を要する田んぼで、前者よりは毎年ある一定量の収穫を期待することができる田んぼだと思えた。しかし、この古墳時代の田んぼは、計画性の高い用水路から検出できなかったことから、いずれも天水田とも呼ばれるたぐいのもので、灌漑といえるような水利網はあまり発達していなかったようである。

古代水田の調査からわかること

学史に残る弥生水田　下長遺跡の水田調査を経験したことで、私の頭の中にあった弥生の田んぼのイメージは崩れていった。それは、河川から用水路で田んぼに水を引き入れ、堰や水口できちんと水の管理を行っている。そうした教科書に出てくるような田んぼとは様子が違っていたからである。そこで、もう一度これまでに発見されている弥生の田んぼを見直してみると、滋賀県では研究史に輝く二つの弥生水田が発見されていることに気がつく。

一つは、安土町と能登川町にかけて広がる大中の湖南遺跡である。[1] この遺跡は、一九六四年に進められていた内湖の干拓事業の最中に、干上がった湖底から小学校の児童らの手によって平安時代の古銭がたくさん発見されたことから発掘された。二年間にもおよんだ調査によって縄文時代から鎌倉時代の集落跡が発掘された。中でも注目されるのは、水田跡として当時著名であった登呂遺跡の水田よりも古い水田跡（弥生中期初頭）が発見されたことである。この水田跡は、標高で八三・二メートルと現在の琵琶湖の水面より低い地点で検出されており、当時の琵琶湖の水位が現在よりもかなり低かったことが窺える。弥生の田んぼが作られていた場所は、湖と陸地の境（汀線）にある砂洲の内側の凹地に広がっていた。どうやらジュクジュクの湿田だったようだ。この水路がこの水田跡では、杭と矢板で作られた水路跡が数百メートルにわたって見つかっており、灌漑と排水の役目を果たしていたようだ。ところが、この水田跡には土を盛り上げて作られる畦が見られない。そのかわりに、水田面には柵列と杭列があったようだが、その柵と杭をもし田んぼを区画するための施設と考えるならば、一区画は一辺が百メートルと九十メートルでほぼ九〇〇〇平方メートルとたいへん大きい区画となる。こんなに大きな区画の田んぼでは、現在の田んぼと比べても余りに広すぎて、全面に水を均等に張ることはとても難しい状態である。これを補うために、大きな区画の中をさらに小さく区画する手畦のようなものがあったのかもしれない。

もう一つは、守山市服部遺跡の弥生前期の水田跡である。[2] この水田跡は、一九七四年に野洲川の新放水路を作る際に、地下約二メートルの地点から発見された。見つかった水田は、先に紹介した大中

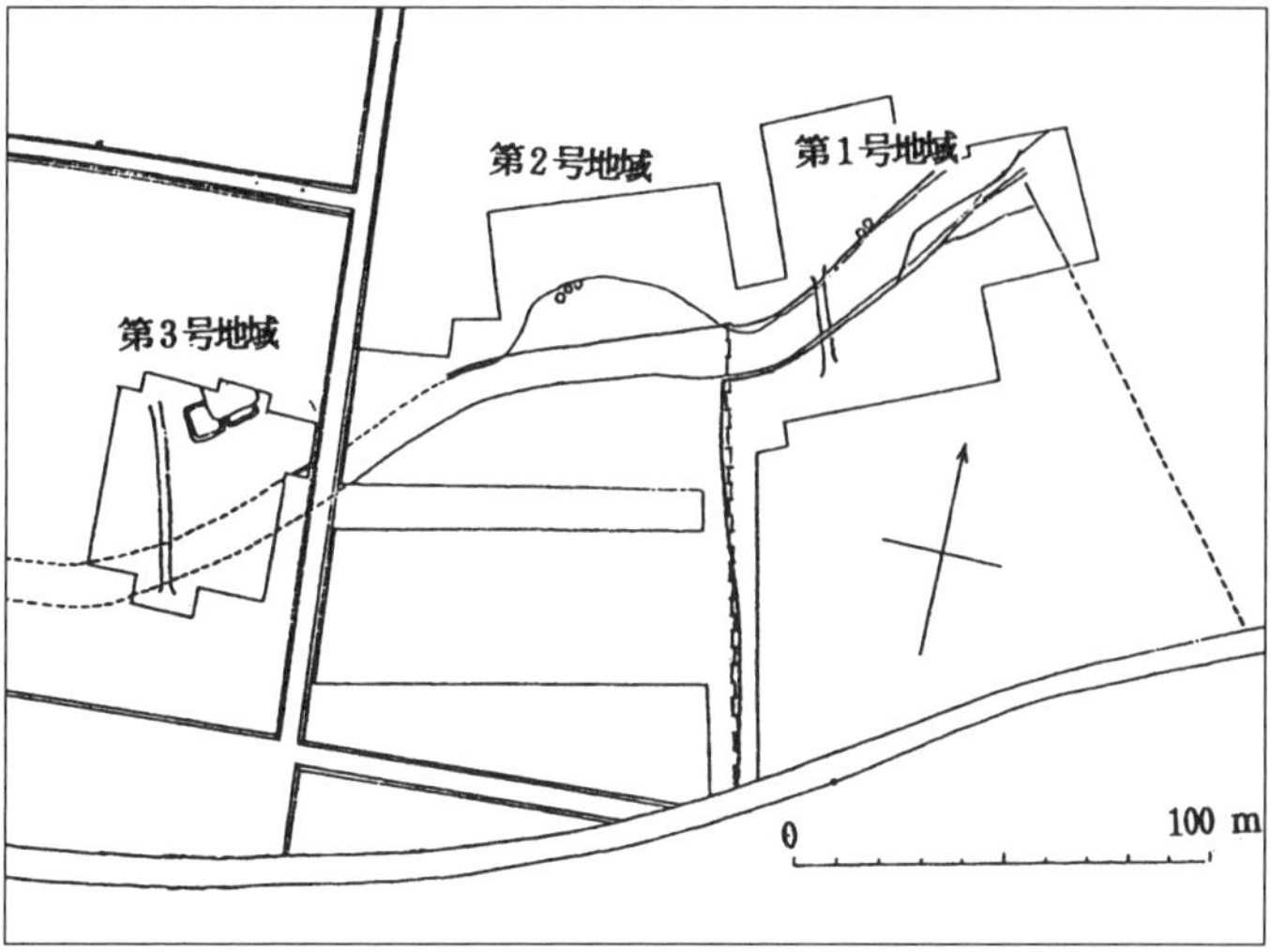

図1　大中の湖南遺跡の水田跡（文献1より）

ノ湖南遺跡のものとは少し様子が違っていて、田んぼの一区画、一区画がとにかく小さいのである。大きいものでも一区画が一八〇平方メートル程、中には二〇平方メートル程という猫の額ほどの広さのものまであり、通称「ミニ水田」と呼ばれるほどである。この大小の区画の配列をよく観察してみると、気がつくことがある。微高地から低湿地へ向かって下がっていく傾斜地のところには小さくて不定形な区画があり、低湿地の場所では大きめで方形に整った区画が作られている。このように服部遺跡の場合は、地形の起伏に合わせた形の区画を整然とこしらえている。そして、田んぼに水を導く方法は、傾斜地の上位の田んぼから順次水が畦を乗り越えて、低い下位の田んぼへと水が配られる仕組みとなっているのである。

その後の水田調査　大中の湖南遺跡、服部遺跡そして先に紹介した下長遺跡の田んぼの様子か

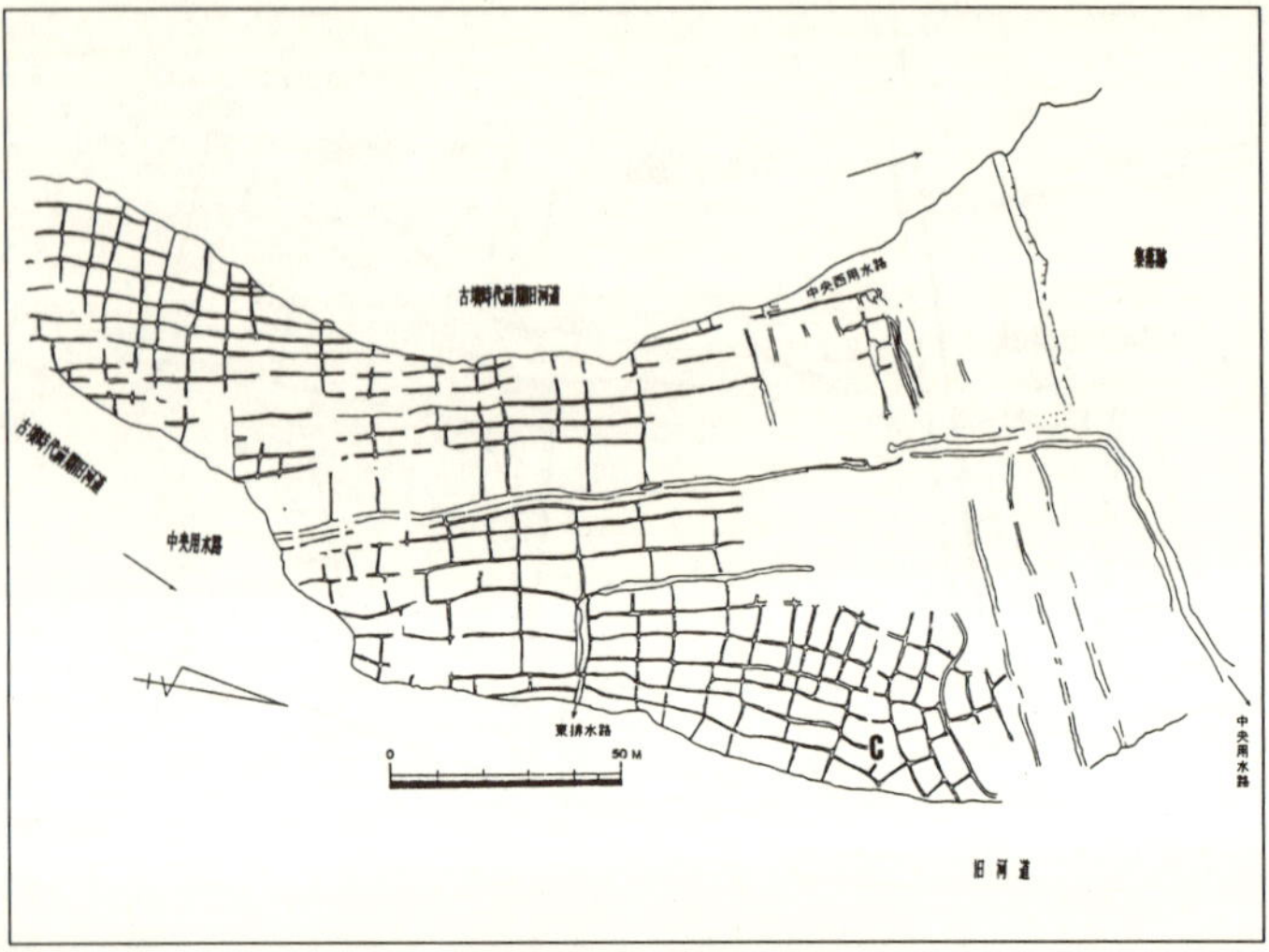

図２　服部遺跡の水田跡（文献２より）

ら、近江の初期水田の様子が少しずつ見えてきたが、さらに平成に入ってからの水田調査事例を示すと（表１）のようになる。代表的なものを簡単に紹介すると、②の木部遺跡では、現在の地表面から約一・四メートル下の緩やかな傾斜地形面で弥生時代前期の水田と用排水路が確認されている。区画の面積は二〇平方メートル程と小さいのが特徴で、立地条件や形態が服部の水田タイプに類似するものである。[4] ④の中北遺跡では、小区画水田が４区画程確認されている。方形区画の畦の中位には、水口が設けられ、かつ畦越に水を配る方法が採られている。立地条件、形態とも、服部の水田と同タイプである。[6] ⑤の川田遺跡では、古墳時代中期の水田跡が広範囲で発見されている。この水田は埋没した旧河道を水田域にしているという点で、下長の水田型と類似する。[7] ⑧の二ノ畦・横枕遺跡では、浅い微低地を利用した古墳時代後期の水田が検出されている。この水田は微高

	遺　跡　名 （検出水田の時期）	立地する 地　形　帯	備　　　考	調　査　年	文献
①	服部遺跡 （弥生前期）	三角州帯	用水路の両岸に小区画水田	昭和50年	(3)
②	木部遺跡 （弥生前期）	自然堤防帯	小区画水田と水口	昭和50年	(4)
③	下長遺跡 （古墳前期）	自然堤防帯	埋没旧河道内の低湿地利用	平成元年	(5)
④	中北遺跡 （弥生後期）	自然堤防帯	小区画水田と水口	平成２年	(6)
⑤	川田遺跡 （古墳前期）	自然堤防帯	埋没旧河道内の低湿地利用（偶蹄目足跡）	平成３年	(7)
⑥	笠原南遺跡 （弥生後期～昭和）	自然堤防帯	弥生後期のものは畦畔は不明、用水路	平成６年	(8)
⑦	吉身西遺跡 （古墳中期～）	扇状地帯	埋没旧河道内の低湿地利用（小面積）	平成６年	(9)
⑧	二ノ畦・横枕遺跡 （古墳中期～後記）	扇状地帯	小区画水田と水口	平成７年	(10)
⑨	塚之越遺跡 （古墳前期～中期）	自然堤防帯	埋没旧河道内の低湿地利用	平成８年	(11)
⑩	酒寺遺跡 （古墳中期）	扇状地帯	用水路の際に小区画水田	平成11年	(12)

表１　野洲川下流域平野の古代水田調査事例

地から低地にかけての傾斜部分に地形に合わせた区画と水口を設けている。⑨の塚之越遺跡では、はっきりと畦とわかるものは見つからなかったが、水を堰き止めて田面としているような水田遺構が検出された。[11]（図３）これも埋没旧河道の低湿地を利用した水田という意味では、下長遺跡の水田型で捉えられるものである。

扇状地の水田モデル　野洲川下流域平野で発見された古代の田んぼについて書いてきたが、これらの田んぼの様子は、私が以前に思い描いていた弥生の田んぼとはまるで違っていた。その多くは、ずぶずぶの湿地水田だったようだ。それらは、あまり手を加えなくても耕地として活用できる場所を最大限に活かして田んぼにしており、稲の栽培もかなり野放図なものではなかったかと推定される。[13]（図３）また、野洲川下流域の広い平野の中でも、上流域にあたる扇状地帯では、弥生時代の右図は遺跡地の周辺の土地利用法を模式化したもので土地の高い場所には集落が立地し、低い場所には水田が営まれている状態を表現した。

⇨

Ⓐ微高地の凹地利用型
（調査事例：　二ノ畦・横枕遺跡）
※　水つきが悪いため、用水路の確保や水配りが難しい。

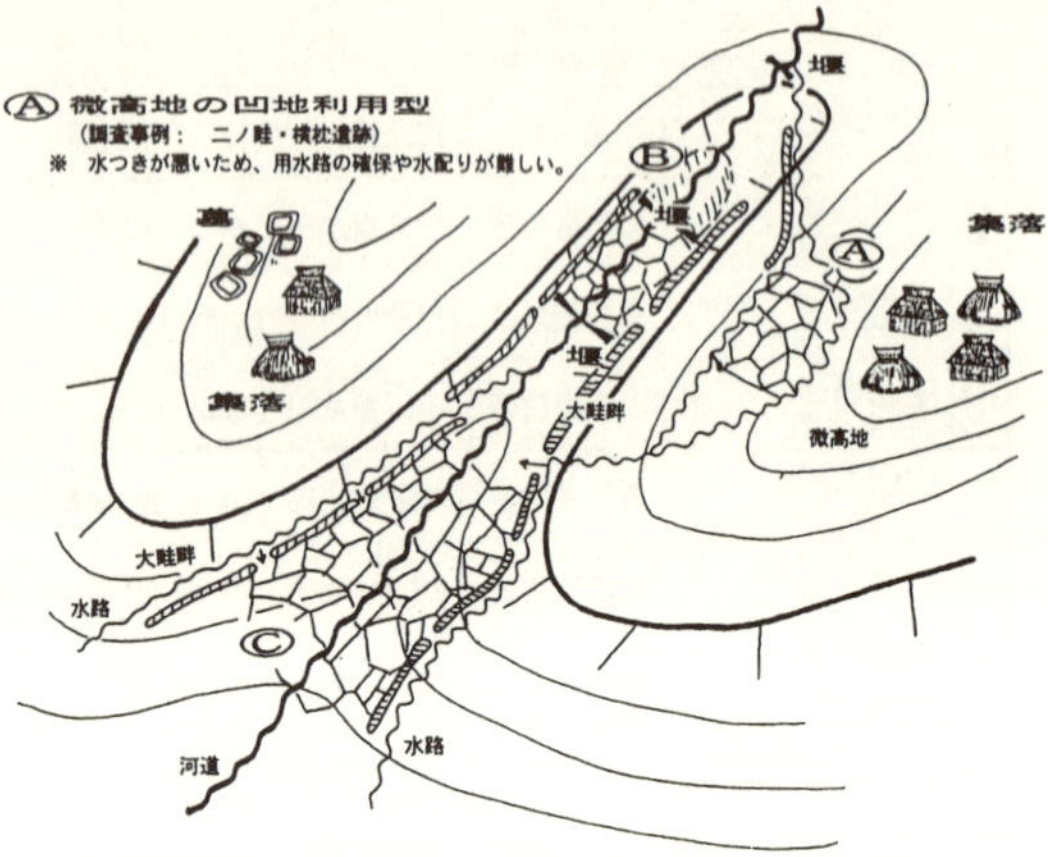

上図のⒷ・Ⓒ地点の断面図。古くには水流をもって流れていた河道が徐々に埋もれていく過程で水田が営まれている

⇨

Ⓑ埋没旧河道内の低湿地利用（上流域）　谷水田
（調査事例：　塚之越遺跡、下長遺跡）．．．急勾配、狭域、小区画。
※　畦のないタイプで高水敷を利用した粗放的な水田例がある。（生産域は狭く、生産性も低い。）

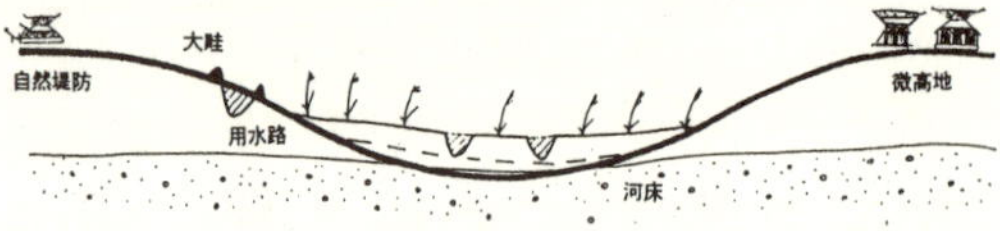

Ⓒ埋没旧河道内の低湿地利用（下流域）　谷水田
（調査事例：　川田遺跡、吉身西遺跡）．．．緩勾配、中広域、小区画
※　微高地に沿って大畦と用水路をつくる。（Bタイプより生産性は高い。田植え、牛馬耕、蹄耕）

Ⓑタイプ水田の復原図

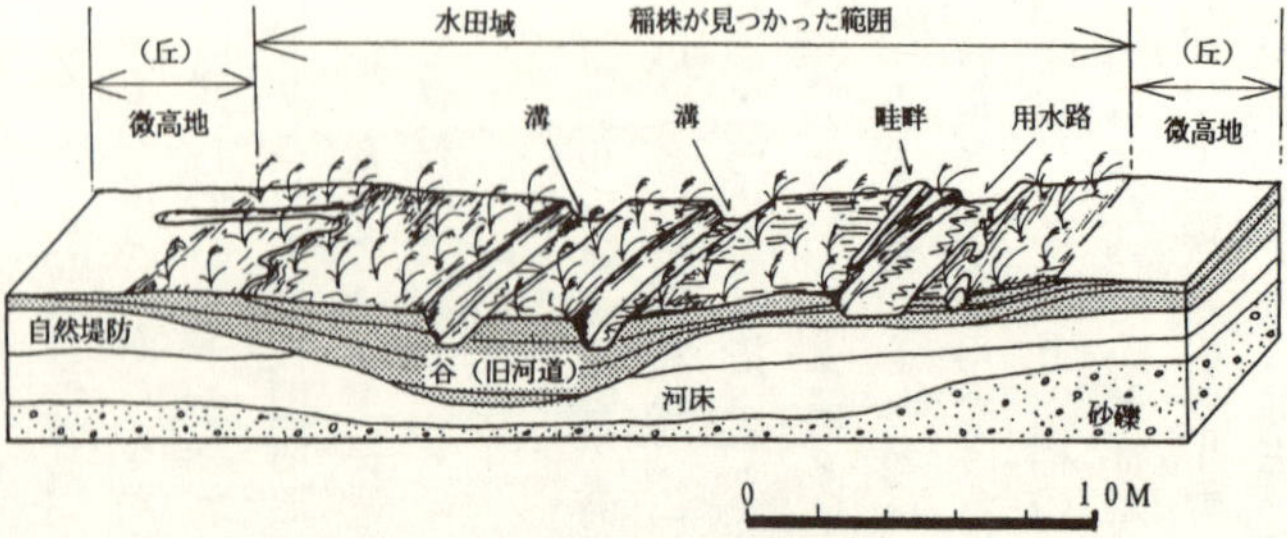

図3　発見された水田の模式図

間は広域にわたる水田は作られていなかったのではないか。つまり、弥生人たちの主な水田（生産域）は自然堤防帯やデルタといった野洲川の中下流域にあったのではないかと思うように至っている。[14]そして未開拓地域だった扇状地帯に水田が拓かれるのは、古墳時代に入ってからもやや時間の経った五世紀以降のことではないかと考えている。

湖南の弥生集落

弥生ムラの動向　前の章では、弥生人が平野のなかでも特に低湿地帯に水田を拓いてきたことを述べてきたが、それではムラの様子はどうだろう。

（表2）は野洲川下流域平野で見つかっている弥生時代の代表的なムラを、時間を軸にして整理したものである。[15]この表を先の遺跡分布図と照らし合わせながら観ていくと面白いことに気がつく。

一つは、弥生時代前期のムラは三角州帯や自然堤防帯の微高地上に営まれているということ。つまり扇状地帯においては今のところ弥生時代前期の遺跡が見つかっていないということである。

もう一つは、弥生時代中期後半代からは、この扇状地帯にもムラが進出しているということ。それから巨大集落が短期間で成立・消滅しながらこの扇状地帯を移動しているということである。

その中でも象徴的なできごとが、弥生時代の中期後半代と後期に起こった。下之郷遺跡と、伊勢遺跡の誕生である。

図４　野洲川下流の域の水田調査事例　①～⑩は水田調査地点

弥生時代の拠点集落位置　● ＝弥生前期
○ ＝弥生中期後半～古墳前期
（　）＝時期を示す。（一覧表参照）

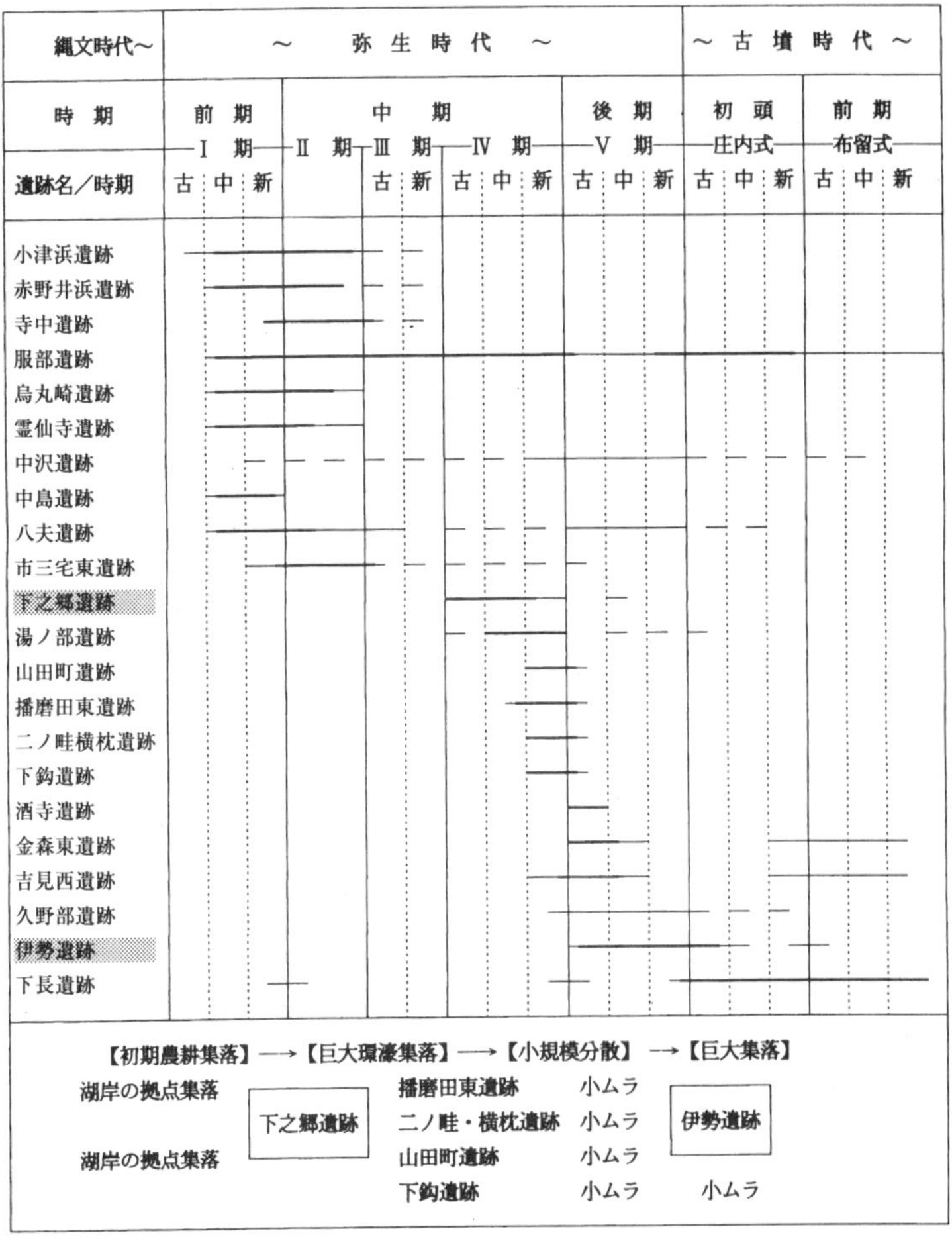
縄文時代～
～ 弥生時代 ～
～ 古墳時代 ～
時期
前期
中期
後期
初頭
前期
Ⅰ期
Ⅱ期
Ⅲ期
Ⅳ期
Ⅴ期
庄内式
布留式
遺跡名／時期
古 中 新
小津浜遺跡
赤野井浜遺跡
寺中遺跡
服部遺跡
烏丸崎遺跡
霊仙寺遺跡
中沢遺跡
中島遺跡
八夫遺跡
市三宅東遺跡
下之郷遺跡
湯ノ部遺跡
山田町遺跡
播磨田東遺跡
二ノ畦横枕遺跡
下鈎遺跡
酒寺遺跡
金森東遺跡
吉見西遺跡
久野部遺跡
伊勢遺跡
下長遺跡
【初期農耕集落】→【巨大環濠集落】→【小規模分散】→【巨大集落】
湖岸の拠点集落
湖岸の拠点集落
下之郷遺跡
播磨田東遺跡 小ムラ
二ノ畦・横枕遺跡 小ムラ
山田町遺跡 小ムラ
下鈎遺跡 小ムラ
伊勢遺跡
小ムラ

表2　集落の存続時期一覧

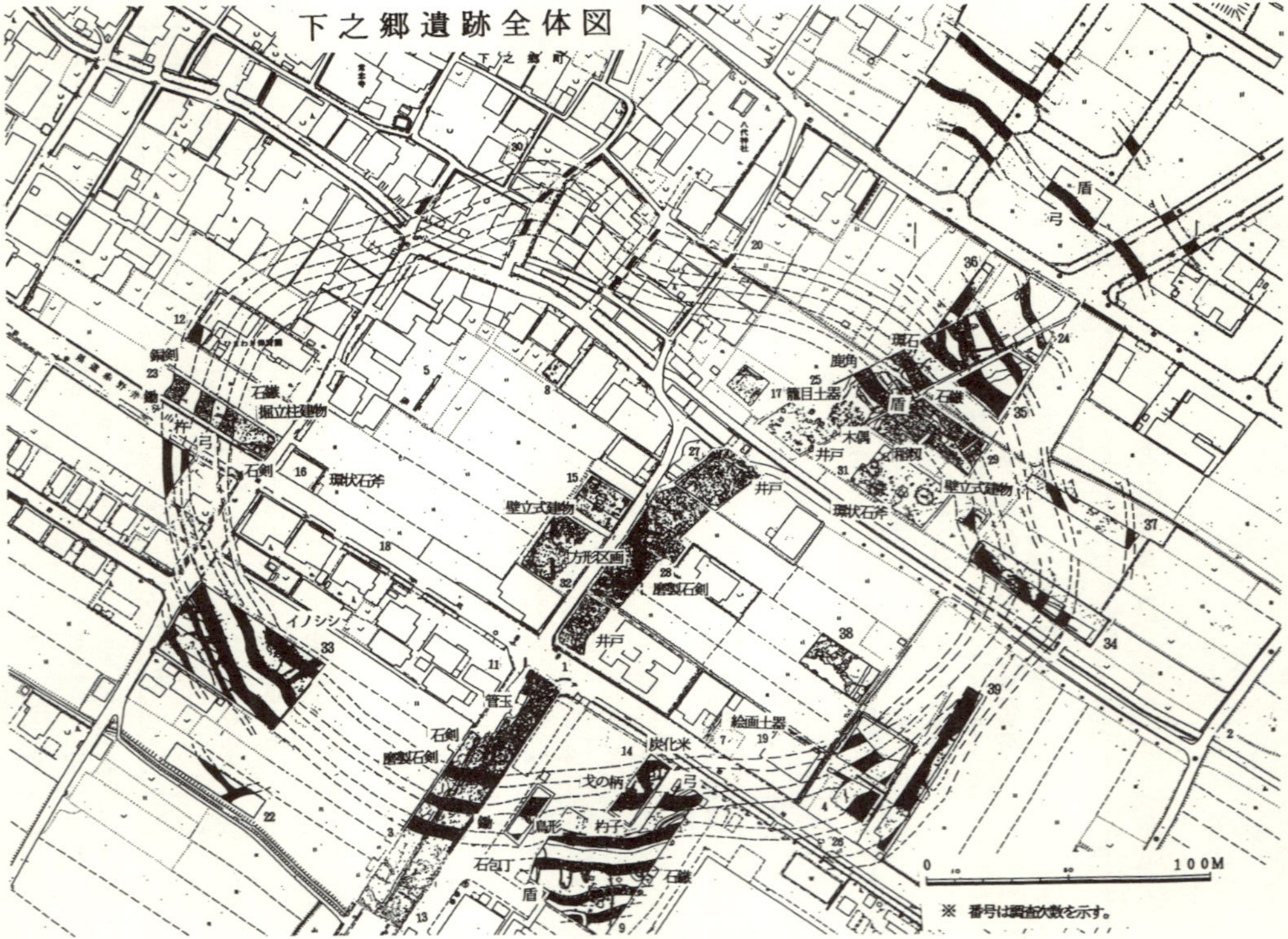
下之郷遺跡全体図
下之郷町
八代神社
銅剣
石鏃
掘立柱建物
杵
弓
石剣
環状石斧
壁立式建物
方形区画
磨製石剣
イノシシ
井戸
管玉
石剣
磨製石剣
鋤
鳥形
杓子
戈の柄
炭化米
弓
石包丁
盾
石鏃
絵画土器
環石
鹿角
籠目土器
盾
石鏃
木偶
稲籾
井戸
壁立式建物
環状石斧
盾
弓
0
100M
※ 番号は調査次数を示す。

図5　下之郷遺跡全体図

注目される遺跡「下之郷遺跡」　下之郷遺跡は、一九八〇年に公共下水道工事の際に発見された弥生時代中期後半代（Ⅳ期）の環濠集落である。これまでに行われた四二次の発掘調査の結果、三条から九条もの環濠によって囲まれた東西約三六〇メートル、南北約三〇〇メートル、面積はおよそ八万平方メートルの広がりをもつ集落であったことが推測される。集落の周りに掘られた環濠は、幅六〜八メートル、深さは約二メートルを測るもので、調査ではその底から土器や木器、石器、それから当時の食物や周辺に繁茂していた植物などが大量に出土している。一九九六年に行われた調査では、環濠集落の北西側で土橋のような出入口が発見された。出入口にあたる通路の両側には柵や門柱と思われる施設が築かれ、その周辺からは銅剣をはじめ石剣、石鏃、弓などがたくさん発掘された。

これまでの発掘では、銅戈の柄や楯、環状石斧など当時の戦いの様子を物語る遺物がたくさん発見されている。そして一九九八年の調査では、集落の中央部分に「コの字」形に溝で囲まれた場所が確認された。その内側からは、掘立柱建物が数棟見つかっている。どのくらいの範囲をこの溝が囲み込んでいるのかは現状では判然としないが、環濠集落の内部に特殊な空間、例えば政治や宗教的な儀式等を行う「公の場所」が生み出されてくる過程を見いだせるのかもしれない。そういう点では、この遺跡はムラ、ムラが統合され、この地に政治的な組織が誕生していく。その動きを具体的に示しえる重要な遺跡だと言える。(16)

注目される遺跡「伊勢遺跡」　伊勢遺跡は、一九八一年の宅地造成工事の際に発見された弥生時代後期（Ｖ期）の集落遺跡である。これまでに五七次の発掘調査が行われてきた結果、遺跡地の南側には旧河道が流れており、その北側の舌状に延びる微高地上に集落域が広がっていることが推定される。集落全体の範囲は東西七〇〇メートル、南北四五〇メートル程と推定され、弥生時代後期の集落としては全国でも最大級の規模をもつ。遺跡の東辺には南北方向に幅約七メートル、深さ約二メートルの大溝が南北方向に掘られており、集落の東端を画している。集落内部の調査では、これまでに約八〇棟の竪穴住居と一〇棟の大型建物が検出された。これらは、クランク状、コの字状の溝とともに計画的に配置されていたと考えられる。大型建物は、すべて遺跡の東側に集中しており、中心部分と推定される位置には、柵で囲まれた方形区画の内部に、時期の違う複数の建物が確認された。主殿と見なされるものに四間×二間の高床建物。脇殿には、五間×一間の平地式近接棟持柱建物、さらに、若干離れたところに三間×三間の楼閣と目される建物が配置されている。[17] いずれも、異なった形態の建物で、中枢施設にはそれぞれ機能の違う建物が配置されたものと考えられる。さらに、集落の中枢施設の外縁にあたる二つの地点からは、二棟並列して一対をなすような独立棟持柱付き大型建物が確認されている。この建物については、穀倉および祭殿といった性格を帯びたものではなかったろうか。

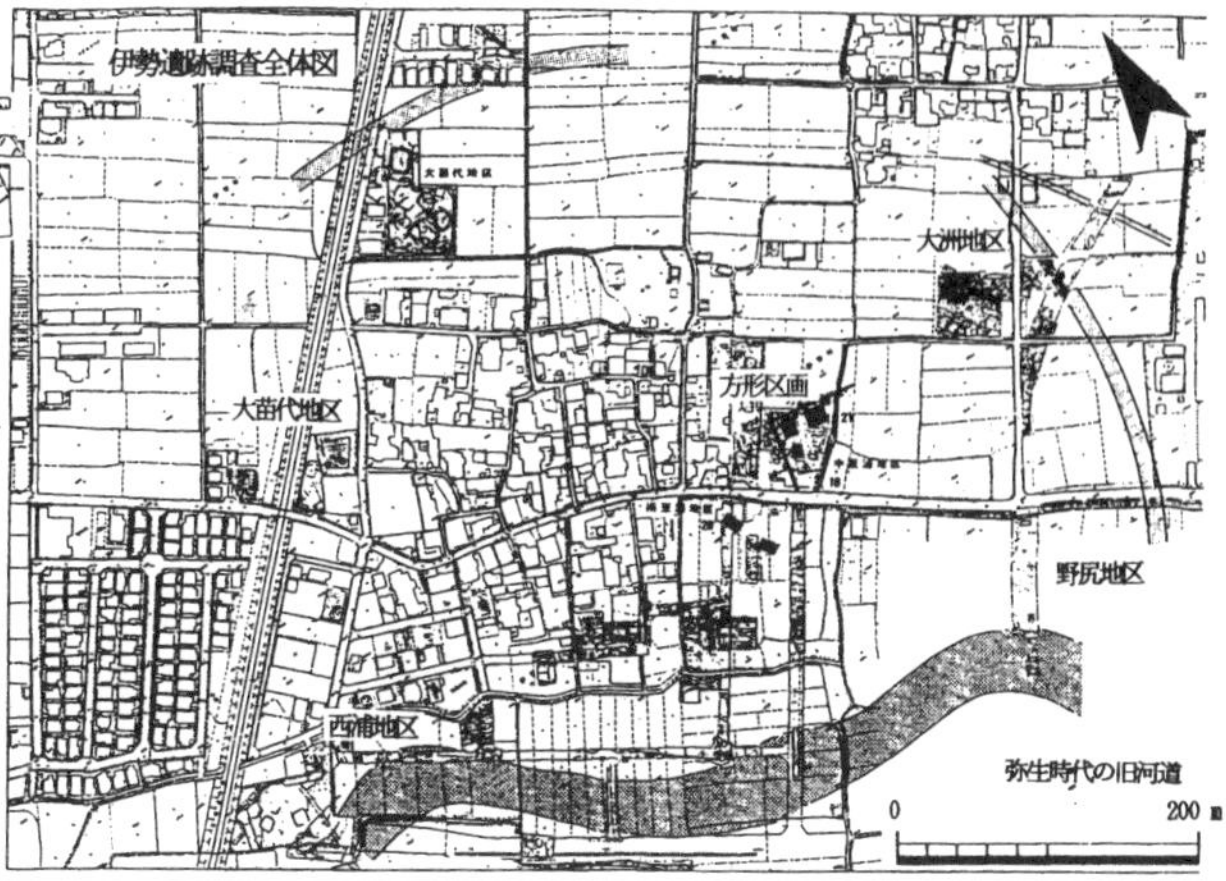

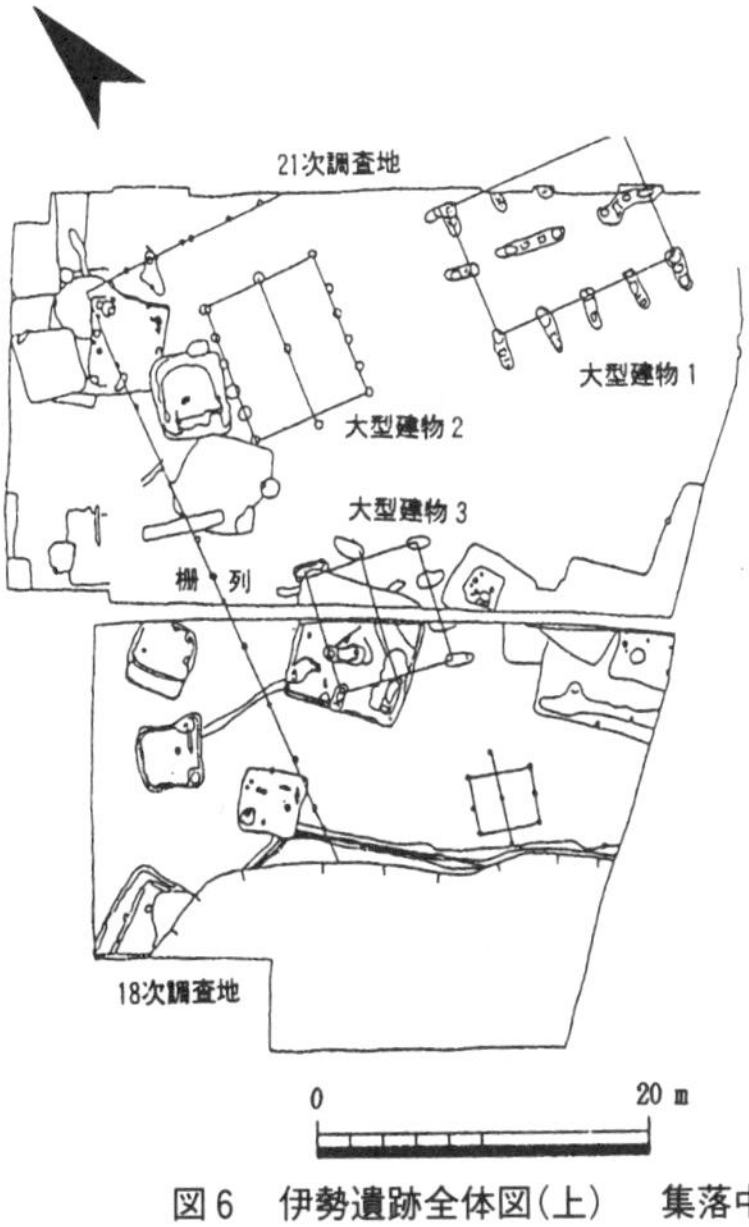

図６　伊勢遺跡全体図（上）　集落中央の方形区画（下）

平野の開発と弥生集落

扇状地と水稲農耕　弥生時代の田んぼとムラの様子。その営まれてきた場所の変化をたどってきたが、（図7）は、それを時間と地域（平野を大きく3つに分けて）を軸にして整理してみたものである。[18]この図を見ながら、今度はムラと田んぼ（生産域）の関係について述べてみたい。

弥生時代の田んぼは、平野のなかでも下流域にあたる氾濫原の谷口微低地や三角州帯といった地下水位の高い場所で営まれていた。そこは自然の湿潤地（自然灌漑）を最大限に活用できる場所であった。そういう意味では、弥生前期のムラが平野のなかでも、湖岸線の「デルタ地帯」や「氾濫原帯」に展開し、水付きが悪いため広域にわたって水利灌漑が必要となる「扇状地帯」に遺跡が立地していないことは当然なこととも理解できる。

ところが、弥生時代中期後半代から扇状地にもムラが展開していくことになる。この現象を説明するには、この時期になってようやく扇状地の水田開発が始まったという見方もできるが、実際の調査では水田の検出例はなく、今後も巨大な集落人口をまかなうに足りる生産域は発見されないのではないかと考えている。この点において下之郷遺跡の誕生や、それに後続する二ノ畦・横枕遺跡、播磨田東遺跡、そして伊勢遺跡に至る展開は、それまでのムラのなりたちとは質的な違いを認めるべきではないのかと思うのである。

農耕集落の変貌　下之郷遺跡は扇状地帯の末端部分に位置している。この場所は地下に潜っていた伏流水が湧きだしてくる水源地帯にあたる。先にも紹介したとおり自然灌漑を特質とした弥生水田を営むうえでは、水源は平野の中でも最も重要視されるべき地点といえよう。このポイント上に下之郷遺跡が築かれたのである。そして、その後に現れる播磨田東遺跡や二ノ畦・横枕遺跡、山田町遺跡、下鈎遺跡さらに伊勢遺跡などは、さらに上流の扇状地帯という、水不足の危険を抱えた新しい土地へと進出していくことになる。どうしてだろう？　どうやらそこに、その時代や社会に特殊な事情があるのではないかと思えてならないのである。

下之郷遺跡の周辺の地形を観ていて思うのは、生産域（水田域）がそれほど離れているわけではなく、ムラより下流域を調査すれば、当時の水田が発見される可能性は十分にある。また、その水田もかなりの収量を期待することが出来だろう。ところが、伊勢遺跡となれば、周辺に生産域と思われる場所が極端に少ない。また、あったとしても伊勢遺跡の人口を支えるだけの肥沃な生産域は周辺に見当たらないし、今後の調査でも広域にわたり弥生の水田遺構が検出されることはないと考えている。

この点で、伊勢遺跡と下之郷遺跡の性質の違いが端的に現れる。上手く言葉には表現出来ないのであるが、弥生中期の後半代の下之郷遺跡は、他の集落との間にある程度の補完関係はあるものの、基本的には自給自足的な農耕集落であった。それに対して後期の伊勢遺跡の段階では、生産と消費がひとつの集落もしくは、周辺の小集落との関係のみで完結するような社会状況ではなく、野洲川下流域平野や湖南平野といった、もっと広い範囲での経済圏と政治的宗教的統合が確立されているものと考えている。弥生時代の農村は、板付遺跡（福岡県）や登呂遺跡（静岡県）などの代表例にみるように、

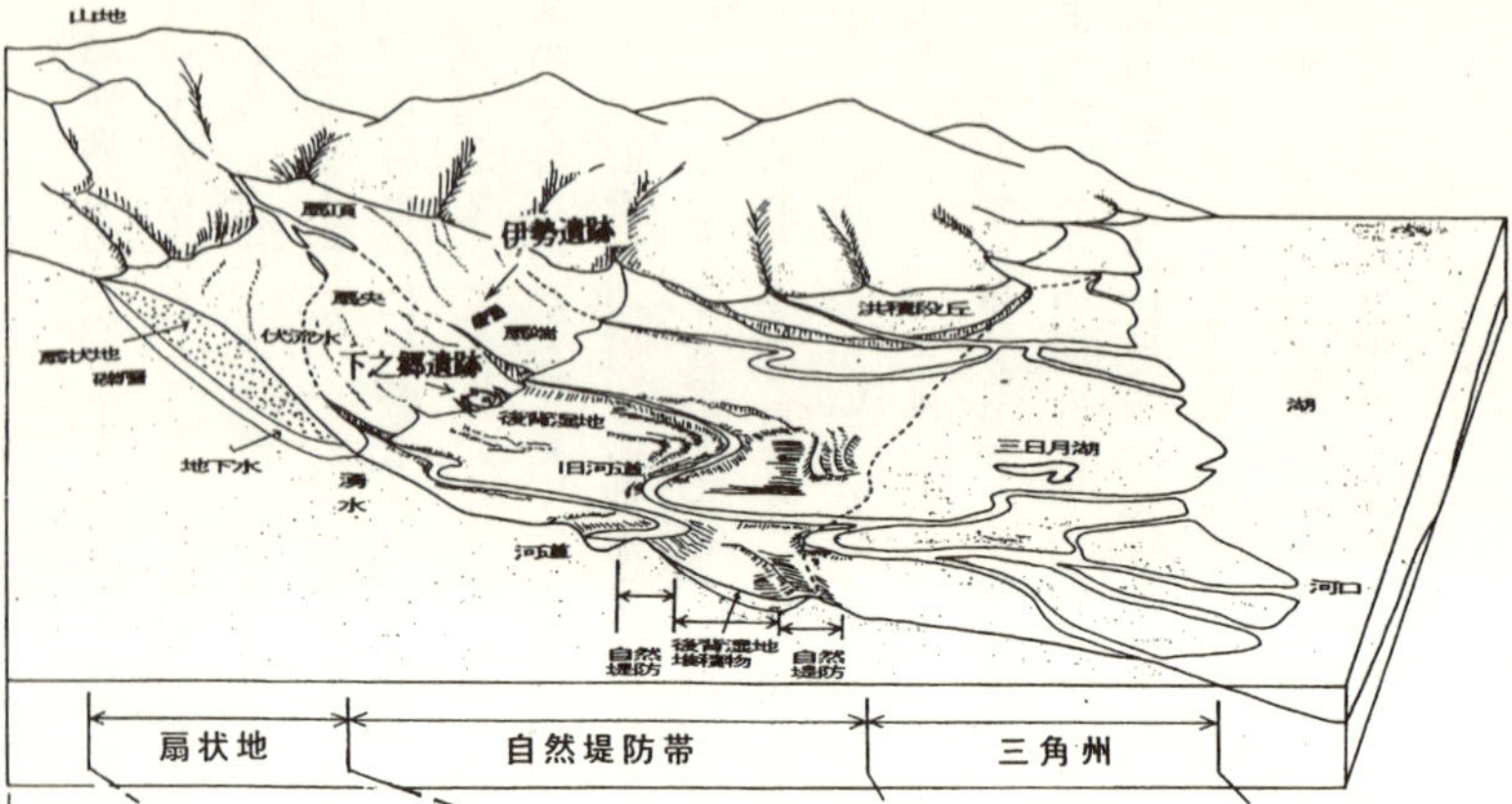

地形帯 時期	扇状地	自然堤防帯	三角州
前期から 中期前半		寺中遺跡、霊仙寺遺跡 市三宅東遺跡、中島遺跡 八夫遺跡、中沢遺跡	小津浜遺跡、服部遺跡 赤野井遺跡、烏丸崎遺跡
中期後半 から	播磨田東遺跡 山田町遺跡、下鈎遺跡 二ノ畦・横枕遺跡	下之郷遺跡、八夫遺跡 中沢遺跡、湯ノ部遺跡	服部遺跡、烏丸崎遺跡
後　期	酒寺遺跡、金森東遺跡 伊勢遺跡、吉身西遺跡 小柿遺跡、下々塚遺跡	久野部遺跡、下長遺跡 中沢遺跡、中畑遺跡	服部遺跡、烏丸崎遺跡

図7　平野の地形分類と遺跡立地（文献18より）

集落と生産域が結束してはじめてムラが成り立つように考えられる。それは、自給自足ともいえるような生産と消費の均衡が集落ごとにとれた状態を意味しているのだ。ところが、伊勢遺跡（Ｖ期）の時代には、その均衡がとれていない社会状態が生まれているものと解釈されるのである。そういう意味において伊勢遺跡は、必要物資（生産物）の一部を外部に依存している集落と評価し得るのである。

下之郷遺跡の調査で見えてきた近江の初期稲作

下之郷遺跡の特徴のひとつは、地下水の豊富な場所に位置していることから、植物や昆虫、動物の遺骸などが当時の姿のまま、分解されず残っているということである。それらは特に、環濠や井戸の底の部分に多いのだが、出土したての木の葉などはまだ黄緑色をしていて、ついさっきまで近くの樹木についていたかと思えるものすらある。ところが、それらは土の中からとりだして空気に触れると、数分の間に色が褪せていく。二〇〇〇年という長い眠りから目覚めた木の葉などは、忘れていた時間を取り戻すべく、またたく間に朽ちてしまうのだ。それを見ている自分も浦島太郎さながらに何だか白髭が急に伸びてくるような錯覚を時に覚えてしまう。こんなことに遭遇できるのは遺跡の調査をする者のだいご味なのかもしれない。こんなふうに下之郷遺跡は、自然遺体の宝庫なのである。

「熱帯ジャポニカ」の発見　平成十年の夏、環濠の調査を進めている時、たくさんの植物遺体が出土する地層から稲籾が数粒見つかった。驚いたことに、それは炭化せずに黄色をした籾粒であった。その時の感想を率直にいうと、本当にうれしかった。これまでの調査でいろんなものの発見の機会に恵まれてきたが、どの発見にも増して目の覚めるような興奮をえたのである。見つかった場所の周囲を観察すると、まだまだあるようだったので土嚢袋に土ごとたくさん取り上げ、その土を水洗いしていくと、百粒近い稲籾を採取できた。その後の調査でも、井戸や環濠も稲籾の発見が続いた。発見された稲籾については、静岡大学の佐藤洋一郎氏にDNA分析を依頼した。

これまで古代米の研究は、おもに稲籾の形態を比較検討する方法がで進められてきた。佐藤氏の方法は稲の形態ではなく、DNAという肉眼では見えない世界での精密な分析をすすめているのである。出土した稲籾のDNA分析は、地点別に井戸や環濠から出土した四〇粒を対象とした。その結果、「熱帯ジャポニカ」という種類の稲が半数ほどを占めているという事実が判明した。[19]「熱帯ジャポニカ」とは、聞き慣れない用語である。かっては、稲を分類するにあたって、インディカ・ジャポニカ・ジャワニカの大きく3類に分けて考えられることがあったが、熱帯ジャポニカとは、その中のジャワニカの範疇に近いものと言われている。そして、かってジャポニカと言われたものは、この熱帯ジャポニカと対比するうえで「温帯ジャポニカ」と言われるようになっている。

これまで日本考古学の常識では、弥生時代の稲作は大陸から朝鮮半島を経由して北九州へ伝播してくる「温帯ジャポニカ」の稲作が主体であると解釈されてきた。ところが、下之郷遺跡で発見さた米粒の半数は「熱帯ジャポニカ」であると判定されたのである。これは、どういうことなのか？　熱帯ジャポニカという稲は、一般的に背が高く、穂や葉が長く、穂数が少ないという特性があり、粗放的な稲作に適応するタイプといわれる。そして、その分布は広く華南から東南アジアに認められるという。このような稲が下之郷遺跡の周辺で栽培されていたということが明らかにされたのである。

田んぼで魚つかみ

下之郷遺跡の環濠の調査を進めている時、大量の弥生土器や木製品にまぎれて、なにか得体の知れないものが散乱していることに気がついた。それは、ツルツルとして固い皮のようであった。調査をしながら何かわからず、最初は亀の甲羅？　貝殻？　と思案しながら捨てる訳にもいかず、周辺の土壌ごと大量にもち帰ることとした。その後、何とも得体の知れないものを琵琶湖博物館に持ち込み何人かの研究者に見てもらったが、植物でもない、動物でもないということで、最終的には魚類形態学の中島経夫氏に分析を依頼した結果、どうやらそれらは全てコイ科魚類の頭骨にあたるものだと判明した。それもかなり大量にである。それなら……ということで博物館と共同でその遺骸が見つかった地点の周囲の土壌を洗い出していくこととした。すると、その中からは咽頭歯と呼ばれる魚の歯がたくさん発見されたのである。中島氏は、数年来コイ科魚類の咽頭歯を詳細に分類し、アジアの古代から現在にかけての魚の盛衰史を研究しているのだった。下之郷遺跡の咽頭歯から魚の種類を同定した結果は、出土した骨の中で実に八〇％以上がゲンゴロウブナであった。

このゲンゴロウブナは、フナの中でも琵琶湖の固有種で、その生態は日頃は琵琶湖の沖合で生活しているが、五月から六月にかけては産卵期となり、大群をなして琵琶湖から内陸の河川や低湿地、田んぼへと押し寄せてくるという習慣をもつ。そこで問題になるのが、大量に発見されたゲンゴロウブナの頭骨をどのように評価するのかである。中島氏は魚の生態と弥生人の生活を考えて次のような提言をされた。下之郷遺跡で見つかった魚の密集体は、集落の住民が魚を加工保存するため利用したあと、頭という限られた部分のみを投棄したものだと。その背景には農繁期の水田に、ゲンゴロウブナが遡上し産卵するという習性を熟知していた弥生人たちが、それらを大量に捕獲する生活の技を生み出した証拠なのだと言われるのである。

近江の初期稲作　田んぼの様子と集落の様子。それから栽培されていた稲の品種。そして水田にかかわる魚の生態。これらは断片的ではあるが、近江の初期稲作や弥生人の生業を考えるうえで重要な鍵をにぎるものと考えている。

遺跡の調査を通じて浮かび上がってくる弥生人の田んぼは、湖辺や水源地帯に広がる低湿地を利用する湿地稲作の方法をとっており、用水路や田んぼには時としてフナやナマズ、ワタカ等が泳ぎまわり、そして農民はそれらを生計の足しとして捕まえる技術を知っていた。すなわち、弥生時代の田んぼは、「稲を栽培する場所」でもあり、「魚を捕まえる場所」でもあったのだ。このような稲作のあり方は、琵琶湖を中心にかかえた近江の土地柄や生態系と深くかかわっているものと考えている。そして、この生業のかたちとも言えるものは、決して韓半島や大陸の乾燥地帯に起源が求められるものではなく、それはまさしく「熱帯ジャポニカ」の源郷に求めるべきではないのだろうか。

ここに至っては、かって私の中にあった弥生時代の田んぼの様子や〝弥生人＝稲作農耕の民〟という固定化されたイメージは、ずいぶんと違うものになってきているのである。

［注］

(1) 水野正好『大中の湖南遺跡調査概要』滋賀県教育委員会　一九六七年
(2) 辻広志「前期水田址」『服部遺跡発掘調査概報』滋賀県教育委員会　一九七九年
(3) 大橋信弥・山崎秀二ほか『服部遺跡発掘調査報告書』Ⅲ　滋賀県教育委員会・守山市教育委員会・(財)滋賀県保護協会　一九八七年
(4) 徳網克己「木部遺跡」『第30回埋蔵文化財研究集会「各地における米づくりの開始」』　一九九一年
(5) 川畑和弘「下長遺跡」『乙貞』52号　守山市立埋蔵文化財センター　一九九〇年
(6) 山崎秀二「中北遺跡の調査（第1次）」『守山市文化財調査報告書』第37冊　守山市教育委員会　一九九〇年
(7) 川畑和弘『川田遺跡現地説明会資料』守山市教育委員会　一九九一年
(8) 川畑和弘「笠原南遺跡」『乙貞』79号　守山市立埋蔵文化財センター　一九九五年
(9) 伴野幸一「吉身西遺跡」『乙貞』73号　守山市立埋蔵文化財センター　一九九四年
(10) 川畑和弘『二ノ畦・横枕遺跡現地説明会資料＝第27次発掘調査の速報＝』守山市教育委員会　一九九五年
(11) 川畑和弘「塚之越遺跡」『乙貞』90号　守山市立埋蔵文化財センター　一九九七年
(12) 川畑和弘「酒寺遺跡」『乙貞』10号　守山市立埋蔵文化財センター　一九九九年
(13) 高谷好一「東アジアから見た日本の初期稲作」『季刊考古学』第37号　雄山閣　一九九一年
アジアの稲作農法については、高谷好一氏のご教示による部分が多い。
(14) 辰巳勝「野洲川下流の地形および地質・土壌の概要」『中主町内遺跡分布調査』（Ⅱ）概要報告書中主町教育委員会　一九八八年
(15) 野洲川下流域平野の集落遺跡の成立や消長については、調査事例もふまえて山崎秀二氏より多くのご教示を受けた。
山崎秀二「野洲川下流域遺跡群の構造」『守山市文化財調査報告書』第38冊　守山市教育委員会　一九九〇年
(16) ─a川畑和弘『下之郷遺跡発掘調査現地説明会資料＝第25次発掘調査の速報』守山市教育委員会　一九九八年
─b川畑和弘『下之郷遺跡発掘調査現地説明会資料＝第28・29・31次発掘調査の速報』守山市教育委員会

一九九八年

(17) —a伴野幸一「滋賀県二ノ畦・横枕遺跡と伊勢遺跡」『季刊考古学』第51号　雄山閣　一九九五年

—b伴野幸一「伊勢遺跡」『滋賀考古』第21号　一九九九年

(18) 図7の模式図については田崎博之　「地形と土と水田」『古代史復原』4　講談社　一九八六年に掲載されたものに一部を加筆し転載した。

(19) 佐藤洋一郎　『DNA考古学』東洋書店　一九九九年

四　銅鐸文化の終焉

進藤　武

はじめに

守山・野洲の地は、野洲川によって形成された高い生産基盤を背景として多くの遺跡が営まれており、豊富な遺物が発見されている。特に弥生時代においては、これを象徴とするものとして多くの銅鐸があり、最大、最小の銅鐸もここ近江の地から出土している。

服部遺跡にほど近い守山市新庄町からは、寛政十一年（一七九九）に銅鐸が四個が出土した。このうち三個の行方はわからなくなってしまったが、残る一個が現在岡山県倉敷市にある倉敷考古館に保管されている。この銅鐸は鐸身に精緻な流水紋をもち、狩りする人物やシカ、カエル、トンボ、カニ、サルなどの絵が描かれた古い銅鐸で、同じ石製の鋳型からつくられた銅鐸が他に四例あって、摂津や伯耆などから出土していることでも知られている。琵琶湖岸に近い草津市志那町からも昭和七年頃に高さ十二・六センチの最も小さい銅鐸が発見されており、これも古い銅鐸である。

野洲町小篠原大岩山遺跡からは、明治十四年に一四個、昭和三十七年に一〇個の合わせて二四個もの銅鐸がみつかっている。これらの多くは高さが五〇〜八〇センチの大形品で、中には一三四・七センチの最大銅鐸もある。また、平成二年には守山市古高町の下長遺跡から銅鐸の飾耳だけが発見された。これらは新しい銅鐸である。

なぜ、この一帯にこれほど多くの銅鐸が発見されるのか、なぜ銅鐸文化は継続しなかったのか。むろん近江のなかだけで解決できる問題ではない。そこで守山・野洲を発信源として銅鐸文化を探り、特に大岩山に顕著な大形銅鐸から弥生時代の終焉について述べてみたい。

銅鐸祭祀の変容

銅鐸の移り変わり　銅鐸はつり手（鈕）と身、鰭からなる特異な形状をなし、その出土状況も丘陵の斜面から単独で発見されることが多く、依然弥生時代の謎の遺物とみられている。それでも原料の入手、鋳型の製作、厚さ四ミリほどに仕上げる高度な鋳造技術、繊細な紋様や絵画などからみて、共同体の特別の祭器であったことは誰もが認めるところであろう。しかも当時の政治・文化の中枢となる畿内を中心に広がっており、地域性が認められることから、弥生時代の精神文化や社会構造を説き明かす鍵となり得るのである。

銅鐸は当初、中空の鐸身内部

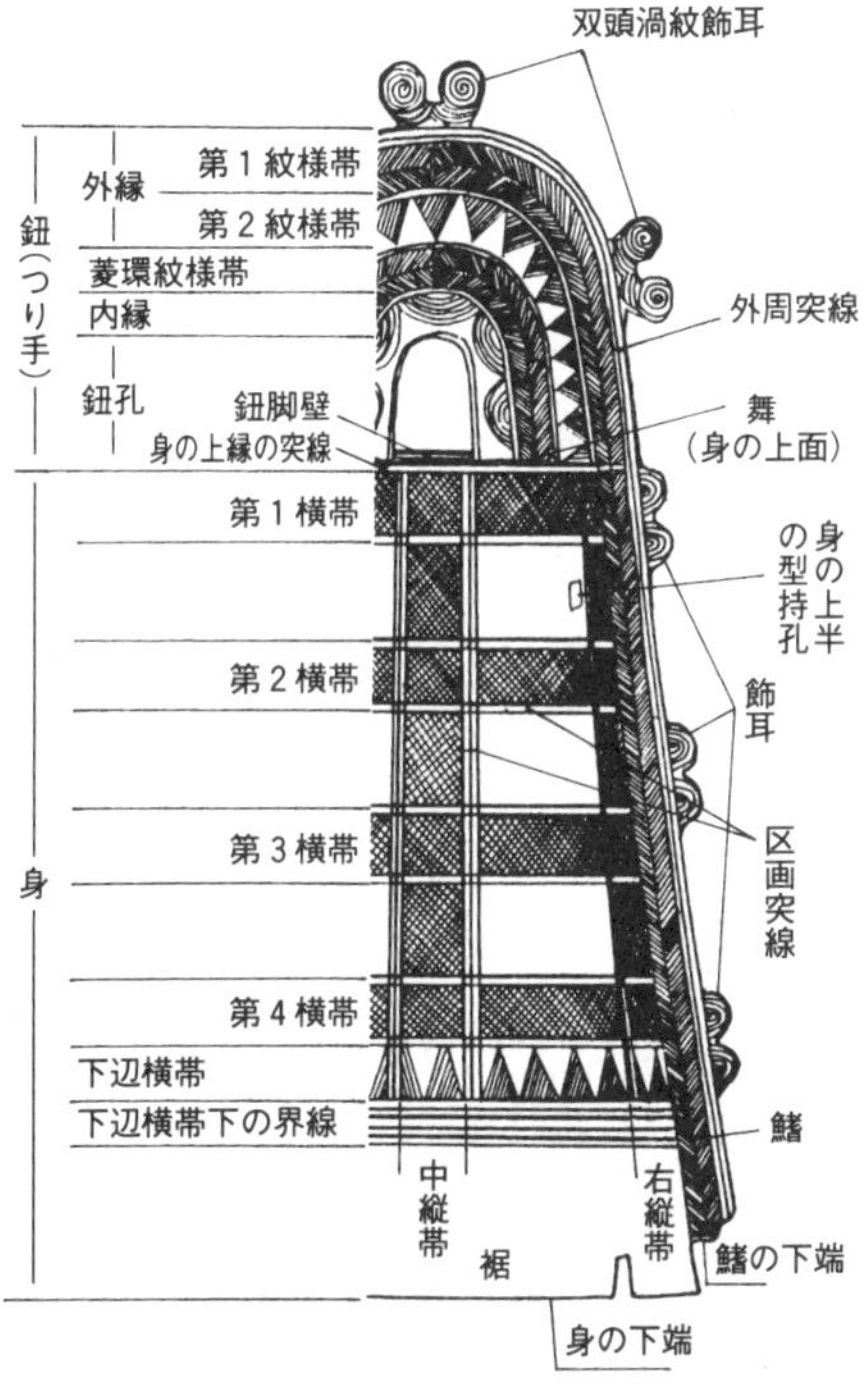

図１　銅鐸の部分名称

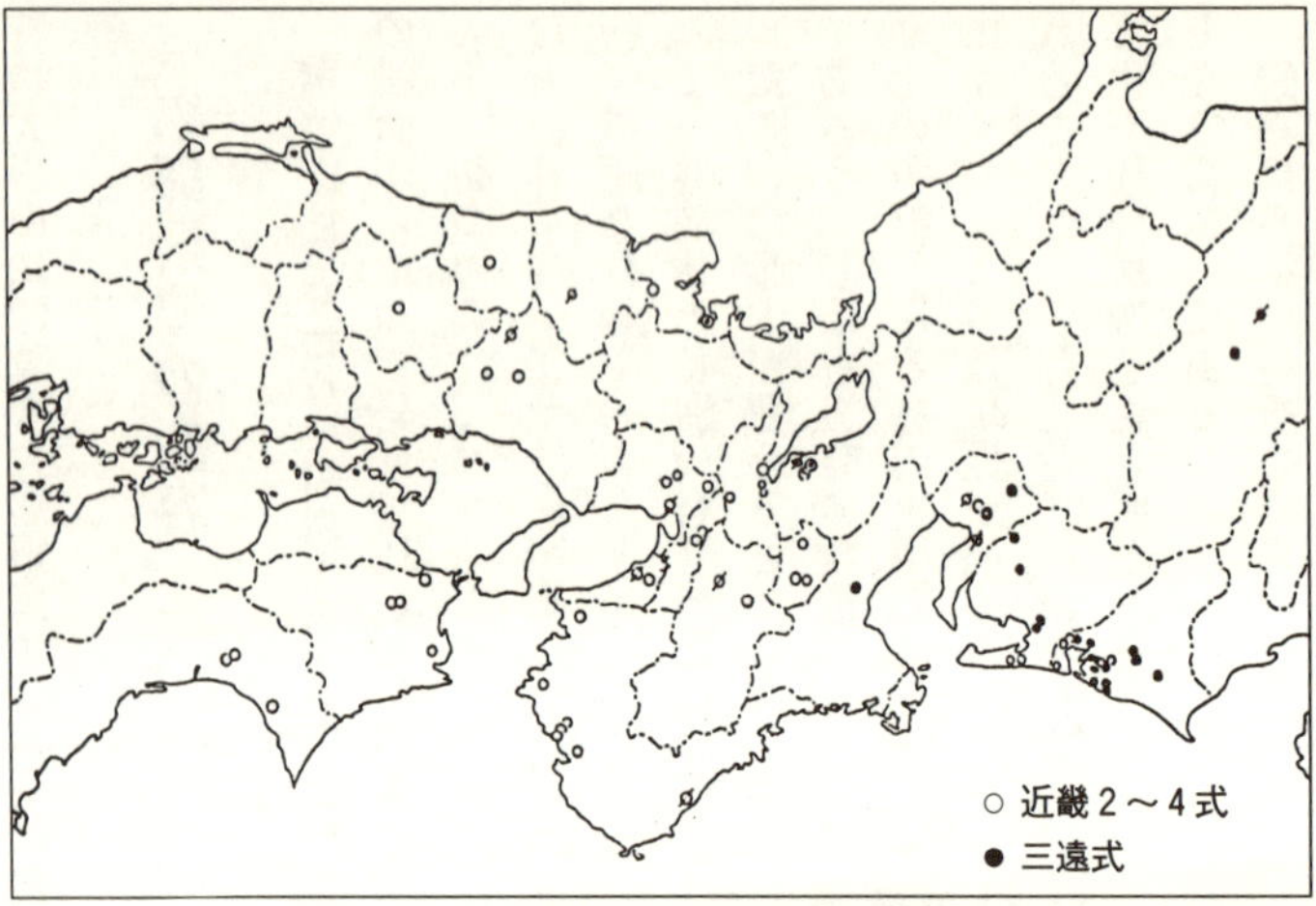

図２　見る銅鐸の分布（春成文献を一部改変）

に振り子（舌）を結わえ、揺り鳴らすベルとして用いられた。古い銅鐸には祭祀の様子を伝えたとみられる絵画をもつものもあるが、実用のベルとしての機能を保つ「聞く銅鐸」であった。そのまつりは紀元前二世紀から主に近畿地方を中心に、九州と西部瀬戸内をのぞく西日本において執り行われたが、弥生時代中期末（一世紀はじめころ）までには終わる。これに対し弥生時代後期（一世紀～二世紀）になると銅鐸の輪郭を太く突出させた「突線」で飾り、つり手や鰭を誇張して幾何学紋様で飾る新たな大形銅鐸「見る銅鐸」が出現し、近畿から東海地方を中心に広がりをみせる。そして、このまつりは畿内周辺部から東海地方の広範囲に広がる近畿式銅鐸と遠江と三河を中心とする三遠式銅鐸という特徴のある銅鐸群に大別することができる。

聞く銅鐸と見る銅鐸　弥生時代の青銅器は、近畿地方の「銅鐸文化圏」と北部九州の「銅矛・銅剣文化圏」があり、二大勢力をしめすものと考えられてきた。確かに聞く銅鐸は、出土鋳型とその鋳型から造られた銅鐸との同笵関係から近畿地方の中でも摂津、大和、河内、山城、播磨といった畿内を中心に製作され、西は石見・出雲・土佐、東は遠江まで分布しており、畿内の勢力がその覇権を広げる手段として銅鐸とその祭祀を用いたのであろう。しかし、弥生時代中期末から後期にかけて様相は一変する。畿内を含む西の地域に展開した聞く銅鐸のまつりは終わりを遂げ、代って土製の鋳型が採用されて、大形化・装飾化がすすみ、近畿地方周辺部と東海地方に広がる。流水紋銅鐸や絵画をもつ銅鐸は激減し、銅鐸は大形の銅鐸（六区袈裟襷紋）が主流となる。聞く銅鐸と見る銅鐸、これら新旧の銅鐸祭祀を同一に扱うことは難かしく、むしろ異なった意味が付加された新しい銅鐸祭祀がより東の地域に展開したと考えるべきであろう。

近畿式銅鐸と三遠式銅鐸　弥生時代後期になるとそれまで畿内の各地で製作されていた製作工人が再編されて、より大きな見る銅鐸を成立させた。しかも特徴的な近畿式銅鐸と三遠式銅鐸をつくりあげる。近畿式銅鐸は、これまでに一〇〇例余り存在し、つり手の頂きに渦巻紋の飾耳（双頭渦紋飾耳）をそなえること、鐸身の縦横帯内を斜格子紋で飾ること、鐸身上面（舞）とつり手のつけ根に鈕脚壁をもつこと、裾が長いことなどを大きな特徴とし、近畿地方周辺部から東海地方の広い範囲に広がりをみせる。

これに対し三遠式銅鐸は、つり手の頂きに渦巻紋の飾耳がない、鐸身の区画は縦帯より横帯が優先し横帯上には鰭上まで達する太い軸突線を入れる、区画横帯の一部には綾杉紋を用いる、鰭やつり手の外縁を飾る鋸歯紋は内部の斜線方向を交互にかえる、鈕脚壁をもたない、区画内に水鳥などの絵を

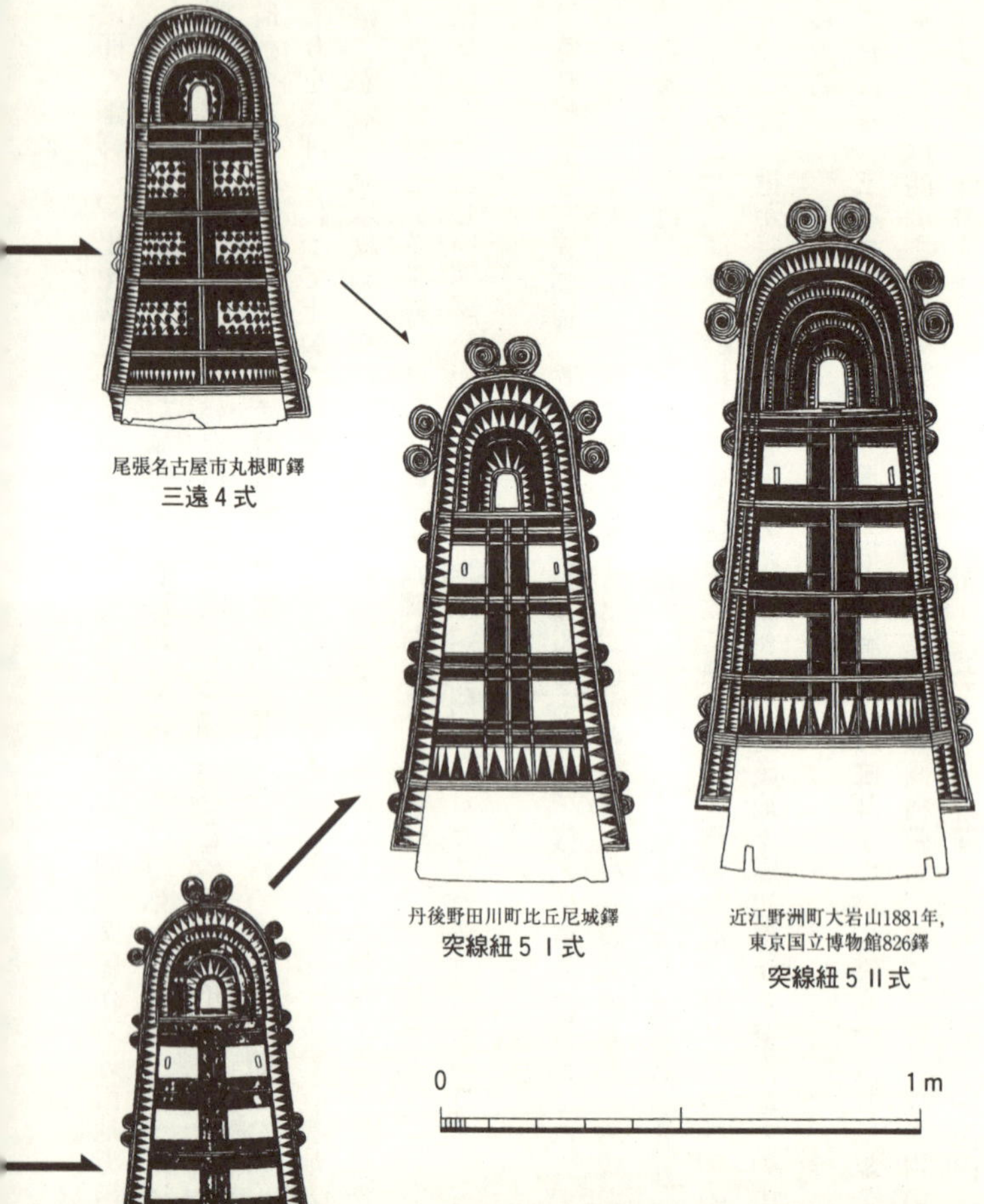

（遠江前原Ⅷ鐸：太田好治『浜松市博物館報』Ｉ（浜松市，1989年）／遠江穴の谷鐸：栗原雅也『考古学雑誌』第73巻第４号（東京，1988年）／摂津如意谷鐸・河内西浦鐸：大阪府立泉北考古資料館（野上丈助編）『大阪府の銅鐸図録』（堺市，1983年）を一部改変　他筆者図化）

図３　突線紐式銅鐸の変遷

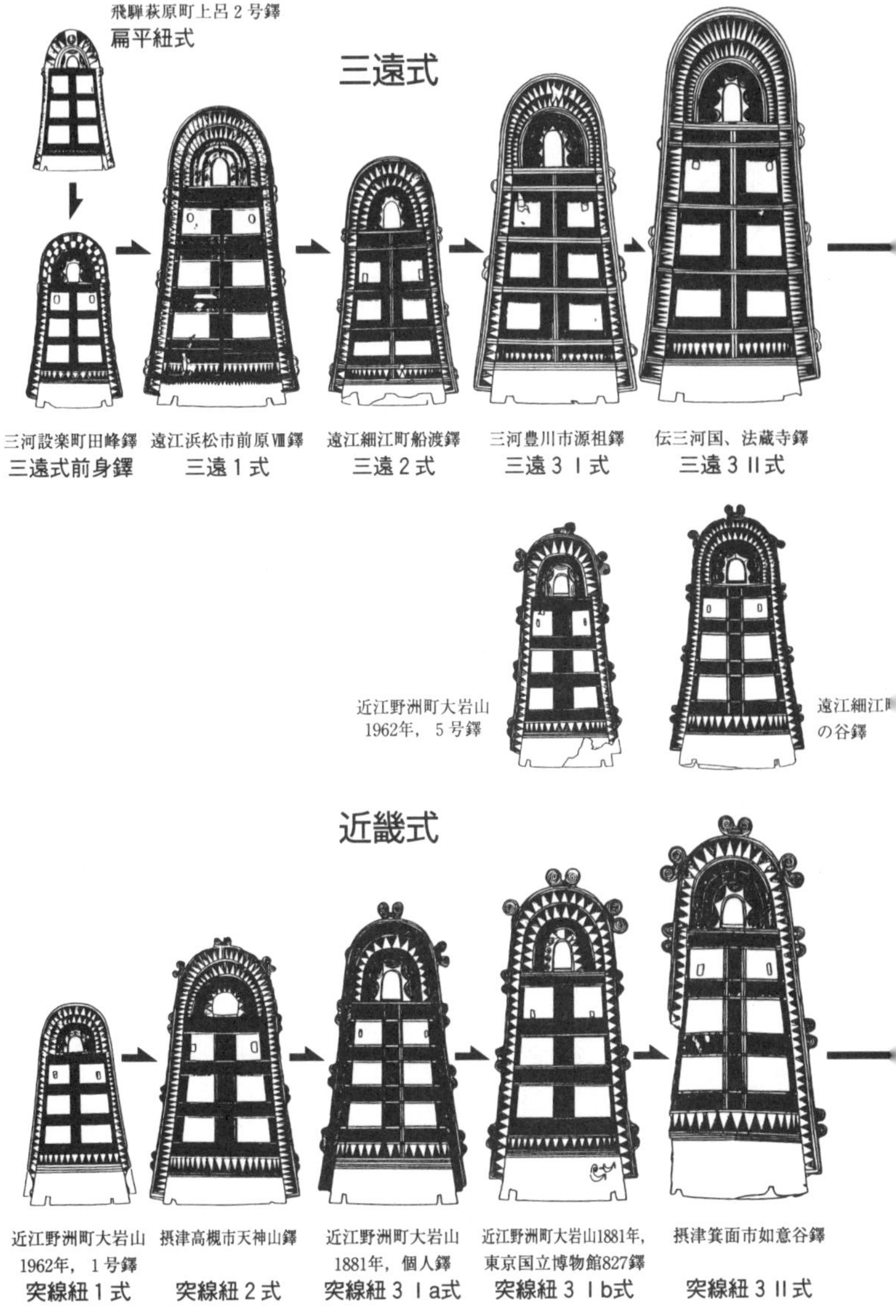

飛騨萩原町上呂2号鐸
扁平紐式
三遠式
三河設楽町田峰鐸
三遠式前身鐸
遠江浜松市前原Ⅷ鐸
三遠1式
遠江細江町船渡鐸
三遠2式
三河豊川市源祖鐸
三遠3Ⅰ式
伝三河国、法蔵寺鐸
三遠3Ⅱ式
近江野洲町大岩山
1962年，5号鐸
遠江細江
の谷鐸
近畿式
近江野洲町大岩山
1962年，1号鐸
突線紐1式
摂津高槻市天神山鐸
突線紐2式
近江野洲町大岩山
1881年，個人鐸
突線紐3Ⅰa式
近江野洲町大岩山1881年，
東京国立博物館827鐸
突線紐3Ⅰb式
摂津箕面市如意谷鐸
突線紐3Ⅱ式

もつものがあるなど顕著な特徴を有している。三遠式銅鐸は地域性の強い銅鐸で、三六例のうち七割までが遠江と三河から出土し、やや変容した銅鐸が近江と尾張、伊勢、信濃、丹後から発見されている。遠江や三河においても近畿式銅鐸と三遠式銅鐸がともに分布する。しかし複数出土したものは近畿式銅鐸は近畿式銅鐸と、三遠式銅鐸は三遠式銅鐸で出土することから両者は地域内でも明確に区分されていたことがわかる。

銅鐸の地域性　近畿式銅鐸と三遠式銅鐸が共に出土した例がある。近江野洲町小篠原の大岩山銅鐸群と丹後舞鶴市下安久銅鐸がそれである。大岩山銅鐸は一八八一年に一四個（Ⅰ群）、一九六二年に九個（Ⅱ群）と一個（Ⅲ群）の合計二四個の銅鐸が三地点から出土している。このうちⅠ群の三個が行方不明なため、実在する二一個からその特徴をみることにしよう。銅鐸の多くは近畿式銅鐸の範疇に含まれるものであるが、Ⅰ群に一個とⅡ群に三個、三遠式銅鐸が存在する。三遠式銅鐸は先にしめしたように非常に規則性の強い銅鐸群で最盛期には遠江に限って画一化した銅鐸が分布する。しかし大岩山銅鐸群の三遠式銅鐸は、いずれも近畿式銅鐸の特徴である斜めの格子紋や鈕脚壁をもつもので、両者の特徴をあわせもっている。そして近畿式銅鐸にも三遠式銅鐸の特徴である綾杉紋をもつものや裾が短いものなどがあるほか、規則性から逸脱した区画突線をもつもの、紋様帯の著しい省略がみられる銅鐸もある。このことは近畿式銅鐸と三遠式銅鐸の製作工人が互いに連携を保ち、地域の求めにそって銅鐸を生産したことを物語るものであろう。また、近江は畿内と東海・北陸に挟まれながらも、これらの間にあって独自性を保持していたことが銅鐸からも伺い知ることができる。これ以外にも地域性をしめす銅鐸として、吉備や阿波にみられる鐸身を横に三区画或いは縦横に六区画した内部に流水紋を配する銅鐸、越前や丹後にある鐸身の中縦帯が三節の部分的な突線により二つの縦帯をなす銅鐸等がある。三河渥美町椛銅鐸は二個とも終末期の銅鐸ながら鐸身の上縁の突線が二条であるなど他にみられない独自の特徴があり、これらも同一工房で製作された地域性の強い銅鐸だと考えられる。

銅鐸の埋納

銅鐸の埋納地・埋納法　銅鐸は、ムラから隔れた丘陵の斜面や、奥まった山陰、小高い丘と谷が入り組む山裾部分などに単独で埋納されていることが多い。これらは一見無計画な地を選定しているかのようであり、むしろ埋納地の多くは見晴らしが悪く、意識的に山頂や見通しのきく斜面を避けて埋めたとさえ考えられる。これらは多くは銅鐸よりもひとまわり大きな穴を掘って、銅鐸を横向きとし、鰭を上下垂直に据えて埋められているものが多い。これは聞く銅鐸からみる銅鐸に至るまでほぼ一貫した埋納方法であり、埋納された銅剣や銅矛も刃を立てて埋納している。また少数であるが、銅鐸内部に意図的に土を詰めたもの、内と外で土の異なるものがある。納めた埋納坑の底に粘土を敷いたものや灰や炭が検出された例もある。銅鐸には朱を塗布したものや布の痕跡が認められたものもあり、青銅祭器の埋納には神霊が宿る祭器を包み込み、焚火などを行う儀礼の存在が想像されるのである。

型式＼出土地	土佐 伝韮生野	近江 野洲町大岩山 Ⅰ	近江 野洲町大岩山 Ⅱ	近江 野洲町大岩山 Ⅲ	丹後 下安久	紀伊 山田代	紀伊 伝鐘巻	紀伊 岩倉山	紀伊 玉谷	紀伊 雨乞山	紀伊 大久保	紀伊 伝大久保	紀伊 伝日高村	紀伊 荊木	紀伊 晩稲平	紀伊 久地峠	三河 伊奈	三河 渥美椛	遠江 船渡	遠江 才四郎谷	遠江 七曲り	遠江 不動平	遠江 穴の谷	遠江 小野	遠江 悪ヶ谷	遠江 敷地	遠江 釣荒神山	遠江 分寸	遠江 猪久保	遠江 木船	遠江 芳川	遠江 白須賀
突線紐１式		○	○○	△																												
突線紐２式		○○●	○●												○	○			●	○												
突線紐３Ⅰa式	○○	○○○	○						○										●		●			●		●	●					
突線紐３Ⅰb式		○○○	○○											○							○	○			●	●●				●●	●	
突線紐３Ⅱ式			●●		○●									○									○				●					
突線紐４式						○							○				●●●											○	○			
突線紐５Ⅰ式										○	○																					
突線紐５Ⅱ式		○					○	○				○						○○														○○

表１　突線紐式銅鐸の複数埋納と近接埋納（△流水紋銅鐸　○近畿式銅鐸　●三遠式銅鐸）

銅鐸の複数埋納・近接埋納　銅鐸は単独で埋納されるほかに複数の銅鐸を一括して埋納するものがある。多くは二個を埋納するが、中には出雲加茂岩倉遺跡の三九個、近江小篠原大岩山遺跡の二四個、神戸市神岡桜ケ丘の銅鐸一四個と銅戈七点のように大量に埋納した例もある。かつて小林行雄氏は複数埋納された銅鐸について野洲町小篠原大岩山や神戸市神岡桜ケ丘を取り上げ、その周辺域に銅鐸が少ないことから弥生時代の終末にあたり一カ所に集積埋納されたと考え、ムラからクニへ拡大統合される過程のなかで銅鐸の複数埋納を解釈された。

銅鐸が複数埋められている場合、同じ型式の銅鐸をともに埋めることもあるが、異なった銅鐸を埋める場合も多い。しかし、その型式差は相前後する型式の銅鐸が通例で、しかも聞く銅鐸と見る銅鐸がともに埋められた例が極めて限られることから、聞く銅鐸は古い時期に、見る銅鐸は新しい時期に埋めたと考えられ、聞く銅鐸を弥生時代の中期末まで、見る銅鐸を弥生時代終末までに埋納したと考えられる。

また複数埋納ほかに近接する地点に複数の銅鐸を埋納する場合がある。遠江引佐郡細江町中川滝峯では、谷状地形から分岐する小さな谷あいから悪ケ谷銅鐸、滝峯七曲り一・二号鐸、不動平銅鐸、穴の谷銅鐸、才四郎谷銅鐸の六点もの銅鐸が発見されている。中には滝峯七曲り一・二号鐸のように約三〇メートルの至近距離から発見されたものもあり、悪ケ谷銅鐸も同一丘陵上約二〇〇メートルの距離にある。さらに滝峯の谷に近い細江町都田川流域、浜名湖北岸の三方原台地を含めると実に一六点もの銅鐸が出土している。

三河・遠江の銅鐸埋納の特徴として、滝峯の谷では近畿式銅鐸と三遠式銅鐸が一定の範囲に混在しているが、浜名湖北岸の三方原台地では三遠式銅鐸が盛行したのち近畿式銅鐸が導入されている。三河の渥美半島を除く地域では三遠式銅鐸で占められ、近畿式銅鐸の介在なく銅鐸祭祀を終える。そして渥美半島はいずれも近畿式銅鐸で占められている。

近江小篠原大岩山では一八八一年に丘陵の東斜面から銅鐸一四個が出土し（Ⅰ群）、一九六二年にも約五〇メートル距離を隔てた地点から銅鐸九個が出土（Ⅱ群）、更に丘陵の頂きから一個の流水紋銅鐸が出土（Ⅲ群）している。埋納順序を最も新しい銅鐸の型式から考えれば、山頂にⅢ群の流水紋銅鐸を埋納、次いでⅡ群の九個を、最後に巨大な銅鐸を含むⅠ群一四個の順に埋納したとみられる。

紀伊日高郡・田辺市一帯では、やや分散しているが多くの銅鐸が出土している。それまで各流域に分布していた銅鐸がやがて南部川・会津川・日高川流域に限定され、しかもほとんどが単独で丘陵に埋められる。流域ごとに銅鐸の型式変遷をみると日高川流域では複数埋納されていた荊木向山一号、同二号を含めて同型式の銅鐸は少なく、南部川流域では型式順に銅鐸が認められ、河川流域ごとに順次銅鐸が埋められたようである。

このように埋納には、単独、多数埋納のほかに一定の範囲を埋納地として認識することがあった。春成秀爾氏は銅鐸が同一地点に埋納されるほかに至近距離の別地点に埋める場合を指摘し、出土銅鐸について論じたうえで、一個の銅鐸が一つの祭祀集団を示すものではなく、有事のたびに時期をおいて一個ずつ、時には複数を一括して埋納したと考え、大量埋納地周辺は後の古墳時代に古式古墳が貧弱なことからクニの成立が困難だとし、外圧から防御するため境界域に埋納したと考えられた。二個埋納の場合、大半は同型式の銅鐸か型式的に近い銅鐸が埋められている。このような銅鐸はセットで

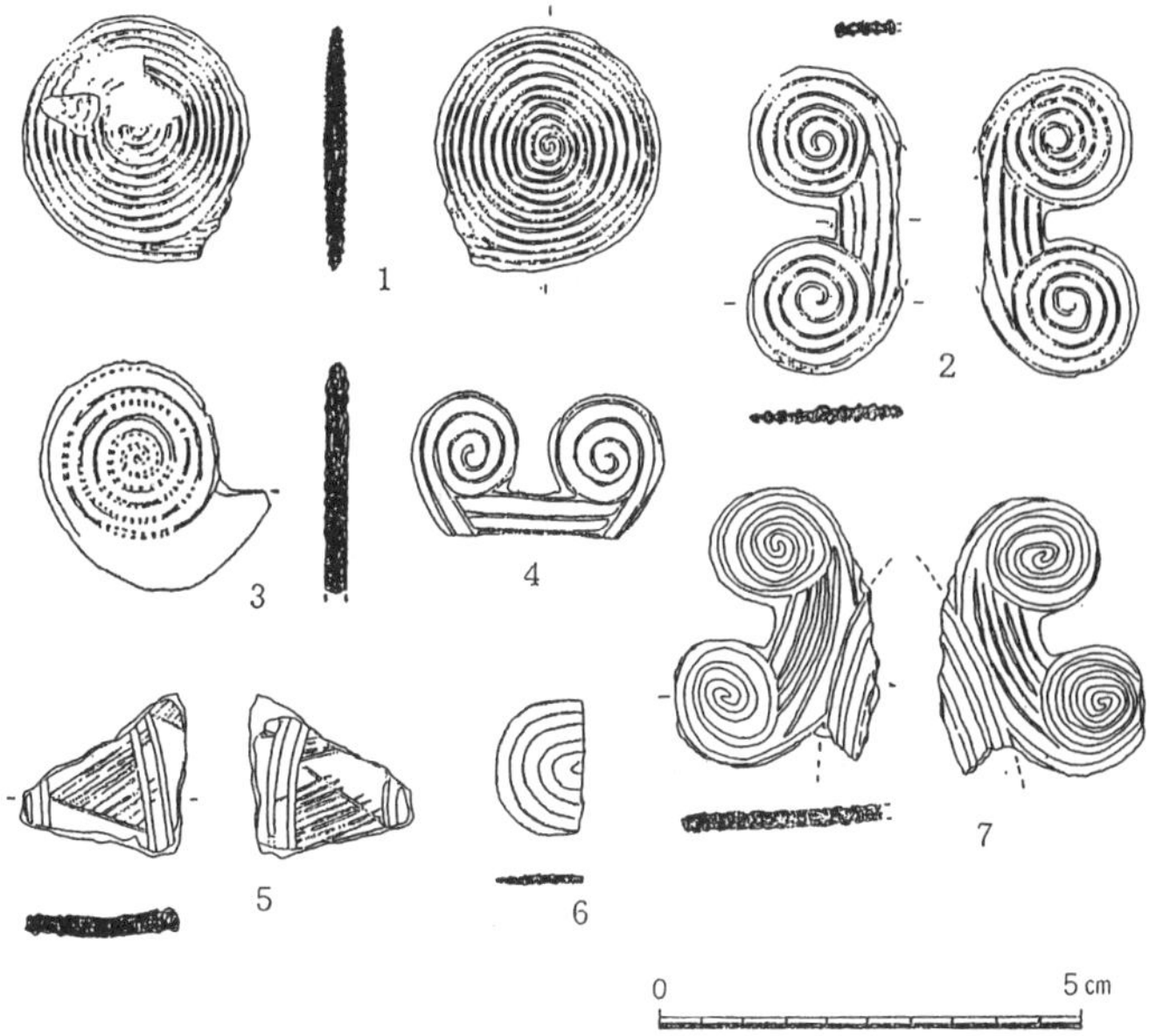

1・2　朝日銅鐸　　3　纒向銅鐸　　4　下長銅鐸
5　利倉南銅鐸　　6　国鉄浜松工場地銅鐸　　7　松東銅鐸

図4　破片出土の銅鐸

使用したとみる解釈ができよう。しかし、近接埋納は型式を異にするものが多く、集落遺跡出土の銅鐸からも弥生時代の終末に一斉に埋めたとは認められず、セット使用を考えるよりも新しい銅鐸の入手に伴い古い銅鐸を埋納したとみたい。

破片出土の銅鐸　銅鐸出土地の近くからその後新たに集落が確認されたり、集落縁辺の溝や坑から銅鐸が破片となって出土した例も増えつつある。

水野正好氏は破片出土の銅鐸にふれ、銅鐸の鉓耳などが弥生時代後期の溝や包含層、古墳時代前期の溝から出土すること、銅鐸そのものにも鉓耳を失って出土しているものがあること、これとは別に鋳潰しを目的とするような破壊を前提とする集積・保管を想定するなど破砕、破棄する銅鐸の可能性を指摘した。その後も破壊、打ち砕いたと考えられる銅鐸の出土例が増えている。破片の大部分は見る銅鐸で、故意に破砕された可能性をもつものが二一遺跡、二五例ある。破片銅鐸には、但馬・城崎郡日高町久田谷銅鐸や三河・渥美町椛一・二号銅鐸など細かく砕かれた大量の破片となっているものと、飾耳や鰭などの一部分が単独で出土するものとがある。また、近江小篠原大岩山Ⅱ群の四号銅鐸は故意に飾耳が截断されている。近江守山市下長遺跡のように渦巻紋の飾耳だけが単独で出土する場合も多い。渦巻紋の飾耳は近畿式銅鐸であり、破片出土の銅鐸も大多数が近畿式銅鐸である。このことから近畿式銅鐸に限って、飾耳を截断して飾耳だけを残す場合や破壊して破棄する行為があったと考えられる。これらの行為は銅鐸の意味を否定するものであり、銅鐸の終焉には共同祭祀を打ち消し得る強力な権力者の台頭、階層的支配が確立しつつあった。

銅鐸文化の終焉

銅鐸生産の地域展開　近年の調査によって大和唐古・鍵遺跡から銅鐸土製鋳型（外枠）をはじめとする多量の鋳造関係遺物が出土した。大和では橿原市新沢一遺跡からも土製の鋳型（外枠）が出土している。唐古・鍵遺跡は畿内を代表する遺跡であり、このこと自体重要な意味をもっているが、ここで注目したいのは近江守山市服部遺跡、同野洲町下々塚遺跡、摂津神戸市玉津田中遺跡、加賀羽咋市吉崎・次場遺跡からも土製銅鐸鋳型の外枠とみられるものが出土していることである。尾張春日井市朝日遺跡でも土製鋳型とみられるものがある。唐古・鍵遺跡や玉津田中遺跡では、弥生時代中期から鋳造を開始したようで他の遺跡に先行する。服部遺跡、下々塚遺跡などは弥生時代後期前半に始まっており、この時期に各地の拠点集落で一斉に土製鋳型による青銅器生産がはじまる。青銅器の製作工人は、銅鐸以外にも銅剣・銅戈・銅鏃などの武器、銅釧などの装飾品も生産し、勾玉や管玉などのガラス製装飾品などの鋳造も行う。各地の遺跡で青銅器生産が始まることは、畿内がそれまで管理掌握していた鋳造技術、製作工人の放出を意味するとともに、武器や装飾品を含め周辺地域へ譲与することであり、反面大きな驚異を伴うものであったに違いない。にもかかわらず鋳造技術、製作工人が放出された背景には、それだけ各地との連合を急がねばならない社会状況にあったこと、更に畿内が原料供給を掌握していたか、青銅器に優る鉄器の供給体制を確立しつつあったと考えられるのである。

土製鋳型はいずれも表層をなす真土が剥がれ落ちており、青銅器の形態や紋様をとどめないことから、個々の青銅器を特定するまでに至っていない。しかし、その製作にあたっては、外型を一体につくるものと幾つかの粘土板を組合わせ外枠とするものがあり、外形も箱形のものや蒲鉾形を呈するものがある。鋳型外枠の内面には、輪郭や紋様を刻むための真土が付着しやすいように刺突や格子目が刻んであり、外面には把手をそなえるものが多い。近い将来、これらの製作技法の違から製作工人の癖をつかみ、青銅器の生産と流通過程が一層明らかになるだろう。が、現状ではせいぜい高さ六〇センチ程度の銅鐸を鋳造したことしか説明がつかない。高さ一メートルを越える巨大な銅鐸が、どこで、どのようにつくられたのか、その鋳造技術が後の青銅器に及ぼした影響とともに大きな関心をひくところである。

銅鐸文化の終焉—まとめ—　見る銅鐸は畿内周辺から東に広がった新たな祭祀であり、それまで主として畿内とその西域で行われた聞く銅鐸の祭祀とは異なっていた。銅鐸のもつ意味について、最も明快な回答をしめされたのは三品彰英氏ある。三品氏は佐原眞氏の地中保管説をうけて、銅鐸は地霊や穀霊の依代であり、大地に納めておくことが大切なことであった。銅鐸を掘り出すことは地霊・穀霊を地上に迎えまつる（地的宗儀）ことで、まつりが終わると再び大地へ埋め戻す。やがて古墳時代をむかえると鏡に代表される天の神、日の神のまつり（天的宗儀）にかわり、銅鐸は土中に放置されたと説明された。春成氏は稲魂が宿り豊穣のための呪器だとみられる。私見では地霊や穀霊の依代としてまつられた共同体祭器から、見る銅鐸はさらに集団を統括する呪力を備え、保持することによって保持者に司祭的な力を付与する聖器とみる。近畿式銅鐸と三遠式銅鐸も相違する。複数埋納でみると両者は明確に区分され、近畿式銅鐸に限って飾耳の截断や破壊的行為が認められた。地域的にも渥美半島から湖西市にかけては近畿式銅鐸で占められ、渥美半島を除く三河では三遠式銅鐸のみが用いられ、近畿式銅鐸は受け入れられていない。また遠江は三遠式銅鐸の隆盛後におくれて近畿式銅鐸が入っている。伊賀も近畿式銅鐸のみが三個出土している。近江にも独自の特徴をしめす銅鐸が見られた。近畿式銅鐸は畿内からはわずかしかみつかっていないが、型式的に先行する銅鐸が畿内にあり、畿内が各地域との連合を図るうえで共同体祭器にかわる新たな宗教思想の象徴として成立したとみられるのである。これに対し三遠式銅鐸は、絵画の存在や内面突帯の磨滅など古い銅鐸の特徴を受け継いでおり、共同体祭器を継承した地域的枠組みとしての祭器であったと考える。

しかし、近畿式銅鐸が畿内勢力によって一元的な生産、配布が行われたのではない。先にもふれたように少なくとも弥生時代後期には、各地の拠点で青銅器生産が行われるようになり、銅鐸にも地域的な特徴を垣間見ることができた。畿内の勢力は銅鐸製作工人を放出することによって地域の拠点集落とむすび地域性を容認しながら銅鐸祭祀をひろめていったのであろう。このことが多数の銅鐸を埋納している三河、遠江、紀伊などの状況からもうかがえるのである。

弥生時代後期の一世紀から二世紀代の社会は、一世紀末の『漢書』地理志にみえる一〇〇余国から、後漢への朝貢、倭国大乱の時期をへて『三国志』「魏志倭人伝」にみえる三世紀前半の邪馬台国による小国の形成へと移る。遺構や遺物のうえからは、弥生時代中期後半には高地性集落が造営され、中期末には環濠集落が解体する。そして弥生時代後期からより鮮明に地域性があらわれてくる。環濠集落の解体によって後期の前半には一時的に集落の縮小・分散傾向がみられるが、墓制のうえからは、近江以東で前方後方形の周溝墓の造営が始まり、山陰から北陸にかけて日本海側では四隅突出墓が、吉備でも独自の墳丘墓がつくられるなど特有の地域墓制が成立する。土器のうえからも近江では受口状をなし、櫛状工具による刺突紋や波状紋を加飾した土器が認められ、伊勢湾沿岸でも、櫛描紋の多用と丹彩を施す土器が確立するなど各地で独自の土器様式が成立してくる。そして後期中頃には守山市伊勢遺跡にみられるような大型独立棟持柱建物が整然と配置され、首長の居館とみられる政治色の濃い遺跡も登場する。このように弥生時代中期末から後期を境として地域社会の成熟がより明らかとなるのである。

一方、摂津や河内の一部を除き畿内では大形の見る銅鐸がほんどんど出土しない。池上曽根遺跡では弥生時代中期後半に巨大な祭殿とみられる独立棟持柱付建物が出現し、唐古・鍵遺跡においても近年の調査で中期前半の大型建物が発見された。畿内の弥生時代後期の土器は、タタキ技法やヘラミガキにより無紋に斉一化されていき、内的支配の強化を感ずる。つまり畿内では弥生時代中期後半には集権化がはかられ、後期には銅鐸祭祀を逸早く終え、新しい鏡のまつりへと移行しつつあった。

弥生時代後期の社会は、各地で新しい権力者の台頭がめざましく、青銅器生産の開始と独自の銅鐸を保持するまでにいたる。これに対し畿内勢力は、原料の掌握、鉄器生産体制の確立といった内的強化が推し量られ、対外的には外来文化の積極的受容、青銅器製作工人の放出と銅鐸や土器、墳丘墓にみられた地域性を容認しながら徐々に強固な連合社会の構築を進めていった。銅鐸鋳造の終りを私見では二世紀後半と考え、銅鐸文化の終焉をほぼ二世紀の終り（庄内式土器併行期）とみる。この終末段階に紀伊では大形銅鐸の入手に伴い従来の銅鐸を埋納し、遠江と三河では三遠式銅鐸を止めて近畿式銅鐸を採用した。但し、渥美半島は近畿式銅鐸のみを受け入れている。しかし、間もなく銅鐸そのもののまつりも終わる。小篠原大岩山でも銅鐸を集めて埋納し、さらに最後まで保持していた巨大な銅鐸も残る銅鐸とともに集積し埋納された。中には銅鐸飾耳を截断し、銅鐸の保持した力を飾耳に託し保有する場合もあったが、新たな首長によって急激な社会変動を余儀なくされたところでは銅鐸を破壊して廃棄する場合もあった。このように銅鐸文化の終焉には地域社会の成熟と畿内勢力による覇権強化、新たな祭祀への変革が背景にあり、一部に飾耳が保有された以外、銅鐸は山中深く埋納されたのである。

〔参考文献〕
梅原末治『銅鐸の研究』資料篇・図録篇（大岡山書店）一九二七年
小林行雄『古墳の話』（岩波新書）一九五九年、国民の歴史1『女王国の出現』（文英堂）一九六七年
佐原　真「銅鐸文化圏」『世界文化史大系』日本1（角川書店）一九六〇年、「銅鐸の鋳造」『世界考古学大系』日本2（平凡社）一九六〇年
佐原　真「銅鐸」『青銅器』日本原始美術4（講談社）一九六四年
三品彰英「銅鐸小考」『朝鮮学報』一九六八年
田中　琢「「まつり」から「まつりごと」へ」『古代の日本』5（角川書店）一九七〇年
川西宏幸「銅鐸の埋蔵と鏡の伝世」『考古学雑誌』第六一巻第二号　一九七五年
春成秀爾「銅鐸の埋納と分布の意味」『歴史公論』第四巻三号（雄山閣）一九七八年
水野正好「もう一つの銅鐸観」『日本歴史』三六七号　一九七八年
佐原　真『銅鐸』日本の原始美術7（講談社）一九七九年
春成秀爾「銅鐸の時代」『国立歴史民俗博物館研究報告』1　一九八二年
難波洋三「銅鐸」『弥生文化の研究』第六巻　道具と技術Ⅱ（雄山閣）一九八六年

〔追記〕
河内寝屋川市楠遺跡、加賀小松市一針B遺跡から相次いで土製青銅器鋳型と取瓶などが発見された。いずれも弥生時代後期前半で、銅鏃を鋳造したものと考えられる。一針B遺跡では竪穴住居内から炉壁とみられる粘土塊も出土しており、青銅器生産の地域展開を考えるうえで注目される。

五

悠紀主基の文化

高木叙子

はじめに

「悠紀《ゆき》・主基《すき》」という耳慣れない言葉に対して、首を傾げる人も多いことだろう。平成天皇即位の御大礼の際には、新聞やテレビなどでもこの言葉が使われたはずだから、そう言われれば記憶の片隅からそれを掘り起こすことが出来る人もいるかも知れない。しかし、その後十年余を経て、再びこれらの言葉は人々の記憶から遠ざかってしまった観がある。ましてや、ここ滋賀県―より古くは近江国と呼ばれた―が、その「悠紀」の国の役割を、千年の永きにわたって一人務めてきたという歴史を認知している人は稀である。

即位した天皇が通過しなければならなかった重大な儀式、大嘗祭《だいじょうさい》。そこで、「天皇が統治する国々」の代表として選ばれ、儀式に必要な神酒料を始めとしたさまざまな奉仕を提供し、被支配各地のイメージを体現するのが「悠紀国」と「主基国」である。治められる国の代表ということなら、どの国でも務まるように思われるのだが、実際は早くも九世紀末から、悠紀国は近江に、主基国は備中国か丹波国に固定されるようになった。なぜ六十余もある国々の中で、特にその三国でなければならなかったのか…。ここでは、悠紀主基国に選ばれた三国の文化的素地、悠紀主基国たる三国が大嘗祭に求められた役割やイメージ、悠紀主基国であることにより形成された文化について、近江国を中心にして考えてみたい。

大嘗祭における悠紀・主基国の役割

天皇の薨去や退位によって皇位継承の必要が生じると、皇太子が「踐祚《せんそ》の儀」そして「即位式」を経て新たな皇位に就く。ただし、これは皇位を継承するための儀式であって、そのために天皇が神性を帯びるわけではなかった。「ただひと」である皇太子が「神」である天皇になるためには、この後まだ大嘗祭を経なければならなかったのである。

天皇は、毎年十一月に新たに収穫された穀物から作られた神酒神饌《しんせん》を神々と共に食する新嘗祭《にいなめさい》を催すことになっているが、即位して後に初めて行うものが特に大嘗祭と呼ばれ、これは一世一度の大祭として国を挙げて大規模に行われた。どう大規模かというと、一つは、新嘗祭では宮内省官田の収穫物を神饌に用いるところ、わざわざ収穫すべき斎田を設けることがあげられる。必要な穀物を収穫するにふさわしい土地を提供すべき国そして郡を、卜占《ぼくせん》で選ぶのである。斎田を出す国の第一を「悠紀」、第二を「主基」と呼んだ。二つ目に祭場も、大極殿前に臨時に設けられた大嘗宮（中に悠紀殿・主基殿・廻立殿《かいりゅうでん》・膳屋等がある）が用いられる（図1参照）。

大嘗祭の準備や関連行事は早くから行われるが、儀式の中心は十一月下卯《しものう》の日から四日間行われる次の祭事および節会《せちえ》である。

卯日―卯日祭事（会場：朝堂院の大極殿前に新設された大嘗宮）
辰日―辰日節会（会場：豊楽院《ぶらくいん》内豊楽殿の悠紀帳・主基帳）

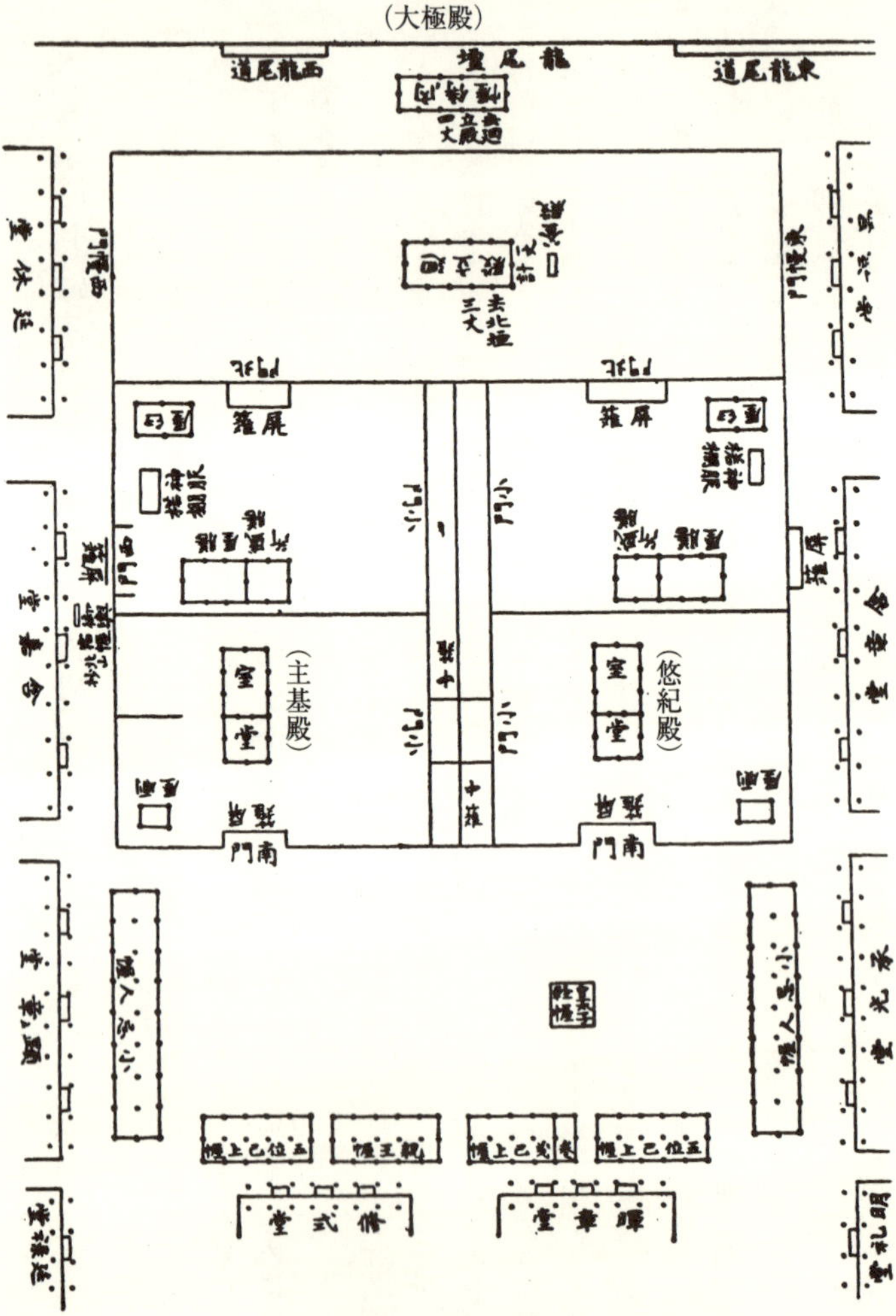

図1　大嘗宮見取図
(『大内裏圖考證』所載「貞觀儀式大嘗宮全圖」に加筆)
〔加筆部分は（　）書きとする〕

巳日―巳日節会（会場：同右）
午日―豊明節会（会場：豊楽院内の豊楽殿）
卯日《うのひ》祭事では、天皇はまず主殿寮《とのもりづかさ》および廻立殿で御浴をした後、祭服を着して悠紀殿へ御し、そこで神饌を神に捧げ、自分自身も食する。その後廻立殿に戻って再び御浴を召し、着替えて今度は主基殿に御し、同様のことを繰り返すのである。この神との共寝・共食の神事により、天皇は神性を得ると考えられていた。辰日《たつのひ》以後、三日連続して催される宴は、名実ともに天皇になったお披露目といったところである。辰・巳日節会は、朝堂院の西側にある豊楽院内の豊楽殿東西第三間に高御座《たかみくら》を含めた壇が設けられ、壇上の高御座左右の「悠紀帳《ゆきちょう》」（東）・「主基帳」（西）で行われる。両日ともに、まず「天神寿詞《あまつかみのよごと》」が奏上され、神璽鏡剣《しんじきょうけん》が献上された後、天皇が御膳を召して臣下にも饌を賜うという、君臣共食の場となる。午の日の豊明《とよあかり》の節会では、悠紀帳・主基帳を撤して、よりくだけた饗宴が催される。
説明の中に「悠紀・主基」という言葉がたびたび用いられていることからわかるように、この儀式における両国の役割は非常に大きい。出発点は、神饌用の米粟を得るための田を設ける国郡として選ばれるだけなのだが、そこから派生して、悠紀国・主基国はさまざまな奉仕をしなければならなかった。極端な言い方かも知れないが、大嘗祭を主導的に準備し催していくのが、悠紀・主基両国なのである。その費用も、両国の税収入である正税稲《しょうぜいとう》や、斎郡の調・庸・雑徭の占める割合が大きい。現物供出もある。両国の負担は、大きく分けて、①新穀の収穫　②搬送　③食物・調度の弁備　④大嘗宮の設営　⑤歌舞の奏上　があげられよう。
①の新穀の収穫であるが、実際は、卜定《ぼくじょう》された郡の一定の田がその役を課せられて米や粟を栽培す

るのではなかったようだ。郡の農民がそれぞれの田で稲作に励んだ結果、秋になって最も良質の米を収穫できた田が斎田として選ばれたということである。八月に、朝廷から「抜穂使《ぬいぼのつかい》」が両国に派遣され、国司と共に斎田を選ぶ。そして九月吉日、使と国司郡司が人夫三〇〇人を率いて斎田に赴き、「御稲」の穂を抜く。栄光の初めの四束が儀式での御飯となり、その他の穂は、神酒としての白酒・黒酒に醸造されることになる。

これらの新穀を京に運ぶことが、②の搬送である。①の稲穂や粟穂を持った雑色人が抜穂使に率いられて上京し、大内裏《だいだいり》の北野に設けられた斎場に運び込む。これらの新穀の他、祭事で用いる魚介類や布類が紀伊・阿波・淡路の三国から、供え物を入れる器が河内・和泉・尾張・三河・備前からもたらさる。斎場では新穀を用いての神酒作りが始まり、祭事に用いる神衣も作られる。食料の準備の他、「標《しる》の山《やま》」と呼ばれる悠紀・主基両国名の表札を掲げた飾り物や、冠に挿す造花である挿頭《かざし》、後述する節会の屏風類もまた、両国が準備するのである③。なお、これらの食物や調度は卯日当日に大嘗宮内にある膳屋に運ばれるのだが、この際は「標の山」を先頭にして数千人の行列が組まれ、造酒児《さかつこ》役の郡司の娘に導かれて朱雀大路を左右に分かれて行進するのである。

大嘗祭の会場として臨時に設営される大嘗宮内の悠紀殿・主基殿も、両国が準備する。国司に率いられた人々が、卜定された山野から伐り出した黒木や萱を用いて殿屋を作るのである④。

最後に⑤の歌舞奏上であるが、卯日神事前には、悠紀主基国の地方芸能として「国風《くにぶり》」と呼ばれる歌舞が奏される。また、辰・巳および豊明の節会でも、後述の大嘗会和歌に楽と舞をつけたものや両国の風俗舞が披露される。宴会の楽や余興もまた、悠紀主基国が提供することとなるのである。この他、具体的に両国の務めを挙げるときりがない。

以上で、悠紀主基国の役割はお分かりいただけたかと思う。経費も含めた膨大な支出であり、これらの慰労の意味も込めて、節会の際には両国司に階級特進として叙位が行われ、豊明節会の翌日には、国司およびその妻、郡司・役夫らに禄《ろく》が給された。

さて、この栄誉と負担を併せ持った悠紀・主基国の務めは、始めに述べたように、天皇の支配領域の代表と言う意味ならばどの国が果たしても良いはずで、現に七・八世紀頃には、遠江・三河・尾張・美濃・越前・伊勢・但馬・播磨・美作・因幡など、東海から中国地方まで広範囲の国が選ばれている。ところが、悠紀国は仁和四年（八八八）の宇多天皇の大嘗祭以来近江国が、主基国は少し遅れて天禄元年（九七〇）の円融天皇の大嘗祭以後、丹波もしくは備中が、それぞれ固定されて役割を果たすようになる。そしてこれは、江戸時代最後に即位した孝明天皇の大嘗祭（嘉永元年——一八四八——）まで約千年の間継続されるのである。

また、このように斎国が固定してしまうと、わざわざ選定に卜占を行う必要もなくなってくるのは当然で、寛平九年（八九七）以後、斎国は公卿間の協議で決められるようになり、その結果、斎郡のみを卜定するようになった。

求められた悠紀主基国のイメージ

悠紀・主基国が提供するのは、前章で見てきた物的・人的奉仕だけではない。精神面と言うと大げさだが、天皇の支配地の代表としてそのイメージを示すことも、大切な役割だったのである。美しく豊かな国土と支配者の徳に満ち喜ぶ人々の姿は、新しい天皇の出現を祝う場には必要不可欠の要素で、これらが、代表して悠紀国・主基国に求められた。その方法は、歌と絵。

大嘗祭の際には、そのたびごとに新たに和歌が詠まれたことは、あまり知られていない。これらは「大嘗会和歌《だいじょうえ》」（大嘗祭のうち節会が強調されるとこのように呼ばれる）と呼ばれ、一回の大嘗祭に悠紀主基各々二十八首の歌が詠まれた。歌の条件は二つ。祝いの席であるため縁起の悪い言葉を用いないことと、歌の中に必ず悠紀国・主基国の地名を詠み込むことである。その地名は、悠紀・主基国自身が国内の地名を選んで、「古地交名《こちきょうみょう》（註進風土記《ちゅうしんふどき》ともいう）」と呼ばれるリストを作る。リストを受け取った和歌の作者が、これを参考に歌を詠むのである。ちなみに作者は、円融天皇の天禄元年（九七〇）からほぼ明らかとなっているが、十世紀までは六歌仙の大伴黒主《おおとものくろぬし》や三十六歌仙の平兼盛・大中《おおなか》臣能宣《とみのよしのぶ》を始めとして、一流の歌人の名が多く見られ、その後長和五年（一〇一六）以後は漢学者が多く選ばれるようになる。これは、十世紀後半頃から大嘗会の屏風として、「本文《ほんもん》」と呼ばれる、中国の文献から引用された吉祥の文章を元にした屏風（本文を元に中国風の絵が描かれた）が作られるようになることと関係しており、本文の選定者に和歌の作者を兼ねさせたため、漢文の高い素養を持つ漢学者が選ばれたのである。ただし、歌仙にしろ漢学者にしろ、彼らが詠んだ大嘗会和歌は後世に優れた歌として勅撰和歌集などに採用されて伝えられるのだから、「一流の歌人」によって詠まれたことは疑いない。平安時代前期には、公式の場においてはまだまだ漢文が重きを占めており、文化面においても和漢朗詠集に代表されるような漢詩が主流であったため、大嘗会屏風もまず本文屏風が現れてくる。仮名が広まり、和歌が重んじられるようになるには、今少し待たなければならなかった。後に述べる和歌屛風が形を整えるのは、本文屛風の成立から、まだ半世紀を経なければならない（六帖の形が整うのは一〇一六年の後一条天皇大嘗祭）。

地名のことから話がそれてしまった。前述の二十八首の和歌は、用途により風俗和歌十首と屛風和歌十八首に分かれる。風俗和歌の内訳は、斎田から収穫された稲を脱穀する際に歌う「稲舂歌《いねつきうた》」一首、辰・巳日節会の後に豊楽殿の清暑堂で行われる神遊びで歌われる「神楽歌《かぐらうた》」一首、辰・巳節会それぞれで舞とともに歌われる「参入音声《まゐりおんじょう》」「楽破《がくのは》」「楽急《がくのきふ》」「退出音声《まかで》」計八首である。いずれも口で実際にうたうもので、聴覚的な効果が大きく、口に出すことによる呪力（言魂《ことだま》）の効果も期待されていたと思われる。

これに対して屛風和歌は、詠まれた風景を屛風に描くもので、こちらは視覚的効果を持つ。十八首はもともと四季の景色や風物を元に歌われており、これらが三首ずつ一帖の屛風に配されて、屛風に歌に基づいた絵が描かれるのである。大嘗会和歌は月ごとの特徴ある風物が地名とともに歌われているので、一帖に二月ずつの風景が描かれる。甲乙丙丁戊己の六帖で、これらの屛風は、辰・巳日の節会の際、悠紀・主基帳の左右に立てられた。宴会場の状況を復元してみよう。中央に天皇の御座所である高御座が南面して置かれ、悠紀帳・主基帳の背後に北東方向から北を経て北西方向に向かって、唐土の瑞兆を引用しその風景を描いた本文屛風四帖が並び、壇の両脇、すなわち西面と東面に、天皇のしろしめす国域の代表である悠紀主基国の四季を瑞祥や吉祥地名を取り込みながら歌った和歌とその景色の描かれた和歌屛風が六帖並ぶ。南廂《みなみひさし》に並ぶ臣下たちは、これを目の当たりにしながら天皇から白酒・黒酒などの饌を賜る。言うまでもなく、これらの神酒は斎国で収穫された米で作られたもの。

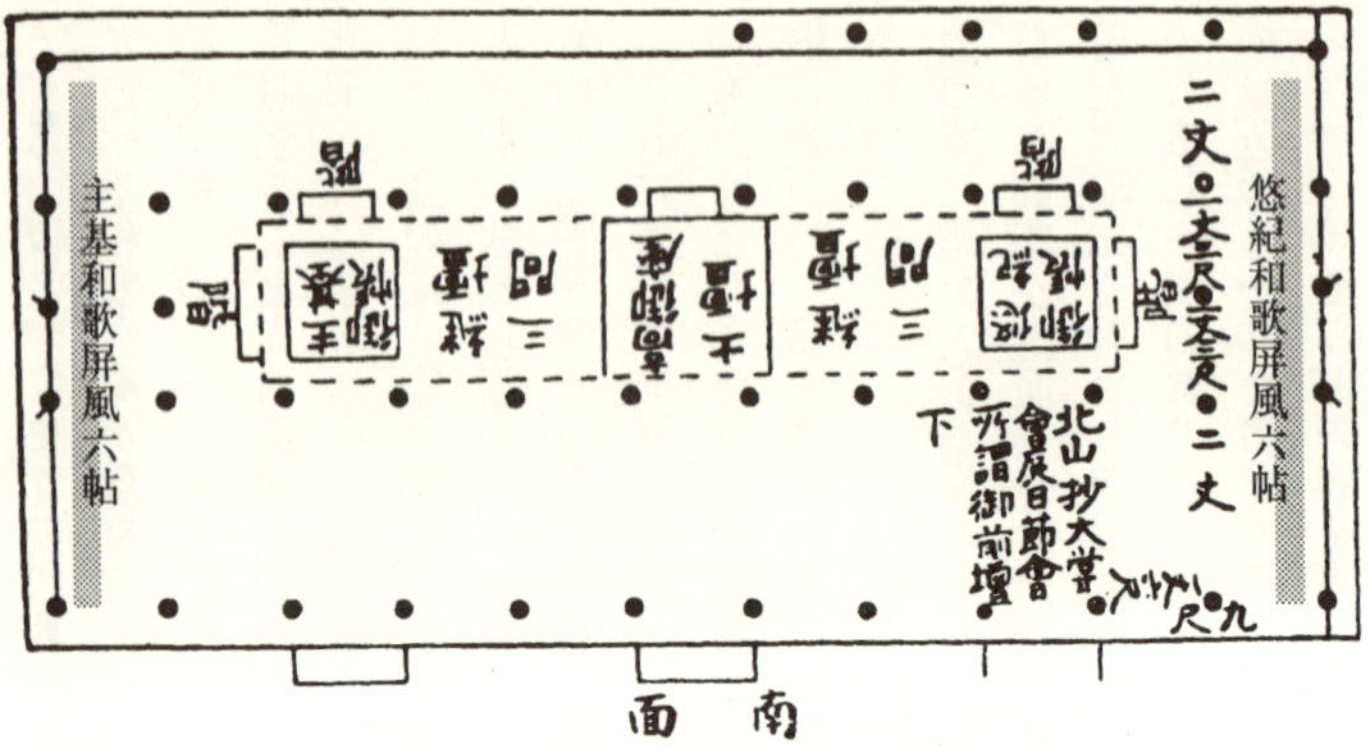

図２　辰巳節会の際の豊楽殿見取図
（『大内裏圖考證』所載の図に和歌屏風の位置を加筆）

その後、斎国が準備した膳を賜る。目の前では、国司が率いる風俗歌人たちによって、風俗歌舞が催される。歌はもちろん、斎国の景物を詠んだ風俗和歌である。前日、祭事により神性を体得した新しい天皇のお披露目の儀式の演出としては、これ以上のものはないだろう。

なお、屏風について付け足しておくと、それらの絵を描いたのは当時朝廷の絵所《えどころ》に属した絵師たちである。わずかに、仁安三年（一一六八）の高倉天皇大嘗祭の時の能登権守宗茂と、元暦元年（一一八四）の後鳥羽天皇大嘗祭の時の藤原宗弘を始めとした絵所の五人の名が伝わっているが、彼らのその他の仕事が記録や作品として残っており、優れた絵師たちであることがわかる。また、屏風に貼る色《しき》紙形《しがた》に大嘗会和歌を清書する人物も、三蹟の小野道風・藤原佐理・藤原行成を始めとした、各時代の「能書」の誉れ高き人物ばかりであった。このように大嘗会屏風は、文学・書・絵画という芸術の各分野での最高の人材を投入して制作された。従ってその屏風は、その時代の代表作と言ってよいものだったのである。

不思議なことに、その代表作が今日一帖すら、「大嘗会屏風」「悠紀主基屏風」の名で伝わっていない。近代に入ってからの大正・昭和・平成の屏風各四帖（悠記主基各一双）が、東京国立博物館および宮内庁に残されており、古い時代の大嘗会屏風のイメージを偲ぶには、これらの屏風の中に垣間見られる伝統的要素を探っていくしか、今のところ方法はなさそうである。

大嘗会和歌に歌われた近江

大嘗祭ごとに新たに歌われた和歌が二十八首ずつ。大嘗祭が行われなかった一〇四代後柏原天皇から一一二代霊元天皇の間約二二〇年が欠落しているが、歌われた大嘗会和歌は膨大な数に上る。悠紀国を務め続けた近江については、記録されている歌だけでも千に近い数になる。歌ったのは在京の漢学者もしくは歌人であるから、詠み込まれた近江の国の各地を具体的に踏査したはずは毛頭ないだろうし、具体的な現地形に即した歌が歌われようはずもない。しかしながら、それでも近江の各地は歌い続けられた。いや、問題はむしろ、これらの歌が都人が近江に抱いたイメージをもって歌い継がれていったという事実、そして、歌わねばならなかった必要性にあると思われる。

歌枕《うたまくら》というものが、各地に残っている。古い時代の和歌に何度も詠み込まれた有名な地名の一群を指すのだが、歌枕と認識されると、またそれが歌われてイメージが再生産されていく一面も持つ。多くは、勅撰《ちょくせん》和歌集などに採用された、優れた和歌に詠まれた地名が歌枕となっていく運命にあるようだが、その勅撰集がどこから和歌を採ったかというと、大嘗会和歌の占める割合が非常に高いということは、案外知られていない。実は、歌枕の生成過程は、大嘗会の古地交名→大嘗会和歌→勅撰和歌集→地名の引用→歌枕　という形を採るものが多いのである。この章では以上の考えに基づいて、大嘗会に歌われた近江の和歌を考え、その特徴や特殊性を考えてみよう。

中世以前の大嘗会和歌に見られる近江の地名は、二百。そのうちで、現在のどこに当たるかが推定できる百五十六地名を、（表2）に示した。かなりの数に驚かれることだろう。一つ気づくことは、おなじみの地名がちらほら見える反面、われわれ滋賀県に住んでいる者もあまり馴染みのない地名も多いということである。しかも、有名なものの歌数が多く、無名な地名の歌数は少ないということでもない。また、表の「枕」の項目は、現代になって近江の歌枕を集成した『校注歌枕大観　近江編』に採用されているかどうかなのだが、採用不採用は、歌数や有名無名度とあまり関係がないように見える。まだまだ未完成だが、これまでの歌枕を考察してきた人々の根拠や比定地の歴史・現地名との比較を「考察」の項に示し、私なりの比定を行った。

国文学の和歌の研究の方面でも大嘗会和歌とその地名の分析は行われているが、それぞれの地名採用の経緯やその後の展開の複雑さもあって、十分とは言えない。今後、国文学だけでなく歴史学や地理学・地誌学の成果を通見しながら一つ一つ比定していかなければならないだろう。さて、国文学の方面では、およそ大嘗会という性格から、採用地名を次の三グループに分ける案が提示されている。

（一）嘉・賀性および祝言性を有する語を含む地名

（二）嘉・賀性を有する語は含まないが、その中の語から類推されるものが嘉・賀性を有している地名

（三）禁忌ではないが、かといって嘉・賀性も認められない地名

この中では、（一）の地名が最も多く、次いで（二）（三）の順になるという。ある意味、当を得ているようにも思えるが、それほど単純なものだろうか。確かに、（一）の例として示されている、千・万・大・高・長・広や富・吉・良・勝・賀・益・勢・楽・祝等の、字そのものにめでたい意味を持つ字や、青柳・朝日・玉・泉・亀・鶴・龍・松・倉・桜・石などの吉祥を連想させる文字は、歌われた地名に多く見受けられる。しかし、これらは嘉・賀性を持つゆえに、もともと地名に用いられやすい字であるし、別字だったものが大嘗会和歌に詠まれる際に嘉字に転じた例もある。それに、これらの字が用いられていたらどの地名でも良いというわけにもいかないだろう。少なくとも、表に挙げた近江の地名を見る限り、「縁起の良い地名だからたまたま歌に詠まれ、それが原因で広まり歌枕になった」というよりは、その場所ゆえにもともと都に知られていて、歌われたことでさらにイメージが広げられたと解釈した方がよい地名の方が多いように思う。およそ、天皇の重要な儀式に選ばれる地名が、めでたければどれでも…というわけにはいかないのではないか。もっと積極的理由を考えるべきである。だからこそ、逆に説明のつきにくい（三）のグループが存在するのではないだろうか。

私なりに分類してみると、嘉・賀字はむしろ「必要条件」ではなく「十分条件」で、詠まれる理由には主に次の五項目が考えられると思う。

（A）自然地形のうち風光などの面である程度知られていた地名、名勝など

　例：打出浜・小松原・志賀浦・山吹崎・玉井・安河・三上山・弥高山

（B）交通の要衝にあたる地名

例：会坂関・勢多橋・蔵部山・守山・鳥籠山・梅原

（C）天皇および歴史上の故地として名の知られているところ

例：亀岡・鏡山・若松森・伊吹山・万木森・田上

（D）天皇家と関わりが深い御厨・皇室領庄園・御願寺領・天皇の寄進地など

例：粟津野・陪膳浜・錦部里・笠原郷・吉田郷・美尾山

（E）斎郡などの関係の郡名郷名など

例：栗太郷・坂田郷・野洲郡・高島

これらは、要素が重複しているものも多く、前述の嘉・賀字も含まれる。傾向としては、（A）（B）は比較的歌数が多く、大嘗会和歌以外にも多くの歌が認められることが挙げられる。また、各歌数は少ないものの、（D）の天皇関係はかなり多い。御厨《みくりや》や供御人《くごにん》の住地・禁裏料所などは比較的わかりやすいのだが、平安から中世に至る庄園については、できる限り重層する支配関係の中に天皇家が関わっていないか調べたつもりだが、おそらく明確な史料上に現れていない皇室領も多々あると思われる。また、平安末の六勝寺や御願寺・皇室領神社領などの他に、かなりの数認められる「門跡領《もんぜき》」をどこまで関わらせて良いかも今後の課題である。しかしながら、不完全な考察とはいえ「郷」「里」として現れる地名やその他関係地に、天皇家所領が多く含まれていたことがわかったことは、大きな収穫である。なお、この（D）に分類できる地名については、さほど嘉・賀性が顕著でないという特徴もある。また、逆の視点も示しておこう。有名で歌枕として多く歌われている地名であるにも関わらず、一切大嘗会和歌に採用されていない地名が存在する。比叡山・横川《よかわ》・無動寺・日吉社等の延暦寺関係地名、三井寺・石山寺などの特定寺院、また、交通の要所のはずの鈴鹿や有乳《あらち》（愛発）、一時は都の置かれた信楽なども全く見られない（ただし信楽杣《そま》は元暦元年の古地交名には入っている）。これらからも、大嘗会和歌に相応しいと考えられていた地名の条件が見えてくる。

ただし、前述の嘉・賀性も無視できない要素である。というのは、（表2）の最後に示したように、比定地を見つけられない地名の中には主基国に存在する地名があり、これらは嘉・賀性を持つゆえに、近江に縁が薄いにも関わらず採用された可能性が考えられるからである。言い訳になるが、千年以上の永きに蓄積された大嘗会和歌の性質や、そこから多様に展開した歌枕の性格は、やはり一筋縄では説明できないのかも知れない。

最後に、私たちの住む野洲郡について考えよう。

郡別の、詠み進められた地名数と歌数を（表1）に示した。これを見ると、各郡均一して歌われているわけではないことがわかる。一般には、郡名に嘉・賀字を冠する郡の地名数・歌数が多いとされてきたが、そうでもなさそうである。最多の志賀郡は、かつて都が置かれたことや、京都から近いこともあって、貴族達に地名を認識されやすいと言う利点が功を奏しているようで、認識されている詠進地名は三十一と群を抜く。しかし不思議なことに、志賀郡は斎郡に選ばれた記録もなければ、新穀を提供した証拠となる稲舂歌にも名を留めていない。十四首詠まれた長等山の他は極端に多いものは無く、平均的な印象が強い。これに次いでいるのが、なんと野洲郡である。詠まれた地名数は蒲生郡と同じ十九で、甲賀郡・栗太郡ともそう差はない。しかし歌数がこれらの郡より断然多く、それだけ各地名の認識度が高いと言うことになる。三上山・安河（野洲川）という歌数の二位三位を持つことも大きいが、他の地名もかなりの頻度で詠まれているのである。なお、最高歌数を誇る地名は蒲生・野洲郡界にある「鏡山」なのだが、これについては永徳三年（一三八三）の後小松天皇および元文三年（一七三八）の桜町天皇の大嘗祭の古地交名では野洲郡とされており、どちらに属するとも断言しにくい状況にある。これを野洲郡に入れれば、志賀郡を抜いて近江国内で最も大嘗会和歌に採用された郡となるのである。斎郡に選定された回数も多い。近世の地誌である『近江輿地《おうみよち》志略《しりゃく》』には、米産地は近江・丹波・播磨を以て良しとし、中でも近江国播磨田《はりまだ》村（現守山市）の米を最良とするとの記述があるが、斎郡に選ばれる条件として良米の産出は重要であり、さかのぼって中世・古代においても野洲郡の米が良質であったと推測されることもまた、当郡が多く選ばれた理由の一つとみて良いのではないだろうか。

　各郡を比較してみると、地名数・歌数ともに多

表1　郡別詠進地名と歌数

※同一地で郷・原・山などにまたがる場合は合わせて数えた

郡名	地名数	郡名歌	斎郡	稲春歌	歌数	頻出詠進地名と回数
志賀	31	○			119	粟津野(5)、打出浜(8)、会坂(12)、音高山(8)、小松(13)、亀岡(9)、志賀(7)、長等山(14)、比良山(5)、山吹崎(9)
栗太	15	○		1	65	勢多橋(10)、田上(9)、玉井(11)、玉野(9)、安良郷(15)
甲賀	14		8	4	68	泉河(5)、石根(11)、大蔵山(11)、蔵部(10)、鷹尾山(7)、高御倉山(10)、千倉里(6)
野洲	19	○	7	6	110	秋富郷(6)、笠原郷(7)、桜(11)、三上山(21)、守山(10)、安河(20)、野洲郡(5)、木綿園(8)
蒲生	19			2	85	岩倉山(8)、鏡山(29)、蒲生野(9)、横村(10)、益田(11)、松崎(5)
神崎	6		1		18	若松森(5)
愛智	4		2	4	18	吉田郷(11)
犬上	9				46	大滝山(7)、高宮郷(13)、千坂浦(5)、千々松原(9)
坂田	12	○	5	6	51	梅原(10)、弥高山(11)、坂田郷(7)、長沢池(8)
浅井	8			1	28	朝日(14)、松賀江(5)
伊香	5			2	19	長峰山(7)、余呉海(6)
高島	13	○			41	青柳(6)、白雲山(9)、美尾山(7)

い郡は、交通の要衝に位置することに気づく。野洲郡・栗太郡は東海道・東山道の分岐点、坂田郡の朝妻筑摩《あさづまちくま》は湖上交通と東山道の接点でもある。甲賀は東海道、高島は北陸道を抱える。その中でも、東山道の宿駅の採用される割合が高いことは、「山守」の分布が東山道に添い陸奥に到ることと考え合わせると（「山守」については本書内田論文参照）、興味深いデータ結果である。これらの郡の他、蒲生郡は東山道が通ると共に皇室所領と見られる地名も多く、これが上位に入る理由だろう。野洲郡も、笠原郷・篠原郷・立入村・鳰（邇保？）・吉身郷など、天皇家の所領との関係が深いようである。皇室や摂関家の所領など、都人の共通認識できる地名でなければ、万人の前で歌われて効果を発揮できないことは、想像に難くない。

さて、「守山」についてであるが、野洲川と三上山につながる山々の自然の要害をひかえた地形は、交通の要衝であると共に軍事上の拠点としても有効である。歴史を通して野洲川付近で行われた合戦は少なくない。守山の地名が、大和朝廷が直轄の「山川林野」を管理するために置いた山部（山守）に由来するとの考えがあるが、実際守山をめぐる地形とその立地条件は、その任を務めるにふさわしいものである。この地は、十四世紀に至るまで一貫して「もる（守る）やま」と呼ばれ続けた。また、残された大嘗会和歌十首のうち五首が天皇や国をこの地で守るという意味の歌となっており、長和五年（一〇六一）後一条天皇大嘗祭に歌われた「皇《すめらぎ》の萬代《よろづよ》ふへき声すとて　あまたの人の行きてもるやま」を例にとっても、貴族達が何世紀を経ても、そのようなイメージで守山をとらえていたことがわかる。「守」の字のかけ言葉からそのような歌が詠まれたという理解よりも、以上のような積極的理由を考えた方が、納得がいくのではないだろうか。

このように、野洲郡の歌が大嘗会和歌の一割を占め、多くの地が都人によって歌われてきたという事実は、もっと認識され、意味づけられなければならないだろう。
最後に、野洲郡を歌った大嘗会和歌をいくつかあげて、章を結ぶことにする。

君が代はたのしかるらしつねよりも
　としへてみゆる秋とみの村（近衛天皇大嘗祭　巳日退出音声）

君加御世阿女津知止毛仁受多礼者
　笠原乃村乃止介久曽見留（後冷泉天皇大嘗祭　屏風丁歌）
　※君が御世あめつち共に受けたれば　笠原の村のどけくぞみる

よろつよをみかみの山のひくくには
　やす河の水すえにそあひにける（冷泉天皇大嘗祭　風俗歌）

榊葉乃色毛賀波良須神世世利
　豊葦原乃国を裳留山（後白河天皇大嘗祭　巳日楽破）
　※榊葉の色もかわらず神世より　豊葦原の国を守る山

えりてぬくやすのこほりのいねをこそ
　やを萬代とつみてしらけめ（冷泉天皇大嘗祭　稲春歌）

今与利者伊都古毛和賀須於之奈倍天
　吉身之郷登云倍賀利介利（白河天皇大嘗祭　屏風巳歌）
　※今よりはいづこもわかずおしなべて　吉身の郷と云うべかりけり

悠紀・主基国としての文化

悠紀国としての近江と、主基国としての丹波・備中。本稿を終えるにあたって、これらの国々の共通の文化や位置づけを考えてみたい。

実は、畿内の国々は一国も悠紀主基国に選ばれていない。畿内は基本的に天皇と中央貴族の特別な居住地域であり、元から大和朝廷のものであるという認識が強固である。大嘗祭で、悠紀主基の風俗歌舞と共に行われるものが国栖奏《くずそう》・国栖舞《くずまい》と隼人《はやと》の犬吠《いぬぼえ》であるが、これらが、なかなか朝廷に服属しなかった種族が結果的に従ったことを示すデモンストレーションの意味を持つことからすると、悠紀主基国の歌舞も同様に、畿内の外郭地を次第に服従させていった歴史の誇示と見て良いと思われる。だから、畿内の国では意味がないのである。それが、三国に絞られていく理由は、これらの国がより顕著に支配地のイメージを体現しているからであろう。

一つは、交通路の問題である。京都より東を見た場合、近江は東海道・東山道、そして北陸道を全て押さえている。他国ではこのうちの二道すら共有していない。西については、山陽道・山陰道の二道が主要道であるが、前者は播磨・吉備(備中)を通り、後者は丹波を経て日本海に至る。都から地方への入口に当たる国である。これらの国を押さえれば、七道に通じる道を押さえることができるため、他国を選ぶよりも意味が大きかったのではないか。

二つ目は、大和朝廷との関わりの歴史が考えられる。近江・丹波・備中の三国は、後に畿内と呼ばれるようになる朝廷の本拠地に隣接していることもあり、早い時期から大和朝廷に影響を与えたり与えられたりの関係を続けてきた。銅鐸の一括埋納がそれぞれの国で見られることや、畿内での前方後円墳成立に吉備国や丹後国（元は丹波国に含まれていた）の墓制が影響を与え、成立後いち早く両国及び近江にこれらの形が波及し取り入れられたことなども、畿内を挟んでの三国の文化について類似性を一つの夢をもって考えてもよいのではないか。

もちろんこれらの事象は、三国が積極的かつ独自に築き上げた文化とは異なる。しかしながら、悠紀国・主基国が中央との関係において同様の文化を持ち、そして大嘗祭という限られた場においてだけでも、それを継続し続けたということは、日本の歴史と文化を考える上で忘れてはならないことである。まして、その伝統の悠紀国に住む私たちは、なおさらのことである。

［参考文献］
森本茂編『校注歌枕大観　近江編』（大学堂書店　一九八四年）
八木意知男『大嘗会和歌の世界』（皇學館大學出版部　一九八六年）
『神道大系　文学編三　神道和歌』（神道大系編纂会　一九八九年）

図1　近江国における
大嘗祭詠進地名地図
（※丸数字は表2の地名に対応）

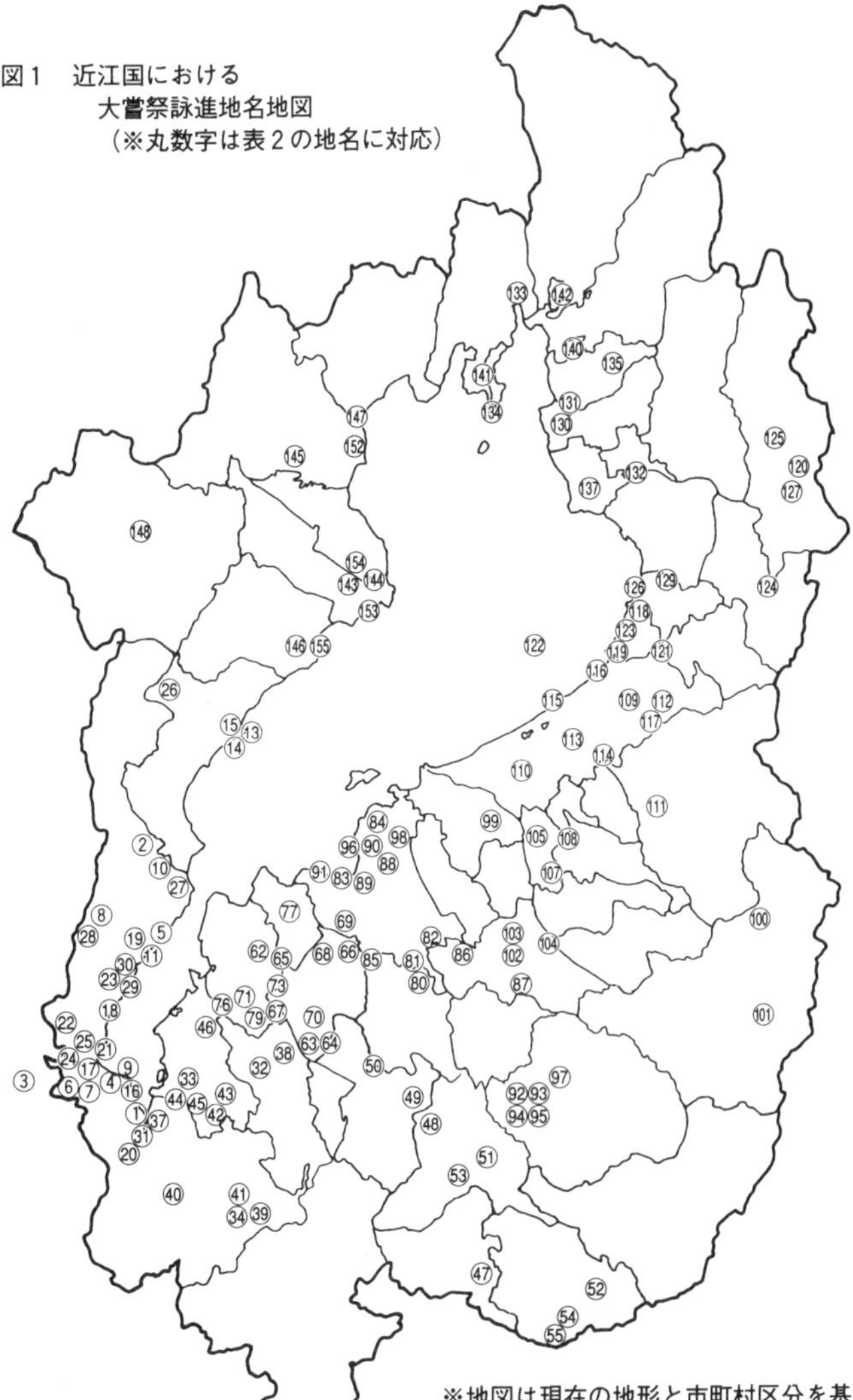

※地図は現在の地形と市町村区分を基にしたものを用いています

表2　詠進《えいしん》地名《ちめい》一覧《いちらん》

時期別の①は10世紀以前　②は11世紀以後　③は後鳥羽天皇（1184年）以後
歌枕項は、『校注歌枕大観』採用不採用を示す。関連地名採用は△、採用地が比定地と異なるものを★とした。
考察中の「元暦・永徳・元文」は各々の年の古地交名、「枕」は『校注歌枕大観』を指す。
用途傾向のAは大嘗会歌の比重が非常に高いもの、Bはそれ以外の歌も多く伝わるもの。

郡名	No.	詠進地名	現地比定	考　察	歌枕	初出年	時期別歌数			用途傾向
							①	②	③	
		淡海《おうみ》	琵琶湖		○	888	1	0	0	
志賀	1	粟津野《あわづの》	大津市膳所・中の庄付近	元文は「粟津原」を志賀とする。粟津原とも。粟津供御人が居た粟津御厨は勢多の御厨の流れを汲むか？　聖武天皇の粟津頓宮あり。	○	946	1	3	1	B
	2	筏立郷《いかたつのさと》	大津市伊香立付近か	元暦は志賀。伊香立庄は平安末から見える庄園で本家は青蓮院。また14世紀になるが、南庄北部のみが宣陽門院領とみえる。	×	1375	0	0	1	
	3	石田里《いわたのさと》	京都市山科？	万葉集歌に「山科の石田の杜」とあり。永徳・元文に「石田殿」が志賀とある。	×	1036	0	1	0	
	4	打出浜《うちいでのはま》	大津市浜大津付近の浜	元暦・永徳・元文は志賀。大津の浜の別名か。石山詣の際の通過地。『枕草子』にも「浜は…」と登場。	○	968	2	5	1	B、風俗歌4
	5	絵形浦《えがたのうら》	不詳	同歌に衣河とあるため、志賀郡とする。	×	1155	0	1	0	
	6	会坂関《あふさかのせき》	大津市逢坂	元暦は志賀。畿内と東山道の境の関所。	○	946	1	6	2	B
	7	会坂山《あふさかのやま》	逢坂付近の山	永徳・元文は志賀。	○	1108	0	1	2	
	8	大蔵山《おおくらのやま》	大津市仰木か	寛和2年（986）の歌の題詞に「志賀郡大蔵山」とある。仰木を東流し天神川にそそぐ大倉川あり。	★	986	1	0	0	
	9	大津浜《おおつのはま》	大津市浜大津・馬場付近	打出浜の別名。延喜式では北陸の物資の集積地として大津の名が見える。	○	1087	0	1	0	
	10	大野村《おおのむら》	大津市真野川の中流域か？	土山町・朽木村にも大野はあるが、真野の大野村は康永3（1344）年に妙法院門跡大野庄とみえる。14世紀末には青蓮院領。	×	1074	0	1	1	
	11	雄琴郷《おごとのさと》	大津市雄琴町付近	この地を開いた小槻氏今雄漉宿禰にちなむ地名とも言われる。南北朝期に雄琴庄が見え、小槻家の管掌する法光寺領庄園。	△	1123	0	1	2	
	12	音高山《おとたかやま》	不詳	元暦に記述ないが、前項の小松原が志賀、後項の富津浜が「同」と記されているので、志賀郡と考えられる。八木氏は志賀とする。	×	1068	0	4	4	風俗歌6
	13	小松崎《おまつがさき》	志賀町南小松	雄松崎（近江舞子の崎）。白砂青松の名所。	○	1046	0	2	1	
	14	小松原《おまつがはら》	志賀町南小松	元暦・元文は志賀。	△	1182	0	5	3	屏風甲7
	15	小松里《おまつのさと》	志賀町小松か？	永徳は志賀。南北朝期より小松庄が見える。康正2年（1456）には聖護院門跡領。ここには白鬚神社神主の伊藤氏がいた。	△	1375	0	0	2	屏風甲2
	16	陪膳浜《おもののはま》	大津市膳所の古名	元文は志賀。大津京時代に御厨があったことが名の由来という。	○	968	1	0	0	A
	17	亀岳《かめのおか》	大津市弘文天皇陵の岡	枕は悠紀には弘文天皇陵のいわれのある志賀郡の地は忌まれたとして、野洲郡大篠原説を採用。しかし元文は志賀郡とする。	○	1046	0	6	3	A、屏風甲4
	18	唐崎《からさき》	大津市下坂本町唐崎	元文は志賀。大津京の外港、平安期には七瀬の祓えの一つ。	○	970	1	0	2	B

郡名	No.	詠進地名	現地比定	考察	歌枕	初出年	時期別歌数			用途傾向
							①	②	③	
志賀	19	衣川《きぬかわ》	大津市衣川	元暦は志賀。白鳳期の衣川廃寺等寺院が多く条里制も敷かれている。衣川庄は平安期から見える山門檀那院領の庄園。	×	1375	0	1	1	
	20	心見里《こころみのさと》	大津市黒津町と南郷町の間	元暦は志賀。心美の渡（栗太郡）が歌枕にある。供御の渡りとも言い、氷魚の供所であったという。	△	1016	0	1	0	
	21	志賀浦《しがのうら》	大津市滋賀里付近の浜	元文は志賀。大津京跡地か。	○	888	1	2	2	B
	22	志賀山《しがのやま》	滋賀里付近の連山	長等の山とも。京都に通じる山中越えが通る。中世は崇福寺参りで往来が多かったという。	○	1168	0	1	1	B
	23	富津社《とみつのやしろ》	日吉社のことか？	富津＝戸津＝三津。坂本の東。戸津は大友郷のうちで青蓮院門跡領戸津庄あり。交通の要衝。	△	1016	0	2	2	
	24	長等山《ながらやま》	大津市三井寺の裏山	元文は志賀。志賀山の別名。崇福寺付近の山。京都に通じる山中越え道が通る。	○	968	4	6	4	B　風俗歌10
	25	錦部里《にしきべのさと》	大津市錦織	『和名抄』所載。大津京の中心地。中世の錦部保は長講堂領で、皇室領として代々伝領された。びわ町にも平安期に遡る錦部郷があるが、皇室領の関係で志賀郡を採った。	×	1301	0	0	1	
	26	比良山《ひらのやま》	志賀町の西の連山の総称	永徳・元文は志賀。小松山とも。比良庄は建久6年（1195）から法勝寺末寺舞楽領。	○	1012	0	3	2	B
	27	真野川《まののかわ》	大津市真野を流れる川	和名抄真野郷。古墳・古代集落遺跡あり。真野入江は古くより歌に詠われた名所。真野庄は延暦寺門跡領（『荘園史料』は青蓮院門跡領とする）。	△	1198	0	0	1	B
	28	水谷《みずたに》	大津市坂本	今津町狭山に水谷という地名はある。坂本から延暦寺を通って修学院に下りる雲母越を別に水谷越えという。交通要地のため志賀を採用。	×	1046	0	1	0	
	29	三津浜《みつのはま》	大津市下坂本付近の浜	元文は志賀。戸津浜とも。	○	1012	0	2	1	
	30	百枝槻《ももしのつき》	百枝八幡社ヵ	日吉108社の一。三津首百枝を祀る。単独としては枕採用せず。	×	1212	0	0	1	
	31	山吹崎《やまふきのさき》	石山と勢多の間の瀬田川の崎	『蜻蛉日記』に登場。石山から勢多橋にいく舟から見える崎。	×	1036	0	7	2	屏風丁8
栗太	32	庵井川《いほのいがわ》	廬井を流れる金勝川のことか	元暦は「五百江」を栗太とする。式内社・廬井神社のある栗東町下戸山付近を廬井とみる。砥山庄は美福門院が坂本日吉社に仏燈供料所として寄進し、のち青蓮院門跡領として伝領したという。	○	970	1	0	1	A
	33	老髪里《おいかみのさと》	草津市老上付近か	『和名抄』甲賀四郷中に老上（おおかみ）郷があり、青土庄周辺説と信楽谷説がある。『水口町志』では、栗太郡老上村・金勝村・石部町域としている。ここでは現在地名の残る狼川流域の草津市老上を採った。	★	1016	0	1	1	風俗歌2

郡名	No.	詠進地名	現地比定	考察	歌枕	初出年	時期別歌数 ①	②	③	用途傾向
栗太	34	神山《かみやま》	大津市田上	枕は田上山の別名としている。	○	946	1	0	2	
	35	栗本郷《くるもとのさと》	栗太郡の郷	『和名抄』の栗本郷。『輿地志略』は霊仙寺付近とする。枕は郡名を冠する郷の意とする。本書もこれに倣う。	△	1184	0	0	1	
	36	佐野《さの》	不詳	元暦は「佐野山里」を神崎とする。実際の歌が伝わっていないが、題詞に「栗太郡佐野」と記されているので栗太に配した。	×	986	1	0	0	
	37	勢多橋《せたのながはし》	瀬田川の川口に架かる橋	元暦は栗太。元文は「勢多」を志賀とする。軍事上の拠点。『和名抄』は勢多郷を栗本郡としている。国衙・国分寺の所在地でもある。	○	888	2	7	1	B
	38	高野村《たかののむら》	栗東町高野	栗太郡高野庄は戦国時代に遡る。式内社高野神社（別名由岐志呂宮、大同大嘗祭に新穀献上の伝承あり）あり。永源寺町の高野は9世紀まで遡り大国郷のうちという。枕は、式内社の存在から栗太説を採る。	△	1087	0	1	0	
	39	田上《たなかみ》	大津市田上・大石付近の総称	元文は「谷上」を栗太とする。山頂巨石に天照が現れたので「大神山」と称したのが始まり。谷上ともいう。	○	1036	0	3	2	B
	40	田上河《たなかみがわ》	田上を流れる瀬田川の別名	田上御網代は元慶7年（883）太政官符所載の御厨で、内膳職に属して供御として氷魚を献じた。	○	1046	0	2	1	
	41	田上山《たなかみやま》	田上山付近の山の総称	白鳳期より社寺・宮殿用材を伐り出した山で、そのことは『万葉集』にも見える。	○	1212	0	0	1	
	42	玉川里《たまがわのさと》	玉川は野路を流れる十禅寺川	玉川は玉の井とよく混同される。『角川地名辞典』は坂田郡米原町今江寺前の玉川と考える。『輿地志略』もこの説。枕は「野路の玉川」説を採る。	×	970	1	0	0	
	43	玉井《たまのい》	草津市野路町の十禅寺河付近の池か	元暦に郡を「粟田」と記す。栗太の誤か。十禅寺川の伏流水がわき出た泉。坂田郡山東町にもあり『輿地志略』はこちらを採るが、枕は栗太説。	○	1036	0	6	5	A、屏風丙5
	44	玉野原《たまののはら》	瀬田から草津市野路町辺の原	東海道が横切る原。枕が栗太説を採る。玉野浦の名も歌に詠まれる。	○	1108	0	4	2	A、屏風丁3
	45	玉野村《たまののむら》	瀬田と野路の間	玉野原にある里か？	△	1046	0	1	2	屏風丁3
	46	安良郷《やすらのさと》	草津市野村町・穴村町付近か	元暦は栗太。この周辺に安羅神社（天日槍）が集中。『和名抄』には郷名記載はない。	○	1012	0	10	5	A、風俗歌6
甲賀	47	池田里《いけだのさと》	甲南町池田？	室町期に馬杉庄内に池田保あり。馬杉庄は後宇多天皇により広隆寺の料所に与えられており、このことから本家は皇室であると考えられている。	×	1301	0	0	1	
	48	泉河《いずみがわ》	水口町泉村	八木氏は甲賀とする。甲賀の泉村のみが南北朝まで遡り、柏木御厨酒人郷内の1村という。	×	970	1	1	3	屏風丙2
	49	石根村《いわねのむら》	甲西町岩根	石根山から拡張された地名か。岩根郷は鎌倉から現れる。	△	1046	0	1	0	

郡名	No.	詠進地名	現地比定	考察	歌枕	初出年	時期別歌数			用途傾向
							①	②	③	
甲賀	50	石根山《いわねのやま》	甲西町岩根・正福寺の裏山連山	元暦・元文は甲賀。甲賀山とも。東大寺・延暦寺等の木材を伐りだした。和銅年間に12の僧坊があったという。	○	1036	0	8	2	B、風俗歌 8
	51	大蔵山《おおくらやま》	水口町東部の山。	大岡山・岡山とも言う。岡山城築城までは行基が開いたと言われる大岡寺があった。しかし、皇室財産を入れる蔵という「大蔵」の名称以外は大嘗祭と結びつかない。むしろ一例のみ題詞に志賀と記す大嘗会歌があるので、志賀にした方が適切か。枕等一般に水口町説が強いので、一応甲賀に置く。	○	968	3	5	3	A、風俗歌 5
	52	大原山《おおはらやま》	甲賀町内大原谷と油日谷の庄園	元暦は甲賀東。大原庄は、藤原道長から中宮彰子に寄進され法勝寺領（皇室領）となった。また、山東町にも平安期から見える郷名に大原がある。坂田郡大原庄（山東・伊吹・浅井町にまたがる）は、法勝寺蓮華蔵院領庄園。ここでは古地交名の甲賀を採用。	×	968	1	0	0	
	53	蔵田池《くらたのいけ》	水口町水口・北内貴付近	甲賀郡水口町に蔵田庄（南北朝以後）がある。聖護院門跡領。	×	1036	0	2	1	屏風戊 2
	54	蔵部郷《くらふのさと》	甲賀町油日付近	『和名抄』蔵部郷。壬申の乱の際に大海人方の将がここを守備したという要衝。天平勝宝 3 年（751）に郷内の地が弘福寺に施入。また、西大寺領椋部荘も見える。	△	1016	0	3	2	稲春歌 2
	55	蔵部山《くらふのやま》	甲賀町油日と伊賀町倉部の間	伊賀へ抜ける油日峠の山。油日越とも。壬申の乱の時合戦が行われた。仁和 2 年(886)に鈴鹿越が幹線になるまでは、ここが官道だった。	○	986	1	4	0	B
	56	鷹尾山《たかのおやま》	甲賀のうち不詳	元文は甲賀。『新古今集』所収の歌に田上にありと解説している。田上は栗太郡。大石は『輿地志略』の説。枕は栗太郡とする。近接地のため詳しい比定は難しいが、ここでは古地交名の甲賀を採用する。	★	1087	0	3	4	屏風己 5
	57	高《たか》御《み》倉山《くらやま》	土山町付近の山か	甲賀郡説は『坂田郡誌』所収。枕もこれを採るが、具体的には未詳。	○	1012	0	8	2	A、風俗歌10
	58	千倉里《ちくらのさと》	不詳	元暦は甲賀。枕はこれを採る。比定地は不明。	○	1142	0	1	5	稲春歌 2
	59	日雲崎《ひくものさき》	不詳	八木氏の説では甲賀にしている。水口町本町、信楽町牧に所在する日雲神社とも、名乗るのは明治以後である。他に拠り所がないので一応甲賀に置く。	×	1036	0	1	0	
	60	田《た》中村《なかむら》	不詳	甲賀が悠紀郡の年の稲春歌に詠まれる。田中の地名は安曇川町・竜王町にあるが、中世まで遡るのは安曇川の田中庄。	×	1046	0	1	1	稲春歌 1
	61	秋富郷《あきとみのむら》	守山市内のうち不詳	元暦は野洲。明富・明見のことか？明見（あかみ）郷は『和名抄』所載。明見庄は平惟仲が長保 3 年（1001）に白川寺喜多院に施入。三宅を明見（みょうけん）となまる事例から三宅町付近ともされているが、疑問。	×	1142	0	1	5	

郡名	No.	詠進地名	現地比定	考　　察	歌枕	初出年	時期別歌数			用途傾向
							①	②	③	
野洲	62	笠原郷《かさはらのさと》	守山市笠原付近	元文は野洲。14世紀初め以後は延暦寺領庄園。墨書土器多数出土。古代は笠原の地は皇室領中津庄に属した。	×	1046	0	4	3	
	63	桜村《さくらむら》	野洲町南桜・北桜付近	元暦で桜村を野洲北とする。『淡海温故録』では南桜・北桜付近を桜庄といったとする。地名は、養老2年勧請の鎮守若宮神社の祭神木花佐久夜比売に由来という。	△	1375	0	0	2	屏風乙2
	64	桜山《さくらやま》	野洲町南桜の東の山	菩提寺山をさす。三上山の東、甲賀郡界に位置する山。	○	1016	0	6	3	A、屏風甲2乙7
	65	敷地《しきち》	中主町南西部から守山市南部？	敷地＝敷智ととれれば『和名抄』敷智（ふち）郷あり。平安期以降は大安寺領淵庄。	×	1012	0	1	0	
	66	篠原里《しのはらのさと》	野洲町大・小篠原付近	永徳は野洲とする。東山道篠原駅が置かれた。『和名抄』篠原郷。篠原庄は、日吉神社領および尊勝寺領であったという。	△	1087	0	1	2	
	67	立入村《たちいりのむら》	守山市立入町	元文は野洲。建暦3年（1213）に延暦寺三昧院領として立入庄がみえ、後青蓮院門跡相伝所領。	×	1430	0	0	1	
	68	玉造《たまつくり》	野洲町篠原と江部の近隣	日野川は別名玉造川。野洲郡玉造庄は日野左岸にあり、11世紀末以降、摂関家から法成寺領へ。『輿地志略』は大津市松本周辺に比定。	×	1016	0	1	0	
	69	鳰河瀬《にほのかわせ》	近江八幡市江頭付近？	『和名抄』に邇保郷あり。延暦寺三昧院領で青蓮院門跡が代々伝領したという。南北朝時代には下鴨社領邇保庄も見える。	×	1301	0	0	1	
	70	三上山《みかみのやま》	野洲町三上の東の山	永徳・元文は野洲。御神とも書く。頂に磐座がある古代信仰の山。三上神社は延喜式名神大社。	○	968	5	8	8	A、風俗歌13
	71	守山《もるやま》	守山市今宿・守山・吉身町付近	鎌倉期には東山道の宿場あり。交通の要衝。大和朝廷の山部の置かれた地か。	○	946	1	7	2	B、風俗歌5
	72	諸神郷《もろかみのさと》	不詳	吉地を詠った歌に「もろかみうら」とあり、付近と考え野洲郡に比定。しかし、全て神楽歌なので神の語により採用された架空地名の可能性もある。	×	1036	0	3	1	神楽歌4
	73	安河《やすがわ》	野洲川	永徳・元文は野洲。近江最大の川。	○	946	6	10	4	B、風俗歌12
	74	野洲郡《やすのこおり》	旧野洲郡	旧野洲郡	○	968	1	2	2	稲春歌5
	75	山田里《やまだのさと》	不詳	元文は野洲。郡内に適当な比定地見られず。中世まで遡れる「山田」は、草津市および西浅井町。	×	1222	0	0	3	
	76	木綿園《ゆうその》	守山市欲賀・三宅・大門あたり	平安期の村名。中世の結園庄。大安寺領か？後延暦寺領となる。	△	1012	0	6	2	A、風俗歌4
	77	吉地郷《よしちのさと》	中主町吉地	吉地庄は、南北朝期にみえる幕府領庄園。	×	1222	0	0	2	
	78	吉水《よしみず》	守山市吉身町付近か	枕は吉水＝吉身の説を採って野洲とする。長和元年の歌に大蔵山と共に歌われるため、野洲説は少し無理があるようにも。	○	1012	0	3	1	A

郡名	No.	詠進地名	現地比定	考察	歌枕	初出年	時期別歌数 ①	②	③	用途傾向
	79	吉身郷《よしのみのさと》	守山市吉身町付近か	吉身庄は13世紀前半、七条院が後鳥羽院寵姫修明門院に譲った庄園。その後親王領となる。一説に野洲郡家があったとも。	△	1074	0	2	0	A、屏風己 2
	80	安吉川《あきのかわ》	安吉郷を流れる川	元暦は安吉郷を蒲生とする。近江八幡市南部から竜王町北東部の安吉郷は和名抄郷で、摂関家・興福寺庄園等となる。	×	1087	0	1	0	
	81	安吉橋《あきのはし》	日野川の橋	『梁塵秘抄』に、安吉橋が歌枕として挙げられている。近江八幡市倉橋部町と竜王町信濃を結ぶ橋か。	×	1182	0	1	0	
	82	岩倉山《いわくらやま》	近江八幡市千僧供町岩倉	山麓に古墳あり。多くの岩を産す。	○	932	7	0	1	A、風俗歌 4
	83	岡見牧《おかみのまき》	近江八幡市牧町か	小神牧・高見牧ともいう8世紀末よりの牧。始め皇室領で、永保年間に白河院勅願により日吉神社領牧庄になったという。	×	1016	0	1	0	
蒲	84	奥津島山《おくつしまやま》	近江八幡市北部の北津田付近。琵琶湖に面する最北端の一連の山	元文は栗太。奥津島神社の祭神は天照大神の息から生じた多紀理姫。同社の建立は藤原不比等と言われる。枕は奥津島と沖つ島を混同して解説。『三代実録』には「野洲郡奥島」と記し、延喜式神名帳は「蒲生郡大島神社・奥津島神社」と記すなど栗太郡説も含め認識に混乱が見られる。現在地より蒲生郡とした。奥津島は現在陸化しているが中世は琵琶湖最大の島。奥島庄は、古代は皇室領、中世は延暦寺領。	△	1012	0	1	0	
	85	鏡山《かがみやま》	竜王町鏡の南の山（野洲町と竜王町にまたがる）	元暦は蒲生、永徳・元文は野洲。竜王町と野洲町の境。天日槍が山に鏡を埋めた伝説あり。山麓に古墳群。壬申の乱で大海人方の武将鏡大君がここで戦死したことによる命名という。東山道の要衝。	○	897	8	12	9	B、風俗歌16 屏風丁 5
	86	蒲生野《がもうの》	安土町老蘇森から八日市にかけての野	永徳は蒲生。大和王権の薬猟場。平安初期には天智天皇の故地と考えられていた。蒲生保は祇園感神院領だが、13世紀には尊勝寺領蒲生下保も見える。	○	888	1	5	3	A、屏風丁 5
生	87	玉緒山《たまのおやま》	蒲生町本郷の北。布施山。	元文は蒲生。布施山の別名。布施溜池は渡来人掘削伝説を持つ。「蒲生野の玉緒山に」と詠われる。	○	888	1	0	0	A
	88	檜《ひ》牟《む》禮《れ》山《やま》	近江八幡市の日牟礼八幡神社の山	日牟礼庄は鎌倉期より見え、歓喜光院領（皇室領神社）より、一部が京都大報恩寺領となる。	×	1198	0	0	1	
	89	船木浜《ふなきのはま》	近江八幡市船木か	高島郡・蒲生郡両方にあり。船木庄を山の所に入れたので、併せて蒲生郡に置いておく。	△	1087	0	1	0	
	90	船木山《ふなきのやま》	近江八幡市船木の山	船木は安曇川町と近江八幡市にあるが、山という場合は後者。両方とも平安期から見える地名。湖上水運の要港。『お湯殿上日記』に「禁裏料所船木」とあり。天福元年(1233)には法勝寺が船木庄を領していたことがわかり、以後院領として伝領されたのか。	○	1182	0	1	0	B

郡名	No.	詠進地名	現地比定	考察	歌枕	初出年	時期別歌数			用途傾向
							①	②	③	
蒲生	91	槇村《まきのむら》	近江八幡市牧町か	元文は蒲生。大津市・信楽等にもあるが、両者とも近世までしか遡れない。八幡の延暦寺領牧庄は室町まで遡る。岡見牧が前身とすれば、平安期まで。元皇室領。枕は『淡海温故録』等に見えるためここを採用。	△	1046	0	7	3	A、風俗歌 5 屏風己 3
	92	益田池《ますだのいけ》	日野町増田？	元暦等は蒲生。	×	1074	0	1	1	屏風丙 2
	93	益田郷《ますだのさと》	日野町増田？	永徳・元文は蒲生。枕は杜の解説の中で、『和名抄』の浅井郡益田郷（びわ町）を出している。近江八幡の益田は古く遡れない。日野町の増田村は益田とも書き、南を日野川が流れ、現地名での増田橋がある。こちらは戦国時代まで遡れる。1㎞東の山本保は、白河天皇が鳥羽離宮内に建立した証金剛院領。	×	1012	0	4	3	稲春歌 2
	94	益田橋《ますだのはし》	日野町増田？	元暦は蒲生下とする。	×	1375	0	0	1	
	95	益田森《ますだのもり》	日野町益田？	枕は杜のみを採用して東浅井郡びわ町益田の式内社・麻蘇多神社に比定する。ただし『東浅井郡志』では、現在の麻蘇多神社は荘の宮の山王神社を移したものとしており、浅井説は疑問。古地交名では他の益田を皆蒲生としていることから、同様に蒲生と解釈した。	★	1142	0	1	0	
	96	松崎《まつがさき》	近江八幡市長命寺山の西南麓の崎	元文は栗太。奥津島山と同様に、これも現地名に比定して蒲生郡に置いた。	○	946	3	2	0	B
	97	松尾山《まつのおやま》	日野町松尾山か？	元文は蒲生とする。日野町松尾は、隣接丘陵の松尾山から城下町形成時に住民が移住したのでついた名という。山の名はそれ以前に遡ると見て良いのか。	×	1414	0	0	2	
	98	三村山《みむらのやま》	近江八幡市旧島村か？	三村庄は鳥羽上皇御願寺として建立された京都宝荘厳院領庄園の一つ。その後院領（皇室領）となる。愛智郡説もあるが東寺文書内に「嶋郷三村庄」としるされているところから、蒲生郡とした。	×	1087	0	2	1	屏風戊 3
神崎	99	佐野船橋《さののふなはし》	能登川町佐野・垣見付近	元暦は神崎。垣見庄・八条庄とも呼ばれた地。垣見の小字に船橋あり。垣見郷は平安期から見える郷名。15世紀後半には真如寺領。また、『神崎郡志稿』では、京都成勝寺（崇徳天皇御願寺）領の伊庭庄域に佐野や垣見が含まれていたとするので、皇室領関係で採用されている可能性もある。	○	1046	0	3	1	B
	100	高松山《たかまつやま》	永源寺町君ヶ畑か？	君ヶ畑の金龍寺は高松御所とよばれ、惟喬親王を祀った木地師の聖地。	×	1036	0	2	2	
	101	千草原《ちくさはら》	永源寺町千草越え付近か	近江から伊勢に至る千草越えで通過する原か？	×	1142	0	1	1	屏風丁 2
	102	野々宮原《ののみやはら》	八日市市金屋？	野々宮郷は戦国期に現れる郷名。郷内の野々宮十禅師社による。	×	1301	0	0	1	

郡名	No.	詠進地名	現地比定	考察	歌枕	初出年	時期別歌数			用途傾向
							①	②	③	
	103	浜野池《はまののいけ》	八日市市浜野町か？	浜野村の北西部は湿地帯だったという。少し離れるが、皇室領羽田庄が存在。ただし建部庄・小脇庄の方が浜野に近い。	×	1036	0	2	0	
	104	若松森《わかまつのもり》	八日市市神田町の若松天神社の森	鹿島の武甕槌命が大和への途中行宮を造り若松を植えたという。河桁御河辺神社（延喜式の川桁神社か）の御旅所。枕は『輿地志略』説を採用。	○	1087	0	3	2	A、風俗歌 3 屏風甲 2
愛智	105	愛《え》智《ち》川《がわ》	愛知川	元文は愛智。枕は古代から中世にかけて東山道愛知川宿が置かれたという。	○	1430	0	0	1	B
	106	愛智郡《えちのこほり》	旧愛智郡	郡の初見は和銅2年（709）。西河原森ノ内遺跡出土木簡により7世紀後半には「衣知評」が成立していたことがわかる。新羅系渡来氏族秦氏の集団的居住地。	△	1036	0	1	1	風俗歌 2
	107	大国郷《おおくにのさと》	愛知川町豊満・湖東町菩提寺付近	元文は愛智。『和名抄』大国郷。豊満神社は息長足姫等をまつる大国庄の祖神。10世紀前半までに東大寺領、平安時代末に収公されて天皇家領となる。ただしそれ以前より詠われている。	△	986	2	2	0	A、風俗歌 3
	108	吉田郷《よしだのさと》	現在の犬上郡豊郷町吉田	『和名抄』の安食郷（犬上郡）に属するが、善田郷は愛智郡。奈良時代は元興寺領、1132年に藤原顕輔が立庄し鳥羽上皇に寄進したと考えられている（皇室領）。ただしそれ以前より詠われている。枕は豊郷を犬上郡としているが、間違いである。	△	968	2	6	3	A、稲春歌 3 風俗歌 2 屏風丙 3
犬上	109	不《い》知《ざ》哉《や》川《がわ》	霊仙山から松原内湖に注ぐ芹川	元文は犬上。芹川か。伊佐也川とも。鳥籠山と関連して詠われることが多い。	○	1184	0	0	3	B、風俗歌 3
	110	稲村山《いなむらのやま》	荒神山の南麓	神社は天智朝に分詞、村上期に神領寄進をうける。平流13村の産土神。	×	1016	0	3	2	
	111	大滝山《おおたきやま》	多賀町富の尾	大滝の名は多賀町と永源寺町にあり。多賀の旧郷社大滝神社は多賀大社奥の院という。神社の側に大滝あり（『温故録』）。寛永4年に徳川家光の命により造営という。永源寺町大滝には、水没したが鎮守大滝神社があり、元亀まで遡れる。どちらともとれないので、枕で採用している犬上を採る。	○	1016	0	5	2	A、屏風乙 3
	112	小《お》野《の》川《がわ》	西山川か	枕では古代鳥籠駅→中世小野宿→近世鳥居本宿と考え、小野川を西山川に比定している。	△	1046	0	1	0	
	113	河《か》瀬《わせ》	彦根市河瀬	河瀬庄は文永6年（1269）まで遡れる。	×	1074	0	1	1	屏風丙 2
	114	高宮郷《たかみやのさと》	彦根市高宮町	元暦・元文は犬上。『和名抄』高宮郷。高宮保は堀河天皇御願寺の尊勝寺を本所とし、尊勝寺建立に際して寄進された寺領の一つと考えられる。高宮頓宮あり、平安期より高宮布の産地。	△	1036	0	6	7	A、風俗歌 4 屏風己 4
	115	千坂浦《ちさかのうら》	彦根市八坂町	元文は犬上。『近江輿地志略』に八坂の北の浜と記す。	○	1087	0	4	1	A

郡名	No.	詠進地名	現地比定	考察	歌枕	初出年	時期別歌数 ①	②	③	用途傾向
犬上	116	千々松原《ちぢのまつばら》	彦根市松原町から磯山	松原浜、千松原とも。元暦は犬上、永徳は坂田。枕は旧犬上郡とする。	○	1016	0	3	6	A、風俗歌 4
	117	鳥籠山《とこのやま》	彦根市正法寺	元文は犬上。延喜式鳥籠駅で、鳥籠郷は『和名抄』犬上郡駅家郷。『万葉集巻四』に「鳥籠の山なる不知哉川」と詠まれる。『平凡社地名辞典』は旧坂田郡正法寺の字鳥籠山説を退け、芹川沿いの大堀山（字鳥籠山）を比定している。	○	1430	0	0	1	B
坂田	118	天河《あまのがわ》	天野川	息長川として『万葉集』等に詠われる。息長川は歌枕。	△	1414	0	0	1	
	119	磯山《いそやま》	米原町磯か	磯の崎で枕は採用。磯崎は『万葉集』にも所載。	△	1298	0	0	1	
	120	伊吹山《いぶきのやま》	伊吹町東部の山	永徳・元文は坂田とする。近江最高峰。日本武尊が傷を負った。	○	1074	0	1	1	B
	121	梅原《うめのはら》	米原町梅ヶ原	元暦は坂田。東山道は古い時代は摺針峠でなく梅原を経由。また、梅の名所として名高い。	○	1036	0	6	4	A、屏風甲 9
	122	竹島《たけしま》	多景島か	永徳は坂田。遺跡から、平安期以降の国家祭祀の場であったと推測できるらしい。	×	1375	0	0	1	
	123	筑摩江《つくまえ》	米原町朝妻筑摩にあった入江	別名、磯内湖。筑摩は始め大膳職のち宮内省内膳司の御厨。延喜式にも載る。筑摩神社は 9 世紀以前に遡る。	○	1012	0	3	1	B
	124	長岡里《ながおかのさと》	山東町長岡付近	『和名抄』長岡郷。長岡庄は最勝寺庄園（皇室領）。成立は12世紀前半以前。また、醍醐天皇が庄内鳥羽上郷を伊吹山護国寺に施入した伝承あり。	×	1036	0	1	0	
	125	長尾村《ながおむら》	伊吹町大久保？	伊吹山麓に長尾寺あり。醍醐天皇が中宮の安産祈願を行っている。13世紀以前からある山岳寺院。	×	1184	0	0	1	
	126	朝妻山《あさつまやま》	近江町顔戸の裏山	『和名抄』朝妻郷。山頂日撫神社は応神天皇等を祀る式内社。息長氏の本拠地。	○	968	1	0	3	
	127	弥高山《いやたかのやま》	伊吹町弥高山	元暦・元文は坂田。枕草子に峰の代表として登場。	○	970	2	7	2	A、風俗歌 6
	128	坂田郷《さかたのさと》	旧坂田郡の郷の意か？	元文は坂田。息長氏・坂田氏の本拠。東山道が琵琶湖から離れる地点。	△	1012	0	4	3	稲春歌 6
	129	長沢池《ながさわのいけ》	近江町長沢の池。	元文は坂田。中主町説・近江町説・山東町説があるが、枕はあやめの産地があることから野洲郡を採る。歌には必ずあやめが詠まれる。	★	970	1	5	2	A、屏風丙 5
浅井	130	朝日郷《あさひのさと》	湖北町山本・延勝寺付近？	元暦・元文は浅井。『和名抄』の朝日郷。比定地に諸説あり。枕は朝日山（山本山）麓を比定。この辺りは明治22年から昭和31年まで朝日村と称したという。鎌倉初期に中院家領庄園。	△	946	3	7	3	A、風俗歌 6
	131	朝日山《あさひのやま》	湖北町山本山？	枕は朝日が最初に差す山本山を朝日山としている。	△	1242	0	0	1	

郡名	No.	詠進地名	現地比定	考察	歌枕	初出年	時期別歌数			用途傾向
							①	②	③	
浅井	132	大井郷《おおいのさと》	虎姫町南部か	『和名抄』大井郷で雄於保井と読む。僧良源の生誕地。	×	1168	0	1	0	
浅井	133	塩津《しおつ》	西浅井町塩津浜付近	『和名抄』の浅井郡塩津郷。越前荷積出港で延喜式にも記す。塩津庄は応永32年（1425）に伏見宮家領。	○	1212	0	0	1	
浅井	134	菅浦《すがうら》	西浅井町菅浦	『万葉集』にも詠まれる。伝説で淳仁天皇の保良宮があったという。天皇に贄を納める供御人。	○	1212	0	0	1	
浅井	135	高月河《たかつきかわ》	高時川	元暦は浅井とする。高月に式内社高槻神社あり。	○	1036	0	3	1	A
浅井	136	新居郷《にいいのさと》	びわ町新居《にのい》	『和名抄』新居郷。浅井郡家を新たに移した地名といわれる。中世は新井庄となるが、領主不明。15世紀は等持寺領。	×	1168	0	1	1	風俗歌 2
浅井	137	松賀江《まつがえ》	湖北町松枝浦？	元暦は浅井。海老江沖のオノコ洲の北西の岬。	×	1068	0	5	0	
伊香	138	伊香山《いかごやま》	伊香郡の山々の総称か	枕は『和名抄』の伊香郷と大音の伊香具神社から推測。『平凡社地名辞典』では、大音村の北背の山を伊香胡山と呼称するという。	○	1212	0	0	1	B
伊香	139	位山《くらいやま》	不明	永徳・元文は伊香だが比定地不明。備中に大嘗会歌に詠われた同地名があるので、転用の可能性あり。	○	1375	0	0	2	
伊香	140	高田村《たかたのむら》	高月町東高田か？	『近江輿地史略』・枕は湖北町とするが、これは永禄13年（1570）までしか遡れない。平治元年歌に「いかこなる」とある。高月町東高田村北方の桜椅神社は延喜神名帳所載。	★	1087	0	3	0	A
伊香	141	長峰山《ながみねやま》	西浅井町菅浦付近か	『淡海温故録』は菅浦辺とするが確証は無し。	○	1074	0	5	2	A
伊香	142	余呉海《よごのうみ》	余呉町の余呉湖	伊香の小江（いかごのおうみ・おえ）とも言う。『風土記近江逸文』所載。	○	1087	0	6	0	B
高島	143	青柳村《あおやぎのむら》	安曇川町青柳	諸説あり。元暦は志賀、元文は伊香。しかし、両郡内における「青柳」地名は比定地不詳。歌枕は『淡海温故録』説をとり、高島とする。	△	1142	0	2	2	A、屏風乙 3
高島	144	青柳森《あおやぎのもり》	安曇川町青柳	枕は万木森の別名と考える。東万木村をかつて青柳の里と称した事に由来という。	○	1087	0	2	0	A、屏風甲 2
高島	145	板倉山《いたくらやま》	今津町藺生《ゆう》の西南の山	元文は高島とする。建保4年（1216）に木津庄の四至示を定めた際に北限とされた山。木津庄は保延4年（1138）延暦寺領となるまでは鳥羽院領だったという。	○	1087	0	2	0	屏風戊 2
高島	146	音羽山《おとわやま》	高島町三尾山の別名	元暦は高島。枕は志賀郡とする。大嘗会以外の歌では、逢坂関の近くに詠まれる歌が多く存在。高島郡音羽庄は平安期から見える庄園で、文永5年（1268）より院領となる。	★	1375	0	0	2	B、屏風丁 2

郡名	No.	詠進地名	現地比定	考　　察	歌枕	初出年	時期別歌数			用途傾向
							①	②	③	
高島	147	河上郷《かわかみのさと》	今津町東部からマキノ町南部	元文は高島。『和名抄』所載郷。長屋王家木簡に現れる。河上庄は摂関家領から平等院領へ。	×	1155	0	2	2	
	148	桑原村《くわはらのさと》	朽木村針畑川流域	桑原郷は『和名抄』所載で高島郡にあり。針畑庄の一部。しかし山間部すぎて不適ともされる。『朽木村志』では朽木村全体とし、『新旭町史』では同町南部とする。	×	1168	0	1	1	
	149	坂倉山《さかくらやま》	不明	永徳は高島。板倉山の誤記か？	×	1430	0	0	1	
	150	白雲山《しらくもやま》	高島郡内では不明。	不詳。『淡海録』には大津市富川と載り、枕はこれを採用。平治・貞応の歌に「たかしまや」と詠われるので、高島郡とした。	★	1159	0	4	5	A
	151	高島《たかしま》	高島郡の総称	高島郡高島郷は『和名抄』所載。東大寺等の高島山作所あり。	○	1184	0	0	1	B
	152	津野岡《つののおか》	今津町北仰付近の岡か	『和名抄』角野郷。式内社津野神社による。これは河上庄の総社。	○	1108	0	1	0	A
	153	藤江杜《ふじえのもり》	安曇川町四津川か。	安曇川御厨内にあり。往古は藤江千軒と言ったが湖水氾濫により滅亡したという。	×	1068	0	3	1	屏風乙4
	154	万木杜《ゆるぎのもり》	安曇川町青柳・万木付近	永徳・元文は高島。青柳の森とも。後鳥羽院が行幸し木を植えたというが、それ以前より万木と言った。『枕草子』にも載る。	○	1182	0	2	0	B
	155	美尾山《みおのやま》	高島町下拝戸裏山の連山	永徳・元文は高島。『和名抄』三尾郷。ここに三尾駅があった。三尾の中山とも。式内社水尾社あり。三尾社は皇室領神社で七条院・後宇多上皇領。壬申乱・恵美押勝乱では三尾城は北陸道を押さえる軍事拠点として登場。	○	968	1	2	4	B、屏風戊3

※歌枕で多く詠まれるのに大嘗会和歌に採用されない地名。

比叡の山、横川、日吉の社、山の井、走井、三井寺、石山寺、鈴鹿山、信楽、有乳山

※郡を比定できないが、多く(3首以上)読まれている地名。

青葉山(3)、石滝《いわたき》(3)、石戸山《いわとやま》(8)、玉蔭井《たまかげのい》(5)、花垣里(4)、見遣岡《みやりのおか》(4)、八重坂山(4)、萬世浜《よろずよのはま》(4)

※他国地名が近江に転用されたと考えられる地名。

大富山(丹波・1)、金山(丹波・1)、千年山(備中・1)、長田村(丹後・1)、長浜(伊勢・2)、長宮(丹波・1)、八千代池(丹波・1)、萬世泉(備中・1)

六　荘園の崩壊と惣村の成立

——ある大般若経の識語の示唆するもの——

高橋正隆

はじめに

律令制度のもとで、大国の一つにランク付けされていた近江国は、藤原武智麻呂の伝記である『家伝』（下）に「宇宙有名の地なり、地広く人衆く、国富み家そなわる」と述べている。宇宙有名の地と云われた風光明媚で豊饒な湖国の地には、早くから仏教文化を受容していた。近江国では、およそ七十余の古代寺院跡の存在が報告されている。その中で益須寺跡は、六国史の一つ『日本書紀』の持統天皇七年（六九三）と八年に載せられていた寺院の跡である。この野洲平野の豊饒の地に人びとの豊かな生活が芽生えると、権門寺社によって墾田が経営され、やがて荘園の成立を見ることになる。

荘園をめぐって様々な葛藤が繰り返され、また東山道・北陸道を往来する人びとによって多くの文化を吸収した先人は、早くから人間の自覚が芽生えてきた。それは惣村の成立という村の自治であった。人びとの自覚を促したものは、平安時代末期に到来した末法思想の影響を受け、鎌倉新仏教の成立や旧仏教の復興によって、宗教的自覚が芽生えたことは事実であった。惣村研究の舞台ともなっていた近江国には、権門寺社の荘園が多くあって、その宗教文化の影響を受けていた。

かつて野洲川の川尻にその甍を見せていたが、今は史上からその姿を失った寺院があった。この寺院が野洲川流域の文化の発展に寄与した姿を紙上に再現して考えてみたい。これは滋賀県教育委員会が実施した滋賀県下の大般若経の悉皆調査の結果、浮かび上がってきた寺院である。その名を箭放大明神極楽寺という。

墾田と荘園

墾田から荘園へ　野洲川の流域には、墾田の出現する前から屯倉という大化の改新から天皇の直轄地があったことを、三宅の地名と赤野井で見られるごとき条里の乱れた地形から推定されている。この地域では、大化の改新によって制定されたという条里の痕跡が、十二里・五里・六条という町村名で、また一ノ坪・二ノ坪・八ノ坪などという坪付け地名の小字名が各地に点在している。条里の制度が施行されても、すべての土地が美田となった訳ではない。

『大安寺伽藍縁起并流記資材帳』や『法隆寺伽藍縁起并流記資材帳』などには、近江国野洲郡と栗太郡に墾田のあったことを記録している。墾田というのは、現に耕作している田を指す場合と、新たに開墾して得た田を意味するが、古代では既墾田が荒廃する率が高く、絶えず未墾地の開墾と荒廃田の再開発が繰り返されていた。班田制施行後間もなく、開墾田の取扱いが問題となった。天平十五年（七四三）の墾田永年私財法では、墾田を永年収公しないことにした。ここに班田収受の対象外に置かれることとなった。そして、班田制適用外の田を墾田と呼び、やがては班田収受の対象とならない私財田を意味する用語として認識されるのである。開墾は、権門寺社の手によって進められ、また、権門に与えられた。野洲郡の空閑地三十五町を本康親王に、野洲郡の公田・荒廃田二百八十五町を親子内親王に賜もうたと『続日本後記』（承和三年十一月三日・同四年二月三十日）に記録している。

天平勝宝六年（七四九）には、南都諸大寺の墾田高を定めたが、こうしたことは権門貴族や寺社の

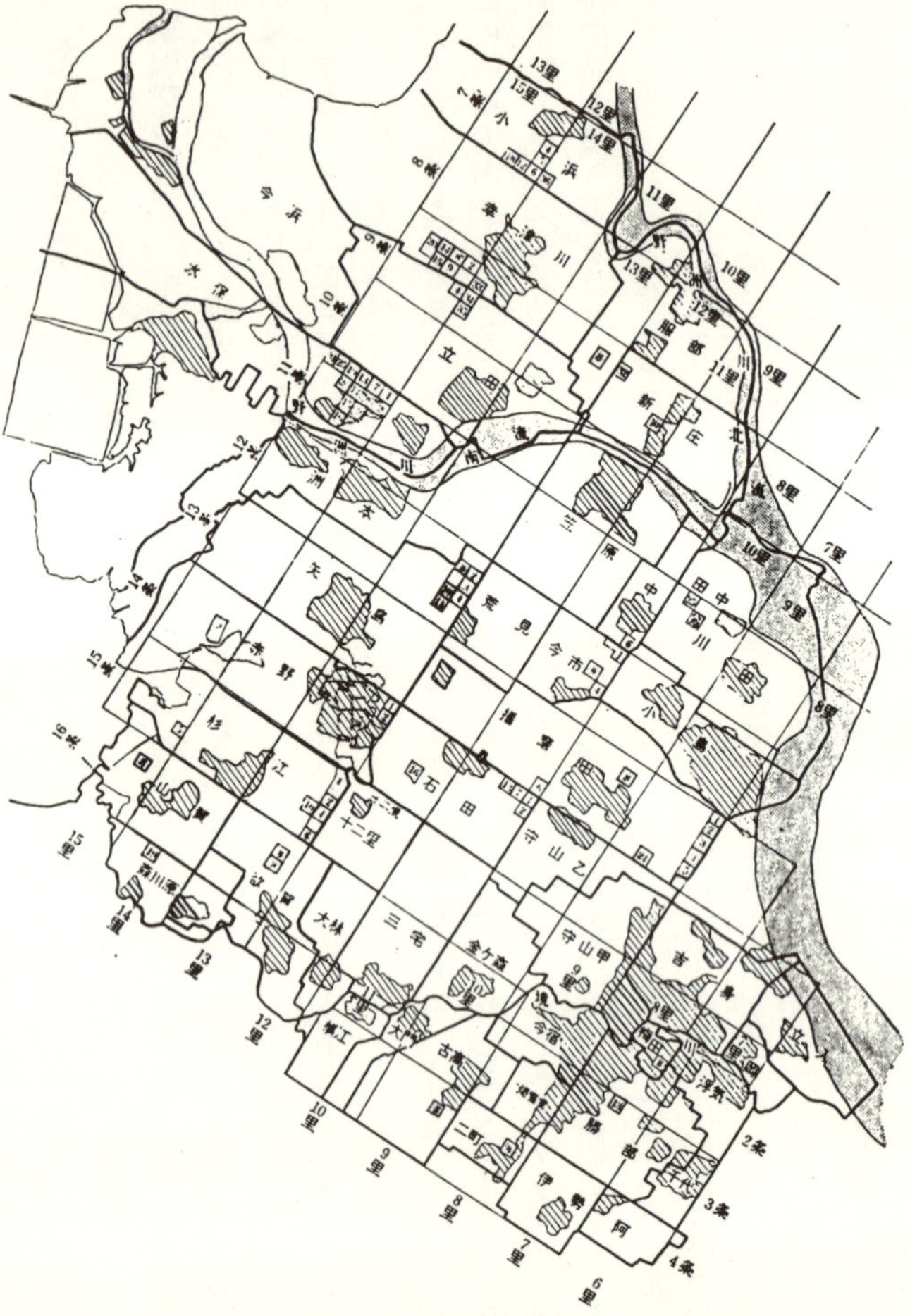

図1　守山市条理図（『守山市史』上巻より転載）

墾田を増大させることになり、ついには勢力のあるもの、すなわち権門貴族、寺社などは百姓を駆使したために、それに伴う弊害が生じたという。彼らは自らの開墾地のほかに、売買・寄進・押領を通じて私墾田の吸収につとめた。それらが不輸租の特権を獲得して、やがて荘園が芽生え、荘園の一円化が台頭する要因をつくることとなる。

大安寺領淵荘　『大安寺伽藍縁起竝流記資財帳』には、大安寺の墾田が近江国に六処あって、その一処、野洲郡にあった墾田は大安寺淵荘となった。欲賀の浄光寺蔵の「大安寺別院淡海野洲郡結園荘都賀山病療院欲賀寺四至彊界之絵図」という一鋪の麁絵図があって、その位置を示している。この麁絵図は、転写を重ねて伝えられて来たものであるから、この絵図の内容をそのまま認めることはできないが、大安寺領はその後も永く史上にその名を留めていたのであった。東大寺の華厳学者であった宗性の著した『華厳宗香薫抄草』第五の紙背に大安寺淵荘のことを記録している。南北朝時代の文和二年（一三五三）に、興福寺尊勝院が大安寺近江淵荘のことについて北朝に訴えていることから、数世紀のあいだ大安寺領のままであったことを知る。

中津神崎荘　豊饒の地、野洲平野には大規模な荘園が成立していた。伝教大師最澄の生誕のところという生源寺領の中津神崎荘があったことが、長保三年（一〇〇一）十二月七日の野洲南郡司に対する近江国符案に見える。その荘園の範囲は、野洲川の旧河川の狭間に位置する広範囲な地域で、昭和の大修理になる野洲川新河川はこの荘園の真っ只中を貫通した場所であった。正確な場所は、中津神崎荘と京法花寺領との間で妨げがあったとき、寛治七年（一〇九三）八月十一日にその四至を東十条十里・西十四里・北八条・南十条と確認した太政官符が出されている。ただし、琵琶湖側の一部には荒廃した処があったらしく、不輪租田になっていた。

中津神崎荘に接して京法花寺・法隆寺・陽明院門・上東門院の各荘園があって、小規模の領地が混在していて、しばしば違乱があったことが知られる。

吉身庄　和歌にも詠まれた風光明媚の景観であった吉水（吉身）の地には、高山寺（京都栂尾）領の吉身庄があった。七条院領の中に含まれた吉身庄の相伝は、後鳥羽院が母の七条院領に譲進された所領を中心として、他からの寄進の所領を併せて成立した後、七条院から修明門院へ、四辻宮善統親王、後宇多天皇へと相伝された。吉身庄の領家職を相伝してきた仁助は、建武元年（一三三四）に下地の半分を玄観御房に譲り、暦応元年に僧弁信が方便智院に寄進した。方便智院すなわち高山寺では、この吉身庄はゆかりの荘園として高山寺の荘園目録の中に記録されていた。

その他の荘園　これらの荘園の狭間にあって、いくつかの新田の成立を見た。延暦寺新庄の庄などがあった。場所を比定できないが、鎌倉時代前期・承久の変までの間に確認できる荘園を列挙すると次のようになる。

白川寺喜多院領明見荘	高野山文書	長保三年六月二十六日
東南院領野洲南郡・栗太郡	東南院文書	康平元年十一月

某荘園	書陵部所蔵文書　承暦三年三月十日
上東門院領	東山御文庫記録
法隆寺領	法隆寺文書　康治元年五月
園城寺領	東寺文書　康和三年十月
西大寺領野洲郡柴井庄	西大寺所領荘園注文　建久二年
最勝四天王院領野洲新庄	慈鎮和尚伝　建保元年十二月七日

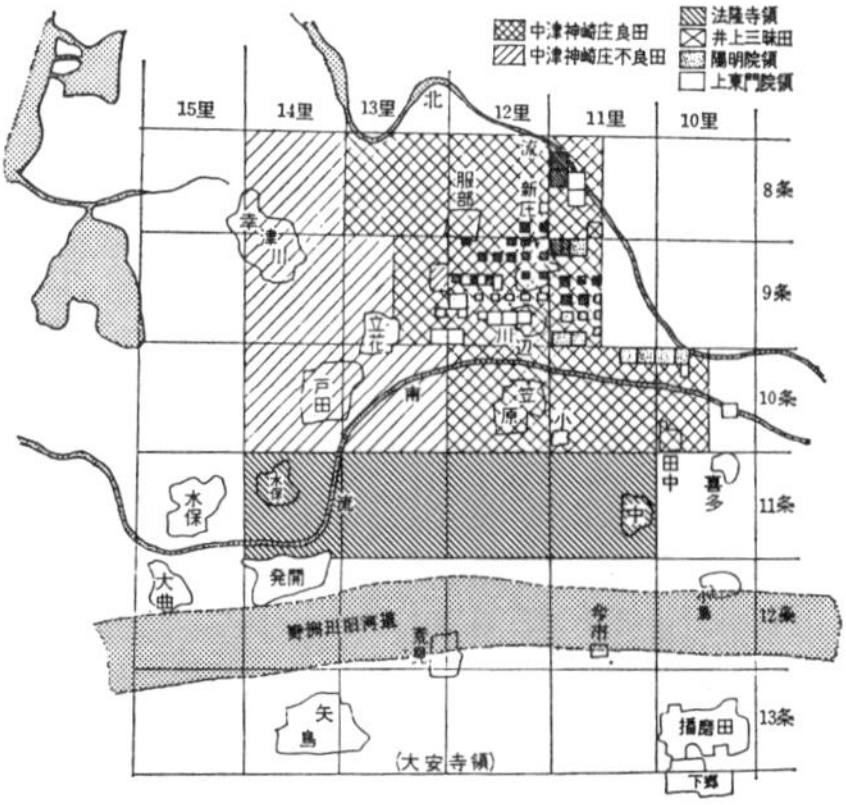

図２　荘園分布図（『守山市史』上巻より転載）

荘園内の生活

荘園の生活　初期の荘園の単純な土地所有関係が、十一世紀半より後になって、荘園に荘園領主という上部所有者と下部所有者すなわち田刀（堵）が生じ、この田堵が預作人としてその実権を握るようになると、荘園農民の農耕に対する自覚が一段と進んだという。田堵の占有地は、その名を冠して「何々名」と呼ばれ、田堵はその占有主であることから名主とよばれるようになり、以後の荘園は名主によって構成された。田堵のなかには、一町前後の農業経営をする預作人もあれば、中には数十人の下人を擁する領主的田堵もあったと考えられている。『新猿楽記』によると、荘園の田畑には稙・晩稲・粳・糯・麦をはじめ、大豆・大角豆・粟・栗・黍・稗・胡麻にいたるまで作られていた。そして、これらの作付けに関しては、田堵はつねに「水干の年を想ふて鋤鍬を整へ」農耕上の責任を有していたのであった。すなわち、この頃いちはやく指導者の指図に従って集団農耕が営まれていたことを知る。

荘園内の信仰生活　集落の生活を支えていたのは、集落内の規律とともにその中に結ばれた信仰があった。吉身庄検注目録によると、総数四十町余の荘園内に薬師如来敷地があり、また、三上・兵主大明神への神田料、御荘御神祭田、田中天王の下取に充てた田畑があった。三上・兵主大明神という荘園の枠を越えて、神祇への崇拝があった。

薬師如来敷地というのは、現在の吉身の慈眼寺に奉祠する薬師如来三尊に比定される。ところで、野洲川流域には、この薬師如来像のごとき平安時代・鎌倉時代の造顕にかかる仏像はかなりの密度で現存している。岩根の善水寺や石部の長寿寺・常楽寺などの名刹を除いて、他の総ては村むらの仏堂に奉祠されているのである。

滋賀県教育委員会編纂の滋賀県文化財目録によって、リストを掲げておきたい。

所蔵者	仏像名	年代	○印・国滋賀県指定
安楽寺蔵（勝部）	○木造千手観音立像	平安	

東福寺蔵（立入）　○木造薬師如来座像　平安
　○木造如来形座像　平安
　○木造菩薩形立像　平安
　○木造菩薩形立像　平安
蓮生寺蔵（三宅）　○木造仏頭　平安
東門院蔵（守山）　木造千手観音立像・木造十一面観音立像　平安（昭和六十一年焼失）
　○木造不動明王座像　平安
真光寺蔵（矢島）　○木造聖観音座像　平安
福林寺蔵（木ノ浜）　○木造十一面観音立像　平安
大日堂蔵（小浜）　○木造大日如来座像　鎌倉
慈眼寺蔵（吉身）　木造薬師如来座像　平安
　木造日光月光菩薩立像　鎌倉
――以上守山市――
蓮乗寺蔵（比江）　○木造毘沙門天立像　平安
江龍寺蔵（比江）　○木造大日如来座像　平安
仏性寺蔵（乙窪）　○木造阿弥陀如来座像　平安
　○木造薬師如来座像　平安
西得寺蔵（比留田）　○木造薬師如来座像　平安
蓮長寺蔵（比留田）　○木造十一面観音立像　平安

西徳院蔵（須原）　○木造薬師如来座像　平安
仏法寺蔵（井口）　○木造聖観音座像　平安
　○木造大日如来座像　平安
法蔵寺蔵（六条）　○木造毘沙門天立像　平安
善福寺蔵（安治）　○木造地蔵菩薩立像　平安
正善寺蔵（吉川）　○木造阿弥陀如来座像　鎌倉
安楽寺蔵（市三宅）　○木造阿弥陀如来立像　鎌倉
　○木造聖観音立像　平安
真福寺蔵（小篠原）　○木造地蔵菩薩立像　平安
円光寺蔵（久野辺）　○木造阿弥陀如来座像　平安
　○木造地蔵菩薩座像　南北朝
　○木造地蔵菩薩座像　南北朝
宗泉寺蔵（妙光寺）　○木造薬師如来座像　平安
　○木造毘沙門天立像　平安
　○木造不動明王立像　鎌倉
聖応寺蔵（南桜）　○木造阿弥陀如来座像　平安
観音寺蔵（永原）　○木造薬師如来座像　平安
福泉寺蔵（永原）　○木造阿弥陀如来立像　鎌倉

——以上中主町——

常念寺蔵（永原）　○木造阿弥陀如来立像　鎌倉
岩蔵寺蔵（大篠原）○木造薬師如来立像　鎌倉
来迎寺蔵（小南）　○木造聖観音立像　平安 ——以上野洲町——
宝光寺蔵（北大萱）○木造薬師如来立像　平安
常教寺蔵（下寺）　○木造聖観音立像　平安 ——以上草津市——

野洲川流域の文化圏の他は、一部を省略したところがあるが、これら仏像を奉祠するところの一部では、その地域に広大な寺院があったという麁絵図を伝えている。麁絵図の通りであるとすれば、それぞれの地域社会が担う経済的な負担は膨大なものになる。その経済的な負担が可能であったか疑義を持たざるを得ないから、麁絵図に示されている寺院の存在の信憑性は自明のことであろう。

この他に、寺院の存在を示すものに『興福寺官務牒疏』がある。近江国には、大菩提寺金勝寺や少菩提寺など八十五ヶ所の寺院が在り、金勝寺山系に多く点在していると記録している。近郊では、蜂屋寺（栗東町蜂屋）、大乗寺（栗東町出庭）、宝光寺（草津市北大萱）、笠堂医王寺、笠堂西照寺（草津市上笠）、智厳寺（草津市集）、大悲寺（草津市駒井）、最勝寺（草津市北大萱）大般若寺（草津市志那）、蓮台寺（草津市蓮台寺）、金峰山寺（草津市山田）、現善寺（野洲町迩保）、道詮寺（守山市服部）などの寺院名が見られる。ところで、『興福寺官務牒疏』記載の寺院の存在そのものを否定的にみる見解もあることから、この総てを興福寺の寺院の分布図に加えることは出来ない。

野洲川流域の村むらに伝世する仏像群の中には、その由緒を推定できるものがある。三宅蓮生寺の薬師堂の仏頭は平安時代の秀品の一つである。仏頭の部分のみを伝えているが、薬師堂の台座の下に、仏像の数躯分の損傷の著しい残骸が無造作に置かれている。この仏像群を奉祀した寺院があったと考える。恐らくは、三宅の地理的条件からみて大安寺淵荘に在った仏堂であったと思われる。このような仏像の残骸を伝えているところに、笠原の蜊江神社があった。蜊江神社は、明治維新の神仏分離に際して、ただ一ヶ所、分離を行なわず神宮寺を持ち、今も神前において大般若経転読を行なっている。ここには、平安時代中期ころの経巻の軸の装飾性豊かな大般若経理趣分を伝えている。平安時代の秀逸品をこの地に留めた優れた文化があったのである。

地域社会での文化や寺院の確かな存在を知る一つの手がかりがあった。それは典籍の識語の記録である。滋賀県と奈良県の教育委員会が実施した大般若経の悉皆調査の結果、湖国にはほぼ全域にわたって平安時代から室町時代までに書写された大般若経が伝世している。これらの大般若経に記された識語や紙背の記録を手がかりに、荘園の中に育まれた近江の文化を説明することとしたい。

箭放大明神極楽寺奉納の大般若経

箭放大明神極楽寺　新庄の庄に隣接するところ、小浜と云う処に燦然と輝いた仏教文化があった。その名を箭放大明神極楽寺という。この寺院の繁栄とその衰退を手掛かりに、湖国に繰り広げられた荘園の崩壊と惣村の成立の跡を辿ることとしたい。

野洲町吉川の矢放神社に大般若経を伝えている。この経巻は、識語や紙背の記録を辿ると、再三に亘る修覆や補経を重ねていたことを知る。かつては六百巻一具が揃っていたと思われるが、江戸時代以後は修理された形跡はなく、今は五百二十四巻の写経を確認するものである。ところで、この大般若経には、ほぼ総ての経巻に回向偈や識語などの記録を留められているのが特徴であった。その記録を分析すると、次のようになる。

大般若経の結縁者　現存する経巻の半ばは、平安時代の写経である。残りの経巻は、貞応元年（一二二二）から貞応三年（一二二四）にかけて補経のために写経されたものである。写経は一巻一筆、数人で一巻を、中には一紙一筆で書写していた。補経のための写経に結縁した人びとや場所は、覚西（大勧進・小浜）、敏満寺、観音寺、佐々木庄、石塔寺、多賀大社、栗見庄、坂田郡朝妻庄、同箕浦、同法勝寺庄、同常喜院、同下坂殿、同楞嚴院、浅井郡今西郷、同速水南郷今村（以上、近江国）、東坂本辺、日吉社内、宝幢院西谷南尾、玄宗房、首楞嚴院（以上、比叡山）、来迎院、白川房（京都）、薬師寺、成身院（以上、大和国）などと多彩であっ

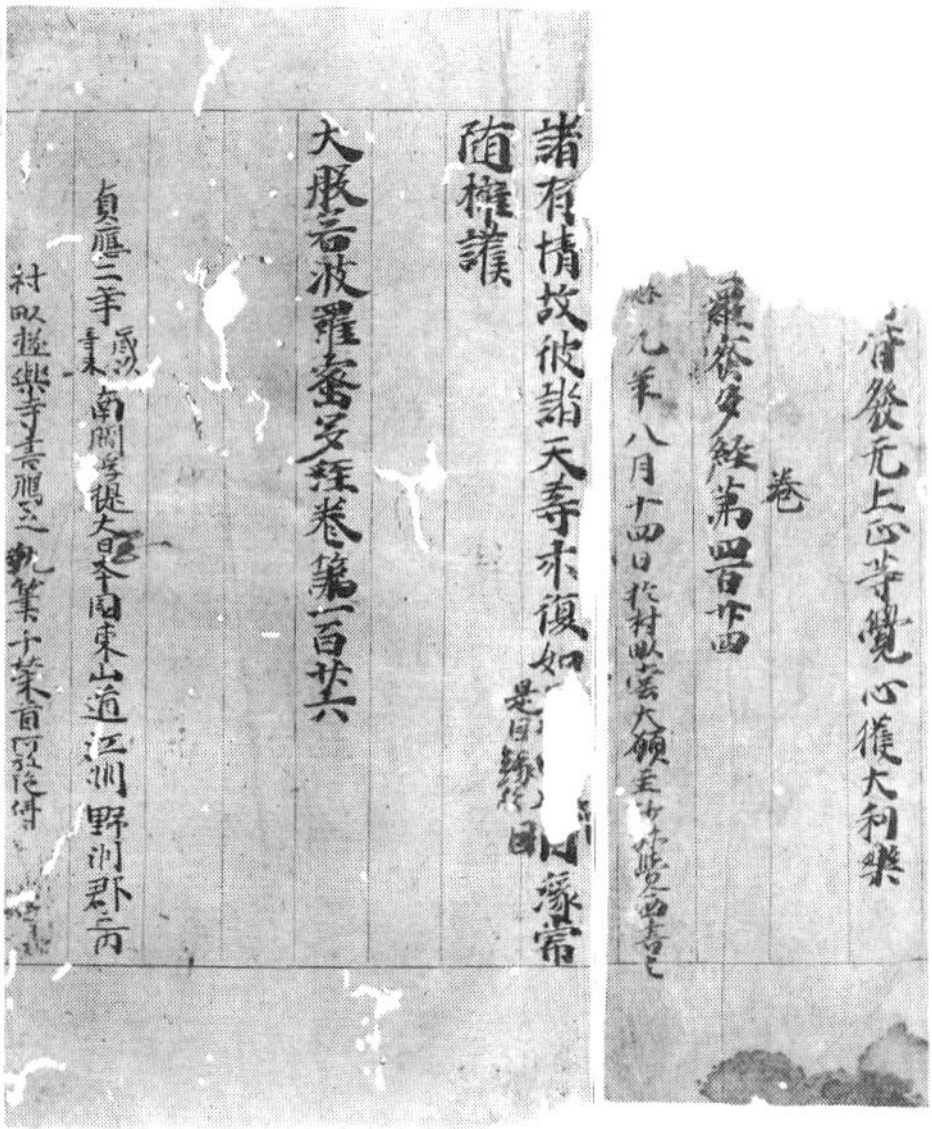

図3　箭放大般若経識語（滋賀県指定文化財）

た。このような広域にわたる結縁者を擁した写経は、他に例が無い。成身院は大和（奈良県）中の川にあった実範（―一一四四）が開いた律宗の寺院で、その門弟に戒律の復興に功のあった解脱房貞慶（一一五五―一二一三）が出たところである。

多くの結縁者を集めて大般若経を補経して奉納したところは、箭放大明神の御宝前であり、その神宮寺は極楽寺であったという。その場所は、近江国野洲南郡小浜、具体的には村畝、村畝堂と示している。この写経を勧進したのは、覚西という人物であった。『尊卑分脈』には、近江佐々木氏の系譜に見える人物であった。「無中夭」という識語が見えることを手がかりに、承久の変に際して他界した近江佐々木源氏の菩提を弔い、敵味方の怨親平等を願ったものかと考えたい。承久の変の勝者の敗者に対する対応は、非常に厳しいものであった。

敵味方怨親平等を願った記念碑は、上杉禅秀の乱に際し応永二五年（一四一八）に藤沢の清浄光寺に建てられた「藤沢敵味方供養塔」が知られている。また、文禄の役の後に彼我の犠牲者の為に建立された高野山の敵味方怨親平等碑がある。わが国の心の拠り所ともなっていた怨親平等の思想の濫觴を、湖国に甍を構えていた極楽寺の納経に見ることができるのである。

承久の変に際し、明恵上人の高山寺に難をさけて逃れた都の女たちが乱後に菩提を弔うために華厳経を書写した。識語の中には犠牲となった敗者の一人に世高丸という幼子に対して「無中夭」と願っていた。承久の変の翌年の貞応元年から貞応三年にかけて、覚西の勧進に応じて書写納経のために結縁者を集めた大きな権力の在ったことを伺わせるものである。

経巻の改装　この大般若経は、建仁三年（一二〇三）、寛喜二年（一二三〇）に部分的な補写修覆を重ねた。そして、建長六年（一二五四）には巻子本を改装して折本とする大修覆を試みた。これは折本の濫觴である。同じ年、大津市大石の佐久奈度神社蔵の大般若経も折本に改装していた。大般若経転読の儀式の変遷の跡を知ることができる。改装なって八四年後、「建武五年《一三三八》卯月八日奉転読　定承」という識語（巻一六三）を記録した一巻があった。

極楽寺の場所　文明十八年（一四八六）、最後の修覆の記録を最後に識語や紙背の記録は見られなくなる。経箱や経巻の巻首の墨書によって、享禄三年（一五三〇）に川尻村矢放宮へ移されていた。川尻村矢放宮も今はその社跡を留めていない。小浜・川尻村は奈辺にあったのであろうか。服部遺蹟の発掘調査に付随して、野洲川新河川が誕生したとき、川尻地先で平安時代の土器片を見たが、直接には寺跡に結び付かなかった。ところで、旧野洲川北流が、中主町堤の辺りで異常に蛇行している処があった。昭和の野洲川改修事業に関連した失地回復事業のため、埋蔵文化財調査の予備的調査の結果、礎石らしき一群を確認された。

　この地に阿弥陀如来の浄土教信仰を顕現したという浄瑠璃寺（九躰寺・山城）の規模を凌ぐ寺院のあったことが推定されたことになる。西に比叡山、南に大菩提寺（金勝寺）、北に比良山を、東に小菩提寺や三上山を仰ぐ処に位置する。九躰寺と俊乗坊重源が建立した播州の浄土寺の夕焼けに映える景観を併せた幻想的な姿を彷彿させるものである。この寺院の存在は、野洲平野の荘園に在った人びとの宗教的自覚過程に大きな影響を与えずにはおかなかったと考える。この寺院に奉納されていた大

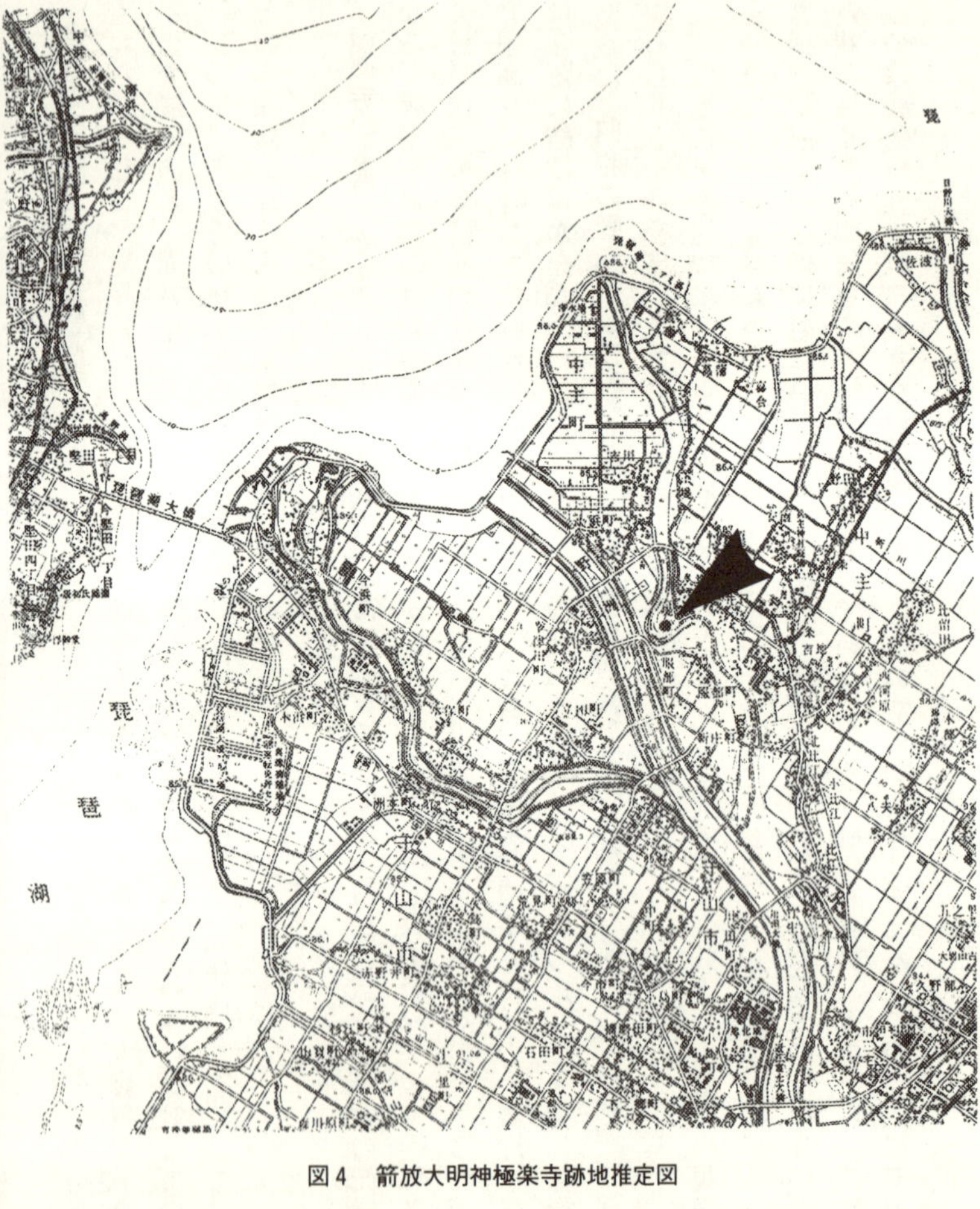

図4　箭放大明神極楽寺跡地推定図

般若経に記録された平安時代の経巻、貞応元年から貞応三年にかけての補経、建武五年（一三三八）の大般若経転読、文明十八年（一四八六）の補経修覆の背景には、荘園の中の信仰、承久の変、荘園の崩壊などの歴史を直接に見守ってきたのであった。

承久の変と建武の中興

後鳥羽上皇の野望　承久三年（一二二一）後鳥羽上皇とその近臣たちが鎌倉幕府を討滅せんとして挙兵したが、逆に大敗、鎮圧された事件があった。この事件は、鎌倉幕府が守護地頭の支配を通じて、軍事財政の実権を掌握し、朝廷の権力が著しく狭められたのを回復することであった。遡って、幕府は軍事上、京を掌握すると、京都守護を置いて皇城の治安にあたっていた。公卿などは、保守と革新に別れて抗争するようになった。そして、公家の中では親幕派公卿が権力を持っようになった。ところが、その総司師九条兼実が失脚し、さらに北条幕府が成立すると頼朝とのかかわりのあった人脈は朝廷から締め出された。

また、鎌倉幕府の要人にも新たな人脈でもって構成された。その葛藤が見られるころ、後鳥羽上皇は政治の実権を掌握し律令体制に戻すことを計り、近江の佐々木源氏の一部を取込んで挙兵に及んだ。しかし、幕府側の機敏な対応に対して敗北する結果となった。近江佐々木源氏は、上皇側と幕府側の双方に味方して、闘諍という身内が相争う事態を招くに至った。双方の戦力の主力となった湖国の惨状は、想像を絶するものであったといえよう。

承久没収地と地頭職　承久の乱後、鎌倉幕府は後鳥羽上皇方の所領はもとより、その計画に参画した上皇の側近や京方武士らの所領をすべて没収した。その数は膨大な規模であり、『吾妻鏡』には「叛逆卿相雲客竝勇士所領等事武州尋註分凡三千余箇所也」（承久三年）という。後鳥羽上皇管領の皇室領は後堀川天皇の父後高倉院に進められたが、「但武家要用之時者可返給」とあって、幕府の関与するものであった。

野洲平野の沃野では、承久の乱の勲功によって、仁治三年（一二四二）、品川四郎入道成阿は、そのころ国衙領であったと思われる三宅郷の地頭職に補任された。成阿は関東から赴任してきた一人であった。承久の乱の勲功による地頭職に補任は、その多くが関東からの赴任であったことは、つとに知られているところである。

中津神崎庄は、そのまま継承されたようであるが、従来十条まであった地域をさらに南方に広めていた。中津神崎庄は、中津北庄と中津南庄にわかれていた。恐らく、野洲川の治水が進行して、その流れに沿って二分して認識されていたのであろう。

寛喜三年（一二三一）十月権中納言藤原隆親を伊勢に遣わして大神宮に奉幣せしめた時、先例によって道中の経費の負担を沿線の荘園に求められた。その中には、京法華寺領野洲南庄、法隆寺領野洲南庄、野洲南三條勅旨田、延勝寺領中津北庄などの荘園があった。一方、延勝寺領中津南庄、園城寺領野洲南北庄など免除の荘園もあった。

建武の中興　承久の乱では安泰であった荘園も建武の中興を機に多くの荘園は、奈落の道を歩むことになる。鎌倉幕府がその基盤であった御家人層の分解につれて弱体化すると、武士の中には北条氏に不満を持つ地方豪族などが反幕府の勢力をつくり上げた。これらの勢力は、後醍醐天皇の王朝政治の再現を理想とした倒幕運動と結合した。ここに大覚寺統と幕府が光厳天皇を擁立した持明院統とが対立して、建武の中興のなるまで南北朝の内乱が展開した。

建武の中興は、鎌倉幕府が倒れた元弘元年（一三三一）五月から二年間、後醍醐天皇は幕府の擁立した光厳院を廃し「天皇親政」を旨としたものである。そして、大覚寺統側などの所領安堵が行なわれた。しかしながら、公卿の武士勢力の軽視、古代的論理の再現など朝令暮改が見られ、その信望を失った。建武の中興が成立したのも束の間、北条氏の残党が蜂起したのを機に、足利尊氏が叛旗を翻したために天皇親政はあえなく崩壊した。ふたたび南北朝の混乱状態に陥ることになった。北朝を奉じた足利尊氏が、暦応元年（一三三八）に京都室町に幕府を開いた後、形式的には明徳四年（一三九二）に南北朝統一が成るまで続いた。

佐女牛若宮　建武の中興の後、建武五年（一三三八）に、箭放大明神極楽寺の御宝前において、大般若経転読のあった記録がある。転読の僧侶定承とは、仁和寺の僧で、鎌倉幕府創業の中心人物であった大江広元の曾孫にあたる。広元の舎弟は醍醐の僧で、季厳といい、佐女牛若宮の別当の任にあった。佐女牛若宮とは、鎌倉幕府が成立すると、源頼朝は文治元年（一一八五）に六条佐女牛の地に若宮を勧請した。一方、鎌倉幕府は、京都守護を置いて京の支配を固めたと云われているが、実質的には佐女牛若宮がその実権を握っていたと思われる。京の貴紳は挙って、醍醐の僧侶を加持祈祷に招聘するようになった。関白九条兼実もその一人であった。

その後、佐女牛若宮は往時の権力を失ったものの、洛陽の貴紳の間には親しまれていたようで、佐女牛参り（又は六条若宮参り）を祇園社とともに定期的に行なっていたという『山科教言卿記』応永十四年（一四〇七）二月二十八日など、室町時代の公卿の日記の記事をしばしば見ることがある。建武の中興の後、まもなくの建武五年の足利尊氏が京都室町に幕府を開いた同じ年、定承を招聘して、大般若経転読のあった経緯については定かでないが、箭放大明神極楽寺を背景とした足利幕府の成立と、湖国の文化との関わりあいを彷彿させる箭放大明神奉納大般若経識語の記録であった。

惣村の成立

箭放大明神極楽寺の退転　箭放大明神奉納大般若経の識語には、文明十六年（一四八四）と文明十八年（一四八六）に巻第四二二・巻三八〇の二巻の経巻を修理した旨の記録がある。修理の現状からみて識語の巻数のみであったと思う。修理を行なった僧が手にした経典は、著しく破損していたと考えられる。巻末の部分の欠損を補写していたが、調査に際して元の同じ部分を見出したからである。この頃、檀越を失った箭放大明神極楽寺は、荒廃の極にあったと推定する。

先に掲げた湖南地域に散在する仏像の現状を表示しておいたことを、参考にして頂きたい。その中の一群は、箭放大明神極楽寺より流出して、村むらの人びとによって奉祀されていたのであった。守山市服部町津田にある鎌倉時代の阿弥陀如来立像を安置した無名の堂宇は、朽ち果てた石柱の文字から「極楽寺」と判読した。同笠原町の蜊江神社に伝える平安時代の大般若経理趣分は贅を尽くして装飾した経典である。大般若転読に際して理趣分のみを読誦された経典であり、現存の大般若経と対をなすもので転読の実態を彷彿させるものである。

箭放大明神極楽寺が、建武五年（一三三八）の盛期から文明十八年（一四八六）奈落の果てにあった凡そ百五十年の間に、湖南の地域では如何なる社会的変革があったのであろうか。足利尊氏（一三〇五―五八）が京都に幕府を開いてから、応仁・文明の乱を経て、将軍も有名無実となり、のちに天正元年（一五七三）に足利義昭（一五三七―九七）が織田信長（一五三四―八二）に将軍職を追われて幕府が滅亡する時期の過程であった。幕府滅亡の主役になった足利義昭が、守山市矢島に寄寓した。矢島御所として史蹟を留めている。

荘園の再編　南北朝時代を境に、足利氏の直接支配を受けた所領が出現する。赤野井には、臨川寺三会院の所領があった。暦応三年（一三四〇）八月に足利尊氏が諏訪大進円忠に戦功を賞し、地頭職を与えた。翌四年に領内に違犯が生じ、円忠の訴状により、十月に足利直義は下知して犯人を流刑し、三宅・欲賀などの三宅左衛門や欲四良と名乗る土豪が命を奉じないことを糺した。

三宅郷では建武元年（一三三四）に雑訴決断所が田代顕綱に国郷の地頭職を付与していたので、田代基綱は三宅郷内の十二里および弥治郎垣内の地頭職を相伝している旨を伝え、また、吉田厳覚というものが関所と称して掠領したと訴えたが、容易に解決されなかった。

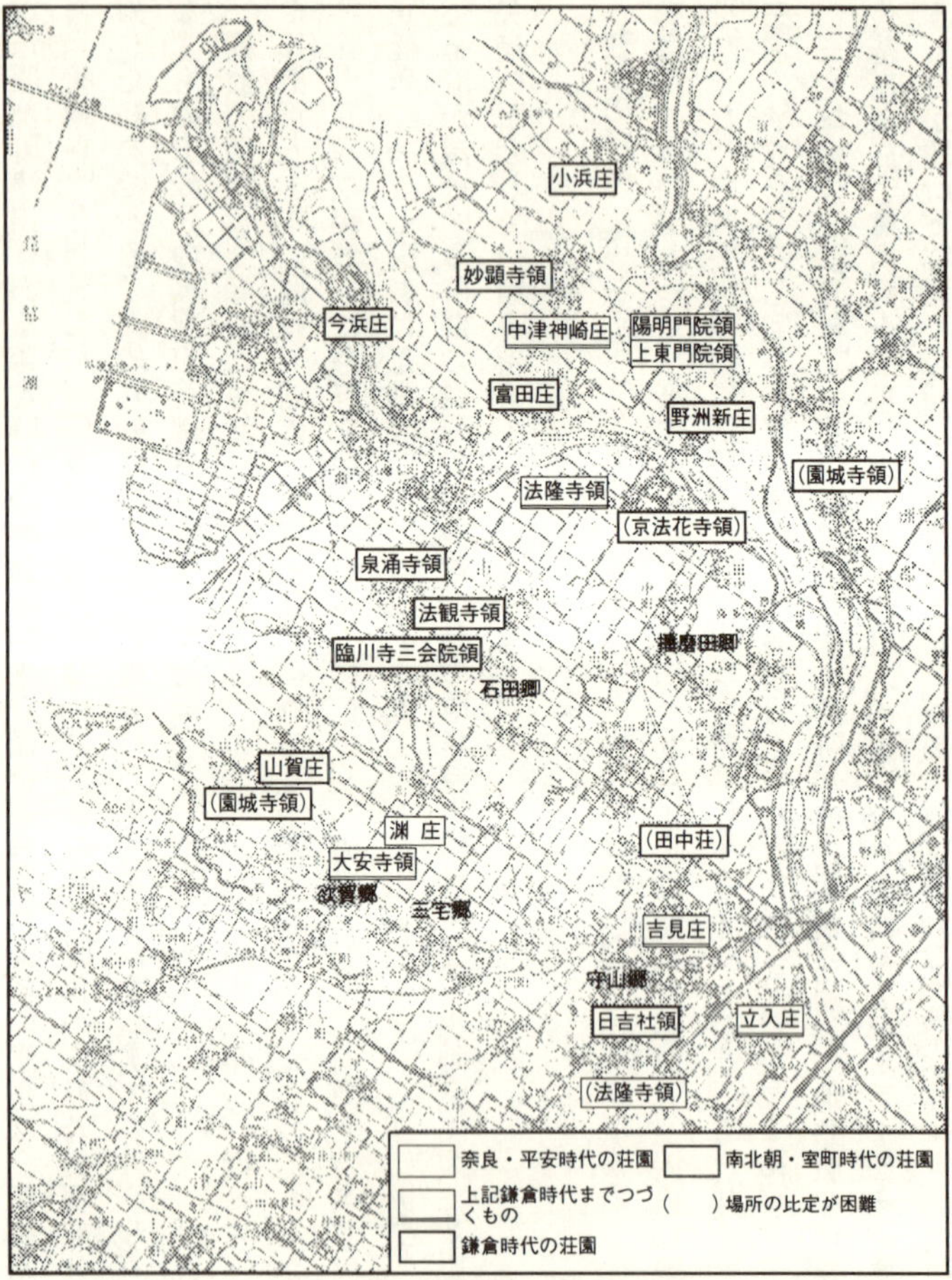

小浜庄
妙顕寺領
今浜庄
中津神崎庄
陽明門院領
上東門院領
富田庄
野洲新庄
(園城寺領)
法隆寺領
(京法花寺領)
泉涌寺領
法観寺領
臨川寺三会院領
播磨田郷
石田郷
山賀庄
(園城寺領)
渕 庄
大安寺領
欲賀郷
三宅郷
(田中荘)
吉見庄
守山郷
日吉社領
立入庄
(法隆寺領)
奈良・平安時代の荘園
南北朝・室町時代の荘園
上記鎌倉時代までつづくもの
( ) 場所の比定が困難
鎌倉時代の荘園

図５　再編成の荘園分布

諏訪円忠は康永三年（一三四二）法観寺（山城）に赤野井内勘由田を寄進し、観応二年（一三五一）には赤野井・三宅・十二里の所領を臨川寺三会院に寄進した。また、文和三年（一三五四）には細川清氏が石田郷の上方半分の地頭職を同院に寄進し、幕府もこれを認めた。臨川寺は、京都嵯峨にあって亀山法皇の離宮亀山殿の一部を寺刹に改めた寺院である。足利幕府ゆかりの臨川寺に施入して、所領の安堵を期待したのであった。

足利氏の所領は、守山・欲賀郷にも点在していた。観応二年（一三五一）八月、足利尊氏は近江出兵に際してその兵糧料所として一郷の地頭職を曽我師助に預けたことがあった。また、欲賀郷は大安寺の荘園であり、文和二年（一三五三）興福寺から淵庄のことについて、北朝に訴えたが義詮は本間季光の勲功を賞して欲賀郷闕所分を与えた。応永四年（一三九七）に義満がその地を本間詮秀に与えたのは、本間季光の後嗣に安堵したものである。

本願寺教団の進出　臨川寺三会院領は、寛正六年（一四六五）三月以来しばしば山門によって違乱を加えられたが、これは寺領の冒涜ではなく、無碍光宗の根拠地であったからと言われている。『蔭涼軒日録』の記録であり、京の地において知り得た情報の程度でもあることから、野洲平野における本願寺教団の情勢を詳しく見てみたい。寛正六年正月九日、山門の僧兵によって洛陽の大谷本願寺が破却されると、蓮如は近江国金森に避難した。堅田の法住や金森の道西の懸命の努力があった。近江に移った蓮如は、ここ湖南を巡錫して教線を広げて行ったと言われているが、どのような姿で教線を拡張していったか、本願寺から下付された申物を手掛かりに、その足跡を検証してみたい。

年号	申物	受取人	願主	所蔵事項
長禄二年閏三月　日	方便法身尊号	山田村	善可	(名古屋市珉光院蔵)
長禄三年三月二十八日	方便法身尊号	播磨田小村	善崇	(昭和四十五年焼失)
長禄三年十一月二十八日	方便法身尊号	中村西道場	西願	(矢島西照寺蔵)
長禄三年十一月二十八日	方便法身尊号	中村北道場	性善	(矢島真光寺系図)
長禄三年十二月二十二日	方便法身尊像	阿伽井道場	性賢	(守口市善照寺蔵)
長禄四年正月二十一日	方便法身尊号	金森道場	妙道	(金森懸所蔵)
長禄四年正月二十二日	方便法身尊号	山家道場	道乗	(山賀慶先寺蔵)
長禄四年正月二十二日	方便法身尊号	荒見場場	性妙	(荒見聞光寺蔵)
長禄四年二月二十四日	方便法身尊号	堅田馬場道場	法住	(大津市本福寺蔵)
長禄四年四月二十五日	方便法身尊像	中村北道場	性善	(矢島真光寺系図)
長禄四年十二月　日	方便法身尊号	野地	円実	(草津市浄泉寺蔵)
寛正二年十二月二十三日	親鸞聖人御影	堅田馬場道場	法住	(大津市本福寺蔵)
寛正三年正月二十八日	親鸞聖人御影	播磨田道場		(昭和四十五年焼失)
寛正三年二月十五日	方便法身尊号	手原	真覚	(栗東町円徳寺蔵)
寛正三年二月十五日	方便法身尊号	安養寺	浄性	(栗東町安養寺蔵)
寛正三年二月十六日	親鸞聖人御影	開発中村	妙実	(開発蓮光寺蔵)
寛正三年二月十八日	方便法身尊号	伊勢落村道場	宗欽	(栗東町徳生寺蔵)

寛正五年四月二十三日　親鸞聖人伝絵　堅田法住道場　（大津市本福寺蔵）
寛正五年五月十四日　親鸞聖人御影　赤野井道場　（赤野井西別院蔵）
寛正五年五月十四日　親鸞聖人伝絵　赤野井道場　（赤野井西別院蔵）
寛正五年十一月二十日　方便法身尊号　手原戒円門徒道悟　（彦根市法蔵寺蔵）
寛正五年十一月二十八日　親鸞聖人御影　荒見場場　性妙　（荒見聞光寺蔵）
寛正五年十一月　日　方便法身尊号　綣村　善妙　（栗東町西琳寺蔵）

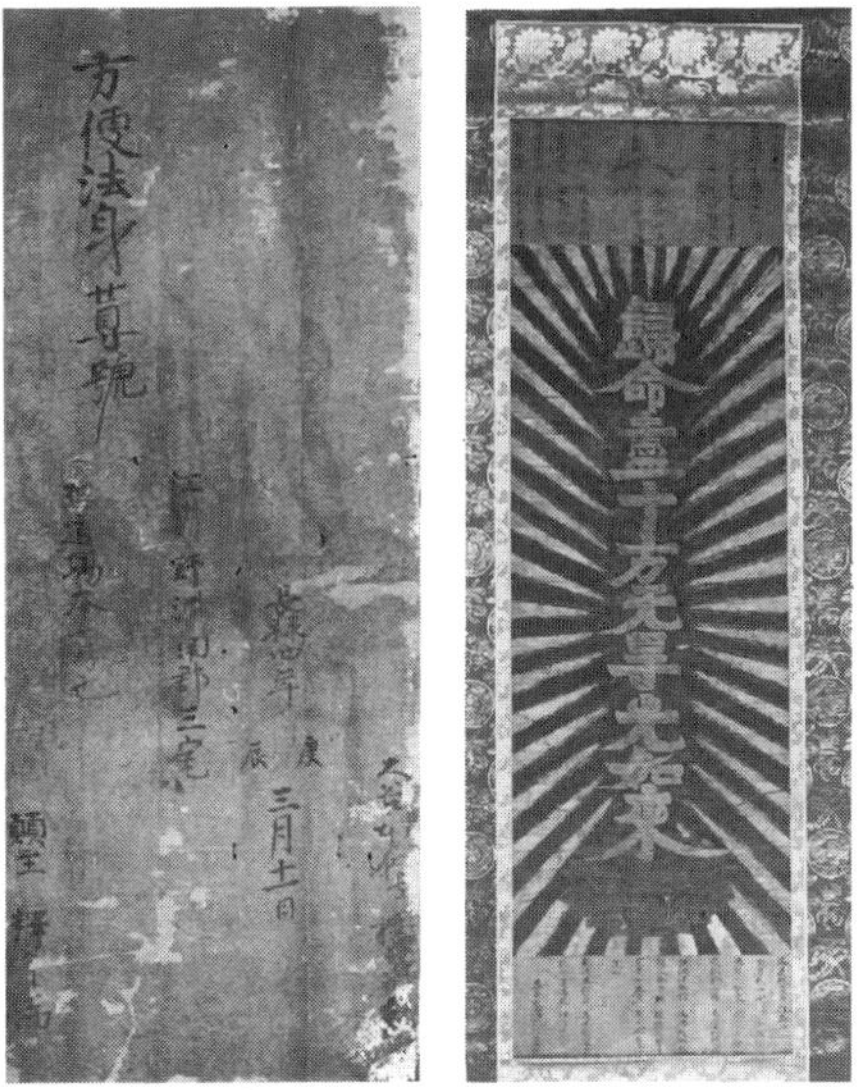

裏書

図6　方便法身尊号（守山市三宅町蓮生寺蔵）

このうち、方便法身尊号は紺地の絹本に金泥でもって「歸命盡十方無碍光如来」の十字の名号を顕したもので、大谷本願寺の破却の後は下付されなかったと言われている。現在、全国での尊号と御影は三十六件の存在を確認できるが湖南地方だけで二十二件の多きを数えるのであった。

この他にも方便法身尊号の下付のあった事実を確かめることができる。千代の安楽寺と立田の立光寺蔵には、裏書を失っているが絹本着色の方便法身尊号を伝えている。安楽寺蔵の方便法身尊号は、越後頸城郡西方寺の瑛厳が親しく臨模した尊号を伝えていることからその全貌を知る。湖南地域は元亀の争乱にあたり、草津市の山田のように村の道場が壊滅的にまで破壊された処もあり、実際にはさらにその数を増すものと思う。殊に湖南地域に集中しているのは、異例と思うほどである。本願寺の教線の浸透は、蓮如の父である本願寺七代の存如の時にあったと認められている。金森懸所には、親鸞と存如の連座の御影を大切に護持されている所以である。

本願寺が進出するまでに、錦織寺と仏光寺の教線が浸透していたが、後に本願寺に帰参するものが多くあったと云われている。慶先寺蔵の仏光寺本尊や赤野井西別院蔵の光明本尊などは、その名残りと考えられる。寛正六年に蓮如が湖南の地に来住する頃、赤野井・矢島を中心に無碍光宗と山門との抗争が始まり、室町幕府の関与することとなったが、山門の圧迫は続く。教線の拡張運動とは程遠い状態が続いたことであって、祖聖親鸞の報恩講を文正元年（一四六六）金森で、応仁元年（一四六七）堅田で執行するなど、文明三年（一四七一）北陸路に向かうまで、手原の甲子坊や日野の地方を含めて湖南地方を、さらに堅田の法住のところを転々としていたのであった。この間、蓮如は近江国に対しては、中物の類は下付していない。また、湖国在住のあいだには、本尊ではなく祖師影を中心に十数例を諸国に下付されていた。何故に祖師親鸞の影像を中心に下付していたのであろうか。

以後、蓮如は絹本紺地金泥の本尊の下付を停止して、紙本墨書の十字・六字名号や親鸞絵像、そして親鸞と蓮如の連座の御影を中心に下付されるようになった。近江国を後にして、蓮如は何故に教化の方針を大きく変更したのであろうか。大谷本願寺の破却を機縁にして、洛陽から湖南に移住してから、村の人びとと直接に接して、蓮如は何を修得したのであろうか。すなわち、蓮如は湖国の惣村の中を転々として移住するあいだで、新しい村の秩序の文化に接することができたのであった。

蓮如が修得したという村の秩序というのは、承久の変を経て生まれてきた敵味方怨親平等の宗教的風土ではなかったのではなかろうか。

惣村　「近江国蒲生郡／八日市庭南方十禅師社御経／但此御経於奉賣輩者可為盗人也／永仁四年丙申（一二九六）五月三日依衆議定之」　八日市市の野々宮神社に伝えられている大般若経巻第三百六十一の紙背の記録である。別巻の紙背には「永仁四年丙申五月三日奉迎之」とあるから、衆議決定された日に十禅師社に奉置された経巻であった。この奉迎の記録は、衆議決定するという村の自治の実態を具体的に示すもので、村の自治の始まりを知る直接資料の文化財である。

十三世紀の末以降、鎌倉時代から安土桃山時代にかけて畿内およびその周辺地域において、村落の内部では自治的な組織が形成されてきた。こうした村むらを惣といい、その集合体を惣村という。惣村では自治的機能を維持するために、信仰の拠り所としての神社があって、村びとの結衆の中心的な役割を果たしてきた。神社には本地仏を安置した神宮寺があった。ここに大般若経を請留めて、経のもつ功力を期待した。そして、一定の自治組織のもとで村の行政・経済・宗教行事などを運営して、村の日常生活の用益を共有してきた。このために、田畑など惣の共有財産を持ち、対外的には近隣の惣や領主権力などに対応してきた。また、惣には置文・掟と呼ばれる惣特有の成文法のほかに、様々な慣習法があって、惣内の生活や他村との交流には厳しい規則があり、これを破るものに対しては厳しい制裁措置がとられていたという。

惣の恒常的な運営は、乙名・年寄・中老などと呼ばれた人びとによって、寄合合議のもとで行なわれていた。惣は、村びとたちの自治的な運営機関として宮座（寺座）をもち、惣の自治的運営は宗教活動と結びついていた。惣は宮座の座員によって運営されたが、惣の住民のすべてが平等に参加したわけではない。まず、男性に限られ、その中でも地侍や有力農民によって排他的に独占されていた。ただ、特権として世襲される場合があった。まま女性の参加も例外にあり、特殊な職掌をもつものに限られていた。室町時代中期以後になると、一般住民も座席に加わるものが出てきたが、その資格は鎮守や宮座に対して田畑の寄進や宮座運営費の寄付の恩恵として与えられていた。近世地方文書《じかたもんじょ》に混入して、室町期の田畑寄進状をまま見ることがある。

惣村の研究　惣村を中心とする中世村落の研究は、滋賀県内の今堀日吉神社文書・菅浦文書・大島奥津嶋文書などを素材として多技にわたる分野で進められてきた。農民的自治や惣の防衛の組織が明らかにされ、住民意識の研究にまで及んでいる。さらに、年代の経過を経るなかで、惣構成員の多様な側面も明らかにされ、村落共同体との関連にまで及ぶようになった。また、中世後期の農村や民衆の文化の発展が惣村に支えられていたという観点から、芸能・文学などの研究に新天地を開いたと評価される。加えて、惣内部の構造分析に精緻さが見られるようになったとされる。

わが国の中世文化について、内藤湖南は、『日本文化論』のなかで、わが国が律令体制を経て藤原氏・橘氏・平家・源氏、そして足利氏などの権門は応仁の乱を契機として崩壊し、代わって名も無き土豪たちによって民衆による自治が確立した。世界史に先駆けて革命を成功させたのであった。しかし、その中でわが国が遣唐使によって将来された中国の隋唐の文化技術の中で失われたものも少なくないと。この為に、内藤湖南は職人の英知を集めて失われた織物の羅や和紙の麻紙の再現に成功したことは夙に知られている。また、日本文化の本流について、清朝の学者羅振玉と議論し、雀頭筆《じゃくとうひつ》によって我国の書法の伝統の正さを明らかにし、もってわが国の文化の優位を論証した。これは『燕山夜話』の中で述べているところであるが、大乱を経て惣村の成長した中にあっても日本文化の伝統の基本は堅持されてきたことを説いたのであった。

湖南地方は、本願寺から請留めた申物の裏書によると、その多くが惣道場あてに下付されている事実から明らかなごとく、惣村の成立については先進的な地域の一つであったと考えられるが、その背景を語る文書記録などの文献資料を欠く。ところで、惣村の研究が近江の国を中心に進展してきたのは、さきに掲げた中世文書の存在が大きな役割を果たしてきた。今堀日吉神社文書は、この地域が得珍保といい僧得珍が治水に成功して開発が進んだ地域で、山門の荘園であった。菅浦もまた同じく比叡山の所領であった。文献研究に際しては、この荘園領主の文化の背景を無視することが出来ないと考える。野々宮神社蔵の大般若経は、「叡岳東塔東谷仏頂尾御領得珍保／八日市庭南方十禅師社御経」という紙背（巻五百三十九）の記録があるから、別巻の「衆議定之」という記録は延暦寺の衆徒が何事についても衆議決定を標榜していたことからの影響を看過できないと思う。

惣村を結びつける力が、「衆議定之」と合唱されるごとき一枚岩であったか否か大切なことがらである。惣内の信仰生活を見ながら考えてみたい。

大般若経の流布　惣村の中では、宮座を構成して、その儀式の中で神仏に誓って結束を計ってきた。儀式の中でも大般若経転読はもっとも重要な位置を占めていたようである。もともと大般若経転読は禁裏での宗教儀式の一つであったが、元寇の役に際して有名寺社に対して鎌倉幕府が敵調伏の為の大般若経転読起請文を出して、その功力があったことから、のちこの儀式は一般に広く普及するようになったのである。

かつて滋賀県教育委員会がおこなった大般若経の調査の結果、滋賀県下には百三十余が現存していることを確認した。その後、発見したもの、経巻を失したが経箱のみを伝えていることなどから更にその数を増すことになる。恐らく、最も分布密度の高い県であろう。現存の経巻を見るかぎり、湖北・湖東・湖南・湖西とバランスを保っている。その多くは惣村において使用していた室町時代以前の写経と版経である。

大般若経の流布の状態を整理すると、次のようになる。

①惣村の神宮寺などその地域で書写された経巻が同地若しくは同地域に伝わる場合
②延暦寺や南都などの古刹から移されたもの
③新刻の版経を購入して奉迎したもの
④移動の多い経巻
⑤僚巻が二ヶ所以上に亙って伝えられている場合

これを湖南地域に限って二三を例示すると、

①系統の経巻は、矢放神社蔵（中主町吉川）・南山田町区有（山田鎮守権現奉納・草津市南山田町）・

天神社（草津市川原町）・
③系統の経巻は、円福寺（守山市立田町）・野蔵神社（野洲町南桜）
④⑤系統の場合、大笹原神社（野洲町）
②の例は八日市市野々宮神社など湖東地域に見られるのは、中世の開発が盛んな地域であったからで、新庄荘などの小規模の荘園の開発はあっても大規模な開発は湖南地域では確認できない。

④⑤系統の大般若経は、大笹原神社蔵の経巻が代表的な例である。この経巻の中には、秋富郷西方禅寺（守山市）・栗太郡駒井郷宝光寺（草津市）・金勝山大菩提寺（栗東町）・東光寺（野洲町）・小杖社（栗東町）・近江玉造庄天王社（野洲町）の経巻が含まれている。大般若経結縁者の地域的な分布を窺うことが出来る。

今は地域から離れて滋賀県外の所蔵になっている大般若経の中に湖南地方の地名が見える。天理図書館蔵大般若経の中（巻三六〇）に「近江国野洲郡下中村郷矢嶋太郎左衛門尉行弘法名宗源書写之卆」とあつて、矢島の住人。また、京都府下綾部市の興隆寺蔵の経巻のなかには、伊勢大路の妙福寺において書写した経巻が数巻含まれており、栗東町伊勢落が『近江輿地誌略』にいうところの伊勢大路の名の正しいことを実証する資料である。

また、近江八幡市白王町の若宮神社蔵の経巻は、もと安土町下豊浦の新宮大社の前身である佐々木御厨今宮若宮に伝えられていたのであったが、康暦二年（一三八〇）に版本大般若経（崇永版）を請留めるに当たって放出し兵主神社に移された。崇永版大般若経は刊記に江州佐々木新八幡とあって、安土の佐々尊神社に弊祀の佐々木新八幡に奉納したものであった。僚巻が数ヶ所に請留められているが、新宮大社へ奉納した経巻は「江州佐々木新八幡宮」という刊記を「江州蒲生豊浦新宮大社」と改竄した上で奉迎した。瀬戸内に伝えられた崇永版の背景には、かつて足利尊氏が失意の時に瀬戸内にあった名刹の多くは失意の武将を援助したが、非協力的な処もあったという。それは醍醐の末寺であったが、のちに、崇永版を請留めたことによって、他の寺院と同様に足利幕府の庇護を受けて寺観を整えることができた。近江国でも数組の崇永版を請留めていたのであるが、瀬戸内の寺院と同じような背景があったのであろうか。そして佐々木御厨今宮若宮の人びとが刊記を改竄して経巻を請留めたことは如何なる事情があったのであろうか。湖東地域において、開発による新興の地と佐々木御厨今宮若宮を背影とした人々の混乱期にあたって、足利幕府への対応を経巻刊記の改竄を手掛かりとして究明することが出来れば興味ふかい。

経巻の識語を手掛かりとして、湖東湖南地域の惣村における大般若経の流布の事情の一部を説明してきたが、これらの経を背景に大般若経転読が行なわれていたのである。そして、今も滋賀県下一円で転読が行なわれているいることを知る。蜊江神社（守山市笠原町）では拝殿において僧侶が大般若経の転読をおこなっている。

滋賀県下の大般若経の分布を観ると、この経巻の護持に当たっては、村の住民の総ての手によって為されている。村むらには、多くの真宗寺院が甍を建てている。近代の宗学の立場からすれば、門徒の人びとが大般若経転読や護持に係わることは相容れないとする。しかし、悉皆調査の結果は、惣村の絆として村びとのすべてが大般若経の功力を期待して経巻の護持に係わってきたことを確認したのであった。中には真宗の僧侶が、神宮寺で大般若経転読を行なっていたという伝承に遭遇したのは意外であった。

江戸時代に僧鉄眼が黄檗版一切経を上梓すると、大般若経のみを請留める処が多くあった。黄檗版大般若経によって転読が行われたことを知る。黄檗版一切経の普及率は近江国が上位を占めていた。大般若経の請留めの年代を確かめることで、個々の惣や惣村の成立年代を知る手掛かりになると思うが、これらは明治維新の神仏分離を機に多く失われた経緯があることから、さらに村むらの惣道場の成立を背景から考えてみたい。

惣村での新旧仏教の受容　中世の惣村において、大般若経の功力に期待した惣村の絆のなかに、本願寺教団を始め多くの仏教教団が進出して定着して行くのであったが、とりわけ本願寺教団の躍進には著しいものがあったという。そのエネルギーとは如何なるものがあったのであろうか。

鎌倉幕府が成立して以来、洛陽と関東を往来する人びとは多く、これらの人から多くの新鮮な情報を得ていた。また湖国の文化に感銘した旅人もあったことと思う。西國三十三所観音霊場巡りの慣習は中世に成立していたが、第一の霊場の那智から三十三所美濃の谷汲華厳寺までの間、湖国の霊場は琵琶湖を利用して六ヶ所の札所がある。西國という呼称は関東側から見た畿内と帰路にあたる近江と美濃路のことであった。

法然（一一三三―一二一二）が亡くなると弟子源智が知識を集めて阿弥陀仏を造像した。万余の結縁者を集めた記録が体内納入物として信楽の玉桂寺に伝えられている。

一遍（一二三九―八九）が始めた遊行僧の歩いた路は、交通の要になつていた処や湊の町が主な活躍の場所であった。かれらは遊行の土地で念仏を勧めたのであるが、このとき各地で入手した様々な情報を伝えていたという。情報の必要な階層の人々との交流は盛んであった。彦根高宮町の高宮寺蔵の絹本着色多阿真教像は、檀越と思われる大檀那の高宮宗忠像が描かれている。当地の豪族で比較的裕福な階層の人であると思われる。

親鸞(一一七三—一二六二)の門弟の人びとも、野洲平野の中に教線を持ち教化の拠点があった。錦織寺と仏光寺の教線である。錦織寺の濫觴は、親鸞が関東から帰洛の途次に寄宿したのち、念仏者が止住したと伝えるが、事実上は南北朝時代に慈空が開基し、親鸞二十四輩の一人性信(—一二七五)の法系を継承した。以後、本願寺と密接な関係を持ち、近江・伊勢・伊賀・大和に教勢をもっていたが、慈慧のとき明応二年(一四九三)多くの門徒を引き連れて本願寺蓮如のもとに帰参した。蓮如の金森来住までは、錦織寺を中心に教線が広まっていたのであった。

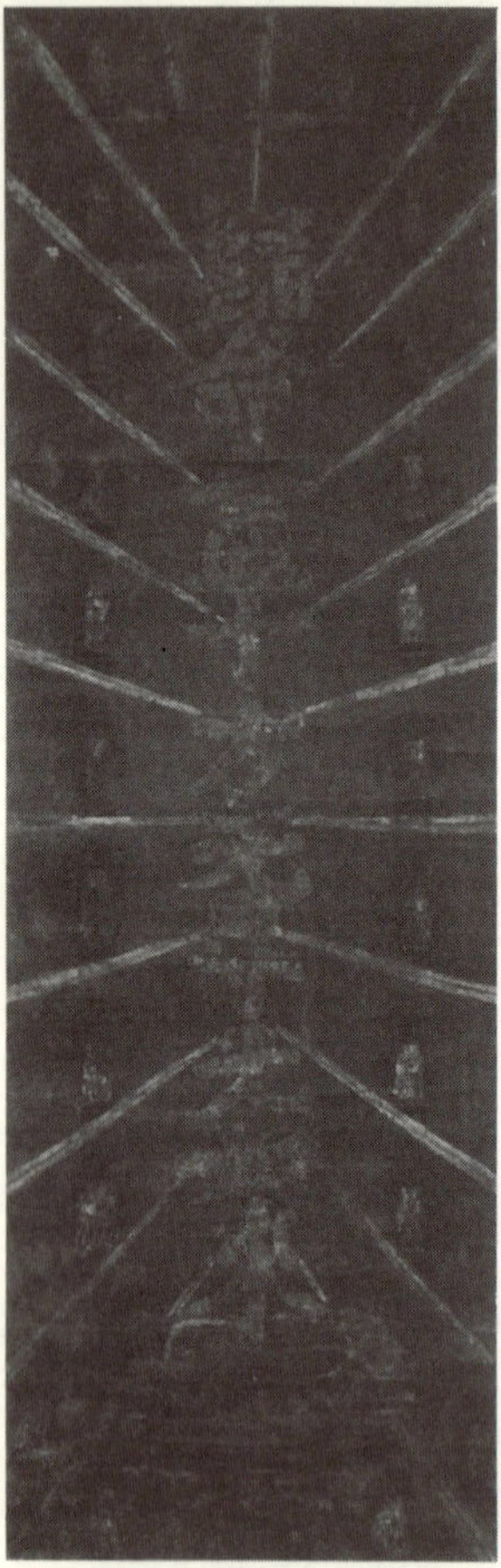
図7　方便法身尊号
(守山市金森町因宗寺蔵)
(光背に化佛を描いている)

寺伝によると、仏光寺は親鸞が山科に興隆正法寺を草創したのに創まるというが、事実は元応二年（一三二〇）了源（一二九五―一三三五）が関東から上洛して、本願寺覚如（一二七〇―一三五一）の門に入り、山科に堂宇を建て興正寺と名付けた。元徳二年（一三三〇）京都汁谷に移り、存覚（一二九〇―一三七三）の勧めによって絵系図を作り、この絵系図と名帳を用いて教線を拡張した。文明十三年（一四八一）に経豪（一二七〇―九二）が多くの末寺と門徒を率いて本願寺蓮如のもとに帰参するまで、本願寺を凌ぐ勢いにあった。湖国には仏光寺の本尊を伝えている処が多くある。

錦織寺と仏光寺の衰退は、蓮如による本願寺教線の浸透にあったと云われる。しかし、それぞれの帰参は、文明十三年と明応二年のことであり、蓮如が湖南地域に滞在した寛正六年から文明三年の間の出来事ではなかった。両寺の帰参は本願寺が山科に寺地を構えるようになってからのことである。では蓮如は近江國滞在の間、どのような行動をとっていたのであろうか。惣村の人びとの信仰生活を窺ううえで看過できないと思う。

本願寺蓮如の行動　寛正六年の大谷本願寺破却以後、蓮如は絹本紺地金文字の十字名号の下付を中止した。現存する中物を見ると、蓮如が近江に滞在した間には中物の下付は無かったが、近江国を離れたのち蓮如が他界するまでには三宅の蓮生寺・赤野井の西蓮寺（草津市上寺町の西蓮寺が寺跡を継ぐ）・金森懸所に親鸞と蓮如、親鸞と存如の連座の御影を下付している。

親鸞の絵像は、寛正六年までに播摩田惣門徒・開発中村妙実・赤野井惣門徒・荒見道場に下付されていた。赤野井惣門徒には、寛正五年に親鸞絵伝も下付されいた。室町時代の筆になる『御伝鈔』も

複製　　裏書

図８　親鸞・蓮如連座御影（守山市三宅蓮生寺蔵）

伝えられているから、親鸞伝の絵解きが行われていたことを知る。他の地方と比較しても親鸞の絵像の下付も群を抜いて多い。

それぞれの道場の中では、三宅・赤野井・金森の如く下付を受けた御影の模写を造っていた。現存する複製品が殊のほか損傷が著しいことから、複製の御影を道場に常時かかげていたように見受ける。他の道場では資料を欠く故に確認できないが、何故にこのような事情があったのであろうか。祖師の等身大の御影を掲げて祖師とともに学問をすることが鎌倉時代になって行なわれるようになった。栂尾高山寺の祖師堂としての開山堂などかその例であり、当然ここに安置された明慧像や真言の祖師影は小さくなった。仏教の伽藍は、やがて金堂や講堂から祖師影を安置する御影堂が中心となってゆくことは、つとに知られている。この祖師とともに仏道を歩むという鎌倉仏教の理念を、蓮如は改めて確認したことになる。複製の祖師影を常時に奉祀した理由は、応仁・文明の乱に続く混乱期にあたって、不測の事故に備えて真本の保全を期待したという惣村内の道場の在り方があったものと考えたい。

三宅の蓮生寺に生まれた三品彰英博士は、『蓮如上人伝研究序説』の中で、蓮如は惣村の中で門徒の人びとに対して同じ目線に立って祖師影の前で祖師の教説を敷衍して説いたという。蓮如の教化法は、御文という書簡によるものが特色とされるが、手紙による教化は鎌倉仏教の多くの祖師達のあいだですでに勧められていたものであった。そして、手紙は祖師と受取人を結びつける証文という固い証拠となるものであった。本願寺教団が進出するまで、時宗や仏光寺の教団が勧めた絵系図と名帳などに連座することを勧めた布教は、旧体制の荘園支配と変化はないと人びとは認識したという。そして、荘園支配の旧体制から脱却するために、惣村内で芽生えていた人びとの新時代への動向を、蓮如は湖国に滞在中に身をもって体験したことであろう。殊に、重なる争乱を経験した過程で芽生えた怨親平等の思想は、蓮如の心を強く引き付けたことであろう。したがって、蓮如は御文による教化とは別に、悔解文を作成して村の人びとと共に唱和しつつ念仏をするという姿勢をとった。本願寺から下付された祖影の複製を用意してまで祖影を大切にし、祖師の前で自己の計らいによって生きるのではなく、他人の身になって自己を認めるという釈迦の教説に従うという蓮如の語りかけは新鮮さをもって迎えられた。

蓮如の教化の姿を説明するとき、『栄玄聞書』に云う「蓮如上人ツネツネ仰セラレ候三人マツ法義ニナシタキモノカアルト仰セラレ候ソノ三人トハ坊主年老ト長ト此三人サヘ在所々々ニシテ仏法ニ本付キ候ハヽ、余ノスヱスヱノ入ハミナ法義ニナリ仏法繁昌テアラウスルヨト仰セラレ候」を根拠として村の指導者を視点に置いていたと云う。ところで、この史料は本願寺綽如の三男玄真の曾孫で加賀の国に住んでいた栄玄という人物の聞書であり、また他人の話も交えて収録しているから、蓮如が近江を退出して吉崎に拠って、一応本願寺教団が大成して教団が成熟した後、旧い荘園領主の体質をもつ本願寺一家衆と地方の有力寺院が対立という背景のなかで記録された後の話としては興味のあるものである。このように見ると、自治の行き届いた近江国の惣村で暖かく迎えられた蓮如の近江における言行とは考えられないと思う。

文明十八年

真宗寺院の分布　文明十八年、小浜の矢放大明神の前に訪れた一人の僧は、主を失って荒廃した堂宇の前にぬかずいて一巻の経巻を修復したと識語に留めていた。この頃、朽ち果てた堂宇から仏像は運びだされ、近隣の村むらに迎えられたと思う。そして、近郊の村むらでは改めて本願寺から方便法身尊像や祖師像の下付を受けて、道場を興すようになった。悉皆調査で見た守山市内を中心に、寺院に伝える裏書の記録と阿弥陀仏像の様式から例示すると次の通りである。蓮如の金森来住以前は省略。

寺院名	道場創設	寺院名	道場創設
善立寺（東・金森）	文明十年（尊像）	正光寺（西・杉江）	明応六年（尊像）
正覚寺（東・水保）	〔明応七年尊像〕	円光寺（西・立田）	文亀三年（尊像）
徳永寺（西・閻魔堂）	永正元年（尊像）	西方寺（東・阿比留）	永正四年（尊像）

真正寺（東・木浜）永正六年（尊像）
浄念寺（西・欲賀）永正六年（尊像）
西宝寺（西・森川原）永正十五年（尊像）
西方寺（東・小島）（旧記永正六年尊像）
教信寺（東・中）大永元年（尊像）
西蓮寺（錦・播磨田）元亀二年（尊像）
浄満寺（西・石田）教如消息写
照久寺（西・洲本）天正十六年（尊像）
称名寺（西・守山）教如・顕如消息
善慶寺（東・下之郷）尊像・実如真筆尊号
明光寺（西・森川原）尊像
宝善寺（東・阿村）尊像
悲願寺（東・小南）永正元年（尊像）
真教寺（西・伊勢路）延徳二年（尊像）
安養寺（東・安養寺）明応二年（尊像）
永久寺（東・蜂屋）明応七年（尊像）
長久寺（東・高野）文亀元年（尊像）
源流寺（西・下砥山）永正七年（尊像）

因宗寺（東・金森）永正六年（尊像）
明楽寺（西・欲賀）永正七年（尊像）
順教寺（東・笠原）永正十六年（尊像）
円光寺（東・守山）永正十六年（尊像）
浄光寺（西・欲賀）天文十三年（尊像）
浄宝寺（錦・川辺）元亀二年（尊像）
専念寺（東・赤野井）文禄五年（顕如影）
願立寺（東・吉身）文禄七年（尊像）
妙順寺（西・服部）尊像
覚明寺（西・大林）尊像
西勝寺（西・小浜）尊像

以上守山市

野洲町

円徳寺（西・手原）明応二年（祖師影）
光円寺（西・小野）明応六年（尊像）
慶崇寺（西・大橋）明応七年（尊像）
高念寺（東・六地蔵）永正六年（尊像）
福正寺（東・六地蔵）永正十年（尊像）

本覚寺（西・綣村）　永正十二年（尊像）　覚円寺（西・御園）　永正十四年（尊像）
円超寺（西・辻　）　永正十五年（尊像）　長徳寺（西・高野）　永正十六年（尊像）
法香寺（東・出庭）　大永四年（尊像）　以上栗東町
仏乗寺（佛　渋川）　明応八年（尊像）　西教寺（西・上笠）　明応九年（尊像）
願信寺（東・馬場）　永正元年（尊像）　正国寺（興・北大萱）　永正元年（尊像）
浄光寺（佛　下鈎）　永正元年（尊像）　西乗寺（東・木川）　永正六年（尊像）
西遊寺（東・木川）　永正七年（尊像）　以上草津市

この他に、江戸時代になって寺院の転派帰属のために、寺宝類を本願寺に返却したことがあった。また、山田のごとく本願寺教団の中枢をなしていたが、元亀の争乱にあたり道場が悉く破壊され、文化財を留めていない例もあると思われるから、数例の増加を考慮しておきたい。

一村複数寺院の分布　明治の市町村制が公布されたときの村落のほぼ全域に、本願寺の道場が成立していたことが判明する。現在の一村に複数の甍をみるのは、江戸時代初期のことで、元禄五年に新寺の建立を禁止する法度がでるまでに成立したものである。注目されることは、矢島・欲賀・赤野井・守山・立田には、本願寺の申物の裏書によって室町時代から一村に複数の道場のあったことを確認する。殊に矢島では、東西に早く蓮如の金森来住以前から道場を持っていたのであった。また、いまはその跡をとどめないが、赤野井にも同様に早くから複数の道場があり、本願寺の東西分派以前に専念寺・西蓮寺という寺号を持った寺院のあったことが知られている。

天理図書館蔵大般若経の中に「近江国野洲郡下中村郷矢嶋太郎左衛門尉行弘法名宗源書写之𠦄」という識語をもつ南北朝時代の一巻があったが、矢嶋氏は室町幕府奉行衆の内、在地に派遣され処務遂行にあたった一族と云われている。また、秋富郷西方禅寺の住人の一人が書写した大般若経の一巻が、野洲の大笹原神社に伝えられていた。地域の立田には、立光寺と円光寺の一村に複数の道場があったが、この村では文安四年の識語をもつ版本の大般若経を伝えており、今も大般若経転読が行なわれている。本願寺の道場を擁した惣村内で、大般若経転読による効力に期待する祈りがあったのである。

蓮如が寄寓した金森では、江戸時代の始めに善龍寺・因宗寺・法安寺の三寺が成立していた。江戸時代の初め頃に退転していた法安寺については不詳であるが、善龍（龍・立につくる）寺・因宗寺には室町時代の寺宝を伝えている。道場という呼称を認めることは出来ないが、金森懸所を中心に多屋という寺院が形成されていたもので、複数の多屋道場を背景として経営されていたと考えられる。

本願寺の東西分派の背景　惣村内では衆議決断の一枚岩によって結ばれていたというのであったが、道場から寺院へと展開したころ、

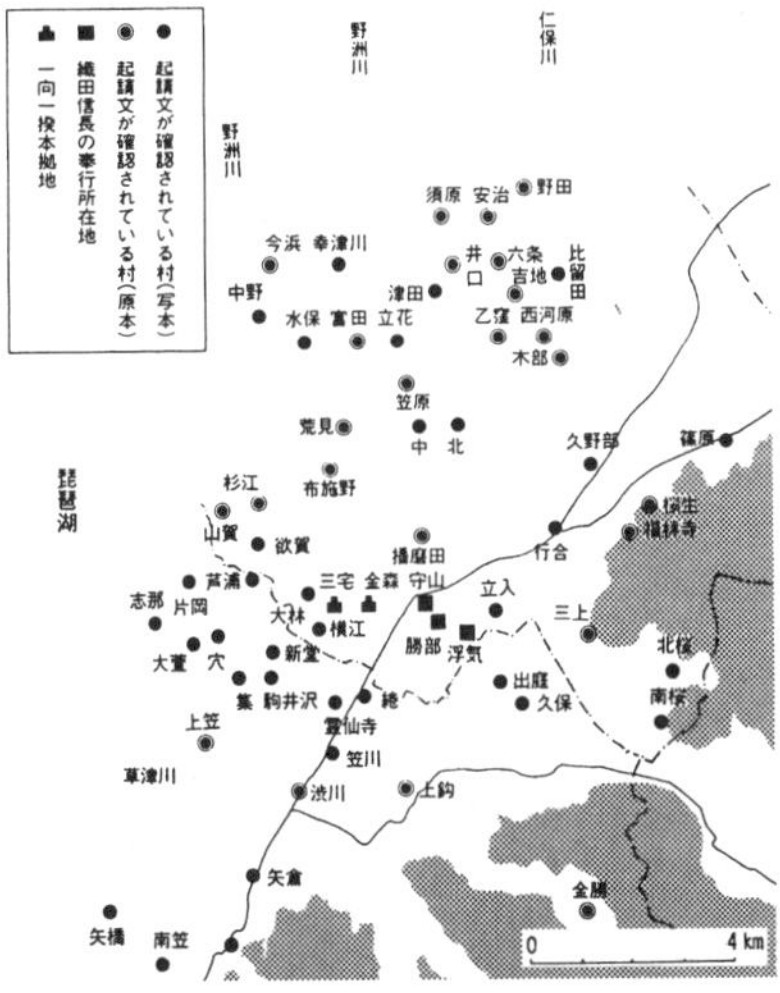

図９　元亀の起請文に見える野洲郡・栗太郡の村々（『元亀争乱』安土考古博物館より転載）

本願寺の末寺ではなく、仏光寺・錦織寺の末寺となったところがあった。その村落には、本願寺末寺と甍を両立しているところがある。また、本願寺末寺が並立している村落でも東西両本願寺の末寺によって分けられている村落がある。強固な団結を誇っていたという惣村の中に複数の道場があって、それぞれの道場を中心に信仰生活が営まれていたことについて看過されていたようである。

現在の寺院配置は、江戸時代以後の改派帰参によって成立したものであるから、幾つかの資料によって復元的に整理すると若干の移動がある。このことを念頭において湖南地域での本願寺末寺の東西分派の背景に注目してみたい。かつて滋賀県立安土城考古博物館において企画展「元亀争乱」が開催された時、元亀の起請文が公開されていた。この起請文の意図は、織田信長が近江攻めに際して周辺住民に対して一揆に加担しない旨の誓詞を提出させて、三宅・金森の一揆に対応したものである。

このとき起請文の提出のあった村を一覧図で解説されていたが、起請文未提出の村と提出の村とは一見して本願寺の東西の分派の地図とほぼ一致することに気付く。現行の地図は改派帰参の結果、成立したものであるから当初の地図に復元しなければならない。三宅と金森は云うに及ばず、守山・吉身・下の郷・石田・赤野井・矢島・小島・川田・開発・木の浜などは東方と見なされる。石田浄満寺は西方の末寺であるが、教如の石田浄満寺宛の消息の写しを伝えている。この本願寺東西分派の分布地図は、ほぼ承久の変、建武の中興を経て再編成された荘園を母体にしていたのであった。こうした傾向は、栗東町の本願寺末寺の分布も同様であるという。

本願寺教団が肥大化すると好むと好まざるとを問わず、戦国大名の抗争の中に組み込まれていった。織田信長（一五三四―八二）に対抗するために、かねて盟約を結んでいた甲斐の武田信玄（一五二一

—七三）が他界すると、本願寺顕如（一五四三—九二）は直ちに越後の上杉謙信（一五三〇—七八）と盟約を結んで信長と対決した。信長の石山本願寺攻めに遭ったが、禁裏の仲介によって和議を結んだ時、石山本願寺からの退去を巡って父顕如と長子教如（一五五八—一六一四）との間で不和があったという。信長と顕如が他界して教如が本願寺を継承したが、豊臣秀吉（一五三六—九八）によって隠居を命じられ、次男の准如（一五七七—一六三〇）が本願寺留守職に就任した。しかし、教如は「本願寺釋教如（花押）」と裏書して多くの本尊・絵像などの申物の下付を行って、自らは本願寺留守職を自認していたと云われている。

本願寺での本尊・絵像の裏書の下付は、末寺統制を意味するもので法主権の行使でもあった。しかし教如の場合は文禄元年（一五九二）の継職以前の部屋住時代にも法主の代行として裏書を書いていた。本願寺の東西分派以前に教如の名で下付された申物は都合六十余が確認されている。この他に上越市の高田地区だけで十余に及ぶ教如が下付した申物の裏書を確認する。教如が上杉謙信と盟約を結び、のちに女を本誓寺・浄興寺に嫁がせたことが越後の国での教線の拡張に大きな役割を果したのであった。教如は越前国や美濃国などにも積極的に教線の浸透を図ったことが知られている。

近江国では湖北を中心に二十余の下付があったことが知られている。この内、寿像という教如の生前の絵像が半ばを占めていた。寿像の下付は法の継承と面授を意味したのであったが、教如の場合は下付の対象となった地方教団との密接な関係を意識したものと考えられている。

当地では、慶長六年に矢島の真光寺に寿像を下付している。赤野井の専念寺には本願寺釋教如の名において、文禄五年の顕如影、慶長七年下付の聖徳太子影・真宗七高僧影を伝えており、また東西分派以前に寺号を持つ有力寺院であった。また、湖南の地では教如の旧跡と伝える寺院が各地に散在する。このころ赤野井には西蓮寺という寺号を持つ寺院があって甍を構えていた。西蓮寺は西方に属していたが、退転して赤野井を廃寺とし、後に草津市上寺町に寺籍を移して東方に属することとなった。赤野井には本願寺の分派以前に西蓮寺と専念寺という寺号を持つ寺院があったが、片方が退転するという大きな変動があったのである。後、この地では本願寺の東西の別院が置かれて今日に到っている。赤野井に西方の寺院が成立するのは、寛永—天和（一六二四—八四）ころであった。一村に道場ではなく、複数の甍を構えた寺院があったのである。教如は隠居後の文禄二年（一五九三）から烏丸本願寺（東本願寺）を創設する慶長八年（一六〇三）までの間、本願寺留守職として活動していた中で、系譜上は顕如の跡を継いだ准如と対立するかたちをとっていた。湖南地域では、地域を分けて、場合によっては村を分けて本願寺の分派に与していたことになる。

衆議一致という惣村内の結束であったが、織田信長から求められた起請文の提出に対して、村むらの対応の仕方は複雑であって、中には「おし（御師）のすすめ」によって提出していた処もあった。惣村を束ねる組織の実態を窺う手掛かりとなろう。地域を束ねる巨大な権力が見られなかった湖南地域では、再編された荘園を母体として激動する社会の変革に対応してきたものと考える。我国では、中世以来の争乱の中で、いずれの権力に与するかは村の人びとの中で重要なことがらであって、その選択が常にあったのである。

元亀の争乱ののち信長は、元亀三年（一五七二）に金森に対して楽市楽座を置く旨の朱印状を与えた。争乱後、金森を優遇したものと認識されていたが、その朱印状の意図は従来の惣村の秩序を解体して、流通機構を自由にし、村むらの新しい秩序を創造することを期待したものであった。元亀争乱の最中、元亀二年（一五七一）に播磨田の西蓮寺と川辺の浄宝寺は錦織寺から本尊の下付を受けていた。ところで、本願寺教団がもっとも早く進出したのは、今は三カ寺の甍をもつ播磨田村であり、組織の分化も早く見られたのであった。そして、この地方に一村複数の寺院が誕生したのは元禄五年（一六九二）に新寺の創設を禁止した数年前に最も多く造寺の跡をみとどけるのである。

〔参考文献〕
栗田　寛著『荘園考』一八八八年　大八州学会
竹内理三著『寺領荘園の研究』一九四二年　畝傍書房刊
笠原一男著『一向一揆の研究』一九六二年　山川出版社刊
井上鋭夫著『一向一揆の研究』一九六八年　吉川弘文館刊
高橋正隆著『鎌倉新仏教管見』一九七七年　文華堂刊
内田秀雄・高橋正隆編『近江守山の仏教遺宝』一九七八年　文栄堂刊
仲村　研著『中世惣村史の研究』一九八四年　法政大学出版局刊
中主町教育委員会編『矢放神社蔵大般若波羅蜜多経調査報告書』一九八八刊
滋賀県教育委員会編『滋賀県大般若波羅蜜多経調査報告書』一九八九―九六刊
永原慶二著『荘園』一九九八年　吉川弘文館刊
田中克行著『中世の惣村と文書』一九九八年　山川出版社刊
『守山市史』一九七四年・『草津市史』一九八一・『栗東町史』一九八八・『野洲町史』一九九〇

本文中に用いた史実の史料の大半は、『守山市史』三巻史料編による。西暦年号による索引項目を参照して頂きたい。

七　信長の近江支配と天下布武

松下　浩

はじめに

中世から近世への移行が日本史上重要な画期であることは誰もが認めるところであろう。近世幕藩体制の中央集権的な体制が、タテ社会などの現代日本の社会構造の特質を規定したといっても過言ではない。近江にとっても、信長の近江侵攻から豊臣政権、徳川幕府とつづく時代は、統一権力という「外圧」によって従来の社会構造が転換を余儀なくされる重要な時期である。ここでは近江にとって重要な転機をもたらした統一権力の近江侵攻について、特に信長の時代を中心に述べたい。

六角氏の近江支配―中世近江社会の特質

信長の近江侵攻についてふれる前に、まず中世の近江社会の特質について述べておきたい。

中世近江の特徴を一言でいうならば「自立性」という言葉がふさわしいだろう。そのことをもっとも端的に示しているのが、近江には強大な権力を持つ戦国大名はついに出現しなかったという事実である。一般的な戦国時代のイメージは、自らの実力を頼りに台頭してきた戦国大名が、強力な領国支配を展開し、隣国との間に勢力拡大の戦争を繰り広げるというものであろう。しかし近年、こうした下剋上のイメージそのままの戦国大名は数えるほどしかおらず、むしろ守護の系譜を引くものも数多くいることが指摘されている。たとえば前者の代表としては中国地方の毛利氏や関東の後北条氏があげられ、後者の例としては甲斐の武田氏や薩摩の島津氏などがあげられよう。しかしこれらはいずれも戦国大名として領国支配を実現したものたちであり、一方畿内近国においては戦国大名そのものが存在しておらず、一国単位での領国支配は行なわれていないのである。

近江においては、鎌倉時代に源平合戦の功績によって近江源氏佐々木定綱が本領近江国佐々木庄（現蒲生郡安土町慈恩寺付近）の地頭職を得、近江国惣追捕使に補任されて以後、その嫡流である六角氏が守護職に就いている。六角氏の領国支配は、この守護職を梃子として実現しているものであるが、自身のもとに強固な領国支配機構を構築していたわけではなく、あくまで在地の国人領主の連合体として支配を展開しているのである。その支配を実質的な部分で担っていたのは守護代と奉行人である。守護代や奉行人は、一村あるいは数ヶ村を支配する在地領主で近江国内に広く分布していた。中世城郭分布調査によって発見された県内に約一三〇〇ヶ所存在する城跡は、その多くが在地領主の居館であり、広範な在地領主の分布状況を示している。

守護代は、南北朝期から室町後期にかけて六角氏権力の根幹となった勢力で、目賀田氏、馬淵氏、蒲生氏、儀俄氏などがいたが、室町後期には伊庭氏が台頭し権力をふるう。しかし戦国期に入り、伊庭氏が室町幕府との結びつきを強めていくことに危機感をつのらせた六角高頼は、逆に自ら室町幕府との結びつきを強化し、二度にわたる伊庭氏の乱を経て伊庭氏の追放に成功する。

伊庭氏追放後は、奉行人が領国支配の中で大きな役割を果たすようになる。奉行人として知られているのは後藤氏、宮木氏、種村氏などであるが、彼らの発給する連署奉書が領国支配の根幹を担っていたのである。六角氏奉行人連署奉書の内容は、争論裁許や所務沙汰など支配の実務に関わるものが多く、一方六角氏当主の発給文書は儀礼的な内容のものが多い。六角氏権力の性格は、室町幕府の権威を背景に、被官人である在地領主の一揆的結合の上に立つ、実質的な権力というよりも権威としての意味合いが強いものだったのである。

こうした六角氏権力の特質を端的に示しているのが居城観音寺城の構造である。六角氏は、当初居館を小脇（現八日市市）に定め、金剛寺城に移った後、観音寺城を居城としている。観音寺城が歴史上最初に登場するのは南北朝期で、北畠顕家の軍勢に対し、佐々木氏頼が観音寺城に立て籠もったという記述が『太平記』に見られるのがその初見である。以後城郭としての整備が進み、室町後期には多くの郭を有する現在のような大城郭になったものと思われる。観音寺城の縄張り上の特徴は山の斜面に魚の鱗状に張り付く多数の郭の存在である。これらの郭はそれぞれ家臣の屋敷地に比定され、各々が独立した単郭構造を成している。このような縄張りは、家臣団の一揆的結合の上に成立している六角氏権力の構造を視覚的に示すものと考えられ

写真１　安土城跡・観音寺城跡遠景

よう。家臣たちは各々近江国内に本領地を持ちながら観音寺城内に屋敷地を有しているのである。形だけ見れば近世城下町における家臣団集住に似ているといえるが、各郭が独立して屋敷地を構成しているところからすれば、領主が家臣を集めて統制しようとしたというよりも、家臣たちが領主を監視・牽制するために城内に屋敷地を有しているといったほうがふさわしいと思われる。

永禄十年（一五六七）に定められた「六角氏式目」はこうした六角氏と家臣団との関係が露骨に現れたものである。これに先立つ永禄六年（一五六三）、六角氏の重臣後藤賢豊父子が観音寺城内で六角義治に惨殺される事件が起こった。世にいう観音寺騒動であるが、後藤氏の権力拡大を嫌った義治が実力行使に及んだものとされている。この事件の直後、家臣団の多くが観音寺城内の屋敷を焼き払い、本領に帰る事態が勃発し、六角氏と家臣団との関係は崩壊寸前にいたったのである。こうした関係の修復を意図して定められたのがこの六角氏式目である。式目の内容は、所領争論・年貢収納・訴詔手続等の所務手続が中心である

が、注目すべきはこの式目を遵守すべき起請文を六角承禎・義治父子と六角氏重臣たちとが取り交わしている点である。家臣たちを強権的に統べる力は六角氏にはなかったことが如実に示されているのである。

六角氏が守護たり得た根拠は、その実力ではなく室町幕府との密接な関係にあった。応仁文明の乱の後、幕府の命令に従わなかったことから二度にわたる将軍親征を受けているものの、六角氏と室町将軍との関係は密接である。細川・三好氏によって京都を追われた将軍が近江に流れてくるとこれを保護し、また両者の間を調停するなど、中央政界にも発言力を持っている。特に六角定頼は、幕府の裁許に関わるなど、直接幕政に関与しており、こうした室町幕府との密接なつながりがあったからこそ、さしたる実力を有しなかったとしても近江守護として君臨することができたのであろう。

六角氏の近江支配は、近江守護として名目上近江一国を統括する権限を持っていたが、それを実現するための実力を持ち得なかったため、被官人による地域支配にその実質を委ねていたというのが実状である。そして六角氏被官人は湖東地域から湖南地域にかけて分布しており、その範囲が六角氏の実質的な勢力圏となる。同じ佐々木氏の庶流である京極氏は江北に勢力を持ち、江南の六角氏としばしば抗争を繰り返している。戦国期には京極氏にかわって台頭してきた浅井氏とも抗争している。またこれも同じ佐々木一族である湖西の朽木氏は、独自に室町幕府との結びつきを持ち、六角氏の守護権限の及ばない存在であった。

信長の上洛と近江侵攻

織田信長像（浄厳院蔵）

永禄十一年（一五六八）、美濃攻略を果たした信長は、彼を頼ってきた足利義昭を伴い上洛の途に出発する。信長はこれより以前、永禄三年（一五六〇）に上洛し、将軍足利義輝に閲しているが、これは尾張統一を認めさせるための示威行為であり、主眼はあくまで尾張の支配にあった。それに対し、今回の上洛は、明らかに「天下」を志向したものであった。前回の上洛は尾張統一を果たす直前のことで、ようやく戦国大名として歩を進めようとした頃のことであったが、今回は美濃攻略を果たしたことにより、戦国大名としての基盤を確固たるものにした上での上洛である。信長はこの前年から、有名な「天下布武」の印文を使用し始めるが、これはまさしく「天下」を志向する信長の意図を表現したものに他ならない。

当時の信長にとって、近江は単に領国美濃・尾張と京都を結ぶ通路に過ぎなかったようである。北近江の浅井氏には妹お市を嫁がせることで縁を結び、また上洛にあたっては六角承禎に所司代に補任することを交換条件として道案内を命じるなど、近江の諸勢力を維持しようとしているのである。当時の信長にとっては直接的な脅威は、東に位置する武田氏であり、その背後にいる後北条氏であろう（すでに第一の脅威であった今川義元は、桶狭間の合戦で滅ぼしている）。一方強大な戦国大名が存在しない近江という国は、信長にとっては征服することを意識させるような存在ではなかったのではないだろうか。

信長は上洛にあたり、道案内を命じた六角承禎がこれを拒否したため、軍勢を率いて近江に侵入した。信長の侵攻を前に六角承禎・義治父子は早々に居城である観音寺城から退城し、甲賀へとむかった。信長はさしたる抵抗を受けることなく近江を通過することができたのである。

こうして信長は上洛を果たし、足利義昭を将軍位につけることができた。これによって信長は天下に号令する名目を得たのである。

一方この信長の上洛は、近江の在地領主たちに信長につくか、六角氏に従うかの選択をを迫ることになった。六角氏の被官でありながら、強力な主従関係に縛られていない彼ら在地領主は、それぞれに自分の判断で信長につくものと六角氏に従うものとに分かれていった。野洲の永原氏は信長の近江侵攻直前に信長より知行安堵・進退請合の判物をもらっており、早くから信長と入魂であったことがうかがえる。また木浜を本拠とする進藤氏も六角氏の有力被官であったにもかかわらず、いち早く信長に随身し、翌永禄十二年（一五六九）の伊勢攻めに同じく六角氏被官であった青地氏や永田氏、蒲生氏などとともに参加している。これに対して、同じ野洲の木村氏などは、最後まで六角氏に従い、反信長陣営の一角を担っているのである。

元亀の争乱

浅井・朝倉氏との対立　上洛して間もなく、近江は信長に対し反旗を翻す。永禄十三年（一五七〇）、再三の上洛命令にもかかわらずこれを無視し続ける朝倉義景を討伐するため、信長は越前攻撃を開始する。緒戦を次々に勝利し、朝倉氏の本拠一乗谷に攻め込もうとした矢先、浅井氏が反信長の兵を挙げたという情報が入る。このままでは退路を断たれると判断した信長は、すぐさま反転し、朽木谷を越えて一気に京まで駆け戻った。妹お市を嫁がせ、味方に付けたと信じた浅井氏の裏切りは信長にとって衝撃であった。

一旦岐阜に戻った信長は、反旗を翻した浅井・朝倉連合軍に対し、反撃を開始する。元亀元年（一五七〇）六月の姉川の合戦で、信長と徳川家康の連合軍は浅井・朝倉連合軍をうち破る。しかし信長はこの戦いには勝利したものの、浅井氏、朝倉氏を滅ぼすにはいたらなかった。この後も信長は浅井・朝倉氏との戦いに苦しめられ、両者を滅ぼすのは結局三年後、天正元年（一五七三）のこととなるのである。

姉川の合戦で破れた浅井・朝倉軍は湖西宇佐山の城を守る森可成を攻めてこれを敗死させた。信長も反撃するが、浅井・朝倉軍は比叡山に立て籠もったためこれを攻めきれず、年末を迎えて勅命講和をし、またもや浅井・朝倉氏をうち倒せなかった。そして、この元亀元年九月、一向一揆の拠点大坂本願寺が全国の末寺に向かって反信長の檄文を発する。

この時期、信長は浅井・朝倉氏の他、大坂の本願寺や三好三人衆など四周に敵をかかえ、困難な状況を迎えていた。そしてこれら反信長勢力の背後には足利義昭がいたのである。義昭と信長がいつ頃から不和になったかは定かではないが、信長によって将軍位につくことができた足利義昭であったが、信長にとっては義昭は単なる傀儡に過ぎず、その立場を義昭が自覚するにしたがって両者の間は不和となっていたことは確実である。

翌元亀二年九月、信長は前年に浅井・朝倉をかくまった比叡山延暦寺を攻撃する。信長軍は全山を焼き払い、山内に住む僧俗を一人残らず皆殺しにしたと伝えられる。浅井・朝倉が山内に逃げ込んだ際、中立するよう申し入れたにもかかわらずこれを聞き入れなかったことに対する報復である。また、常日頃延暦寺僧侶の坊主にあるまじき振る舞いを苦々しく思っていたことも一因であるとされる。

湖南の一向一揆と金森　信長の天下統一の過程で、その最大の敵は大坂本願寺を中心とした一向一揆であった。元亀元年の挙兵以来、数度の和睦を経ながら天正八年（一五八〇）にいたる十年間、信長は一向一揆に苦しめられたのである。信長が本願寺と対立したのは、通説にいわれているように信長が無神論者で宗教を否定したからではなく、本願寺が六角氏や三好三人衆など反信長勢力に協力していたからである。本願寺は信長にとって明確に敵として認識されており、信長による本願寺破滅という危機感が募る中、反信長の檄を諸国の一揆衆に向けて発するのである。特に一向一揆が盛んだったのは東海・北陸・近江などであるが、これらは信長の勢力圏と見事に重なっており、そういう意味でも信長と一向一揆との対決は必至であった。

近江における一向一揆勢力は大きく二つに分けることができる。一つは湖北の一向一揆で、湖北十ヶ寺と呼ばれる真宗寺院がその中心勢力であった。彼らは浅井氏とも結びつき、信長と対決している。今ひとつが湖南の一向一揆で、その中心が金森・三宅そして山田であった。

金森は、蓮如が山門による大谷本願寺破却後、近江に逃れた際拠ったところで、湖南の真宗門徒の中心であった。金森・三宅ともに東山道沿いの町場である守山に近く、守山から志那街道を経て湖岸へいたる途中に位置していた。集落近傍を流れる川を利用し、周囲を堀と土塁で囲って、城塞化した集落である。一方山田は志那・矢橋とならぶ湖南地方の湖上交通の要点であった。

元亀元年九月の本願寺顕如の檄文は近江にも伝えられ、それに答えるかのように近江においても一向一揆が勃発する。しかし、この一揆は門徒勢のみによるものではなく、浅井氏や六角氏と連携して発生していたのである。湖北の一揆は、浅井軍の先頭にたって信長軍と戦っており、湖南の一揆の背後では観音寺城より逃亡した六角承禎・義治父子がこれを煽動しているのである。

金森では元亀元年九月の本願寺の挙兵とともに、「諸方ノ門徒、武士、強勇ノ坊主衆」が金森・三宅両城に集まり、本願寺からは指導者として川那辺左衛門秀政が送り込まれたといわれている。翌二年、織田軍の近江侵攻が開始されると一揆勢は籠城して戦ったが、同年九月には織田軍に包囲され、人質を出して降伏し開城した。そして同年十二月の織田信長朱印状によって金森は佐久間信盛の知行するところとなるのである。しかし翌元亀三年（一五七三）正月、金森・三宅の一向一揆は再び蜂起する。これに対し、信長は佐久間信盛に命じて湖南野洲・栗太郡の村々から一揆に与同しない旨の起請文を徴した。いわゆる「元亀の起請文」である。こうして同年七月にいたり金森・三宅の両城が陥

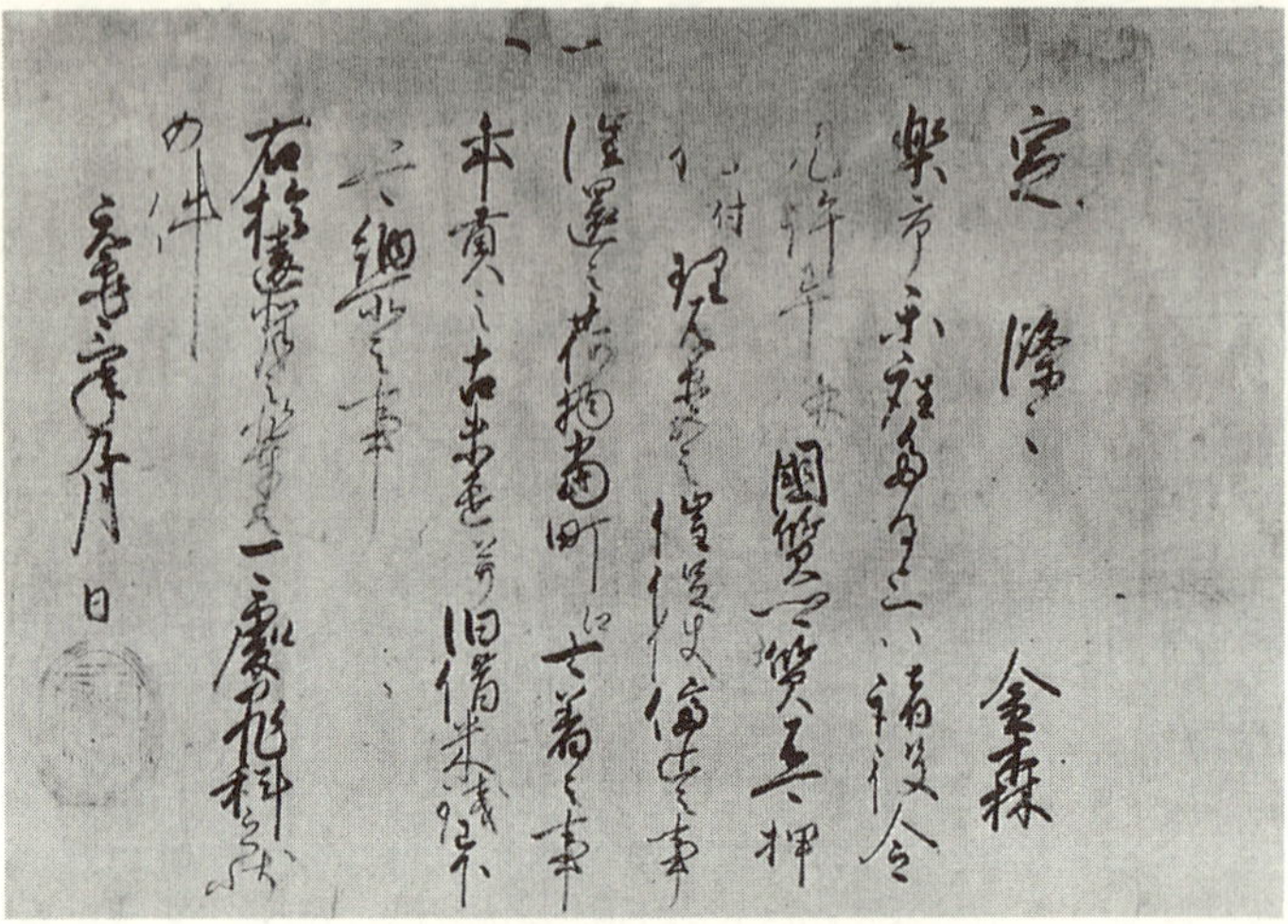

織田信長朱印状　守山市善立寺蔵

落して、ついに終焉を迎えるのである。その後元亀三年九月には金森に宛てて楽市楽座の定書が出され、金森は織田政権下の都市として権力に組み込まれていくのである。

従来、この金森の一向一揆は、近江の真宗門徒の信長への抵抗として、越前一向一揆や伊勢長島一向一揆と並んで触れられている。しかし、近江の一向一揆は各地に分散して戦われており、また門徒中心の戦いではなく、浅井氏や六角氏といった武家領主の戦いの補助的なものとして戦われているのである。実際、金森・三宅にしても籠城はしているものの、その戦闘の様子については詳細は不明である。湖南の一向一揆については「金森日記抜」のような、後世の編纂物を根拠に論述が展開されており、一揆の戦いぶりを実際に記録した史料は皆無なのである。あくまで後の時代に、真宗寺院としての格を高めるために、戦いぶりを強調して書いている可能性は否定できない。

伊勢長島や越前で門徒や百姓を皆殺しにするような殲滅戦が行われたのは、彼らがその地において排他的な権力を形成したからである。伊勢長島の場合は願証寺の寺内として、守護不入の特権を有しており、信長の権力の及ばない地域だった。越前の場合も同様に、朝倉氏滅亡後信長によって越前支配を認められた守護代桂田長俊が一揆勢によって打ち倒され、一向一揆の支配する信長の権力の及ばない地域である。これに対して近江の一向一揆は、排他的に地域支配を行なうこともなく、合戦にあたっても浅井・六角といった領主権力と結びついており、同じ一向一揆でありながらも状況は全く異なっているのである。

金森・三宅において殲滅戦が行われなかったということは、彼らの戦いがさほど強力なものではなかったことを示しているのではないだろうか。具体的な戦いぶりを記した資料はなく詳細については不明であるが、金森の寺院には中世以来の寺宝がそのまま残っており、信長軍による壊滅を招くような激しい戦いは行われなかったと考えた方がよい。

一方金森・三宅の陰に隠れてその重要性がこれまで認識されていなかったのが山田である。山田は、天正十一年（一五八三）に領主織田信秀（三吉、信長の息子）が本願寺に寺内屋敷を寄付することで再興された寺内町であるが、石山合戦において近江から大坂本願寺への物資搬入をとりまとめるなど、それ以前から湖南の一揆勢の拠点の一つであったと考えられる。伝承では元亀の兵火によって壊滅したとされており、またもとは山田の長安寺にあった十字名号が現在名古屋の珉光院に伝来するなど、比較的穏便に済まされた金森・三宅とは異なり、信長軍によるかなりの攻撃があったことが想像される。長安寺の十字名号が寺外へ流出した経緯は不明であるが、信長軍との合戦の混乱の中で略奪あるいは散逸した可能性は否定できない。

この他近江の真宗勢力は湖東や湖西にも存在し、個別に戦いを展開しており、各地の真宗勢力が個別に抵抗しているのである。しかもその戦いについては、金森・三宅と同様、一丸となった激しいものではない。そもそも近江の各真宗勢力のまとまりそのものが、猛烈な戦争を戦えるような強固なものではなかったのではないだろうか。そのことを端的に示すのが元亀の起請文の存在である。各村々から起請文を徴しているということは、各々が独自の判断で抵抗か従属かを決定したと考えられるからである。

しかし近江の在地社会にとって、信長軍と対決した元亀の争乱はその過去のイメージにおいて鮮烈なものを残している。湖東・湖南地域の寺院には元亀の兵火で焼亡したという伝承を持つものが多いのである。これらを全て事実とすることができないのはいうまでもないが、元亀の争乱が近江の歴史の画期として認識されていたことだけは間違いない。

信長による近江支配の完成

分郡支配体制　延暦寺の焼き討ち、湖南一向一揆の鎮圧と反信長勢力を撃破した信長は、浅井・朝倉軍討伐に本腰を入れ始める。信長は姉川合戦後から、小谷城近くの横山城に木下秀吉を入れて監視を続けていたが、元亀三年七月には小谷城の正面にある虎御前山に本陣を築き、本格的に戦闘を開始する。翌天正元年（一五七三）七月、これを救出せんとした出兵した朝倉軍であるが、逆に信長軍に撃退され、越前へと退却する。これを追った信長軍は遂に朝倉氏の本拠である一乗谷に攻め込み、同年八月十八日より攻撃を開始、同月二十日に朝倉義景が自刃した。とって返した信長は、同月二十七日に小谷城を攻撃、浅井久政長政父子は自刃した。これによって朝倉氏・浅井氏は滅亡し、近江において信長を苦しめた勢力は一掃されたのである。

一方湖東湖南で一向一揆を煽動していた六角氏は、鯰江城（愛東町）で籠城戦を展開するが、元亀四年四月、佐久間信盛、柴田勝家らに城を囲まれて退城し、近江における最後の拠点を失う。以後も本願寺と結びながら反信長勢力の背後で暗躍をつづるものの、歴史の表舞台からは姿を消してしまう。

近江を支配するにあたって信長は、近江を完全に信長領国化することなく家臣による分割統治を行なっている。まず湖南地域については佐久間信盛、比叡山焼き討ち後の大津・湖西地域については坂本城に明智光秀を入れ、浅井氏滅亡後は湖北三郡を羽柴秀吉の支配に任せている。また地域支配の状況については不明であるが、安土築城後の天正六年（一五七八）には大溝城（高島町）に織田信澄を入れている。地域支配者を設定する一方、信長に従った近江の在地領主たちにはその本領を安堵し、地域支配者となった武将のもとに与力として属せしめたのである。こうした支配方式は「一職支配」と呼ばれるもので、地域支配者の軍事指揮権や役徴収権、裁判権などを認めたもので、中世の守護権に系譜を引くものと考えられている。

安土築城と楽市楽座　信長は天正四年（一五七六）、安土築城を開始する。その前年には長篠の合戦で武田勝頼をうち破って東の脅威を取り除き、家督を嫡男信忠に譲り渡している。この段階で信長は

安土城復元イラスト（伊藤展安氏・画）

戦国大名としての地位を信忠に譲り、自らはもう一段上のいわゆる天下人を目指したものと考えられる。かかる時期に築かれた安土城は、まさに天下人信長の居城として築かれたのであり、その構造からもそうした信長の意図がうかがえる。

安土城は城郭史上初めて高層の天主を有する城郭である。それ以前にも低層の天主は存在したが、近世城郭に通ずるような高層天主は安土城から始まる。それとともに、城郭への高石垣の導入や、瓦葺き建物の建設、鯱・金箔瓦の使用など、安土城を出発点とする城郭の構成要素は多い。

こうした城郭の転換は、城郭が合戦のための拠点ではなく、政治的シンボルとして意識され始めたことを意味していよう。安土城を画期として導入された高石垣、高層天主、鯱・金箔瓦は、いずれも政治的シンボルとして城を「見せる」ための性格が強いものである。

一方安土城の麓に城下町を建設し、安土山下町中掟書を発布して人々の集住を図っている。この掟書には、楽市楽座をはじめ、諸役諸公事等の負担免除、徳政免除などの債権保護や治安維持・安全保障など、住人の権利保護、商業振興、集住促進などをうたっており、城下町の振興を意図した内容となっている。

従来この楽市楽座令は、自由商業を奨励するものとして肯定的に評価されてきたが、近江の在地の状況を見る限りでは、逆に自立的に存在していた在地商業を、織田政権が保護を名目に自らの権力のもとに取り込もうとしたものと理解できる。いわば自立性を解体し、権力に奉仕するものとして位置付けようとしているのである。

しかしこの掟書は「安土山下町中」に宛てて出されているのであり、安土城下町に限定されたものだったことがわかる。織田政権は大山崎の油座など基本的に座組織を安堵しており、楽座は限られた地域でのみ実施しているに過ぎない。逆にいえば、安土城下町以外では諸座は存在し、諸役・諸公事などの負担は依然として残っているのであり、徳政令によって債権が破棄されることや、安全を脅かす様々な危険からは自らが守る以外ない世界が展開しているのである。つまり、近江社会の自立性を信長は根本的には容認しているのである。そのことは湖上勢力に対する対応にも現れている。琵琶湖の水運は、古くから堅田をはじめとした様々な湖上勢力によって統制されてきたが、信長はその湖上勢力を掌握することで水運を握ろうとしたのである。後述するように秀吉は旧勢力の特権を否定して新たに水運の担い手を創出しているが、信長は旧勢力を温存し、彼らに依存する形で水運を掌握しようとしているのである。

信長の政策は、信長個人の破天荒なイメージもあって革新的、先進的といった評価が強いが、子細に検討すると、中世という時代に対応した現実的な政策を取っていることが理解できる。近江への対応についても、比叡山延暦寺など信長に対抗する勢力はともかく、信長に従うものは基本的にこれを安堵し、彼ら近江の旧勢力を維持する形で近江の支配を行っているのである。

豊臣政権と近世社会への転換

本能寺の変で信長が死に、信長を殺した明智光秀を羽柴秀吉が滅ぼした後も、しばらくは織田氏の天下が存続する。安土城の天主・本丸は焼失してもそれ以外の部分が焼け残っており、信長の息子信雄・信孝や孫の三法師が、秀吉の後見を得て安土城に入城しているのである。安土入城は信長の後継者であることをアピールするための行動であるが、織田氏の天下の象徴である安土城はかかる意味でいまだに機能を失っていなかったのである。信長亡き後の時代をリードしたのは主君の仇を討った秀吉であるが、かといってすぐさま秀吉の天下が到来するかといえばそうではなく、秀吉といえども天下に号令するためには信長の後継者を担ぎ上げねばならなかったのである。

しかし柴田勝家と組んだ信孝が死に、小牧長久手の合戦で徳川家康と組んだ信雄を単独講和によって屈服せしめたことでようやく織田氏の天下は終わりを告げ、時代は秀吉のものとなる。この段階で安土城はその機能を失い、天正十三年（一五八五）、豊臣秀次の近江八幡築城にともなって廃城となるのである。

秀吉は信長が解体しきれなかった近江の中世社会を積極的に変革していく。その基本的政策の一つが太閤検地である。太閤検地は、従来の錯綜した土地所有関係を改め、一地一作人原則にもとづいて領主と百姓の関係を一対一に整理しようとするもので、これによって中間領主は消滅し、荘園制は解体する。近江の太閤検地は天正十一年(一五八三)・十二年(一五八四)に始まり、天正十三年(一五八五)、天正十九年(一五九一)と大きく三度に分けて実施されていることが確認できるものの、詳細な実施過程についてはいまだ明らかではない。また検地にあわせて知行割を断行し、近江を秀吉子飼いの武将たちの領地にするとともに、近江の在地領主たちを本領地から引き離していく。秀吉の近江支配の目的は、徳川家康に対抗する拠点づくりであり、近江に子飼いの武将を入れるとともに、家康を関東へ押しやった後は、東海道・東山道にも子飼いの武将を配置しているのである。

旧体制の変革は流通・商業の分野に関しても行われている。湖上水運については芦浦観音寺を船奉行に任ずるとともに、大津百艘船仲間を組織して水運を独占させ、旧来の湖上勢力が有していた特権を否定している。座についても荘園制の解体とともに楽座令を発布して座組織を解体させ、新興の御用商人による流通管理が行われることとなった。

信長が温存した近江の自立性は、秀吉時代にいたってようやく解体されることとなったのである。

〔参考文献〕
内田秀雄・高橋正隆『近江守山の仏教遺宝』文英堂書店　一九七八年
脇田修『織田信長』中公新書　一九八八年
神田千里『信長と石山合戦』吉川弘文館　一九九五年
宮島敬一『戦国期社会の形成と展開』吉川弘文館　一九九六年

中井均『近江の城』サンライズ印刷出版部　一九九七年
小島道裕『城と城下』新人物往来社　一九九七年
『天下布武へ―信長の近江支配』滋賀県立安土城考古博物館　一九九三年
『残照―本能寺からの織田一族』滋賀県立安土城考古博物館　一九九四年
『観音寺城と佐々木六角』滋賀県立安土城考古博物館　一九九五年
『元亀争乱―信長を迎え討った近江』滋賀県立安土城考古博物館　一九九六年
『近江の真宗文化』栗東歴史民俗博物館　一九九七年
『安土城・１９９９』滋賀県立安土城考古博物館　一九九九年

八

もうひとつの近江商人

―辻鋳物師《いもじ》からみた近世湖南文化―

井上　優

はじめに ―日本最大の鋳物師《いもじ》集団―

江戸時代、日本最大の鋳物師集団は守山近郊の農村から生まれた。まさか、と思われるだろうが、これは歴史的事実なのである。

彼らは江戸、新潟、松本、駿府（静岡）、岡崎、桑名、大垣、金沢、京都、大坂など、東北から中国・四国地方にいたる各地の近世都市に「出店」を構えて活躍した。とくに江戸での活躍はめざましく、浅草の浅草寺梵鐘《ぼんしょう》、両国の回向院本尊・阿弥陀如来坐像、世田谷の豪徳寺梵鐘など、現在でも彼らの記念碑的大作を都内で容易に見ることができる。さらにその分家筋は関東を中心とする各地で醤油醸造やもぐさ販売業などに転じ、有力な近江商人の一種としても足跡を残した。日本史上にそれほど大きな役割を果たしながら、これまで光の当たることの少なかった彼らは、「辻鋳物師」と呼ばれた集団である。

野洲川の左岸、国道八号線架橋南詰めに栗東町辻の集落がある。年々交通量の増える国道の喧騒を後目に、ひっそりと静まりかえったこの

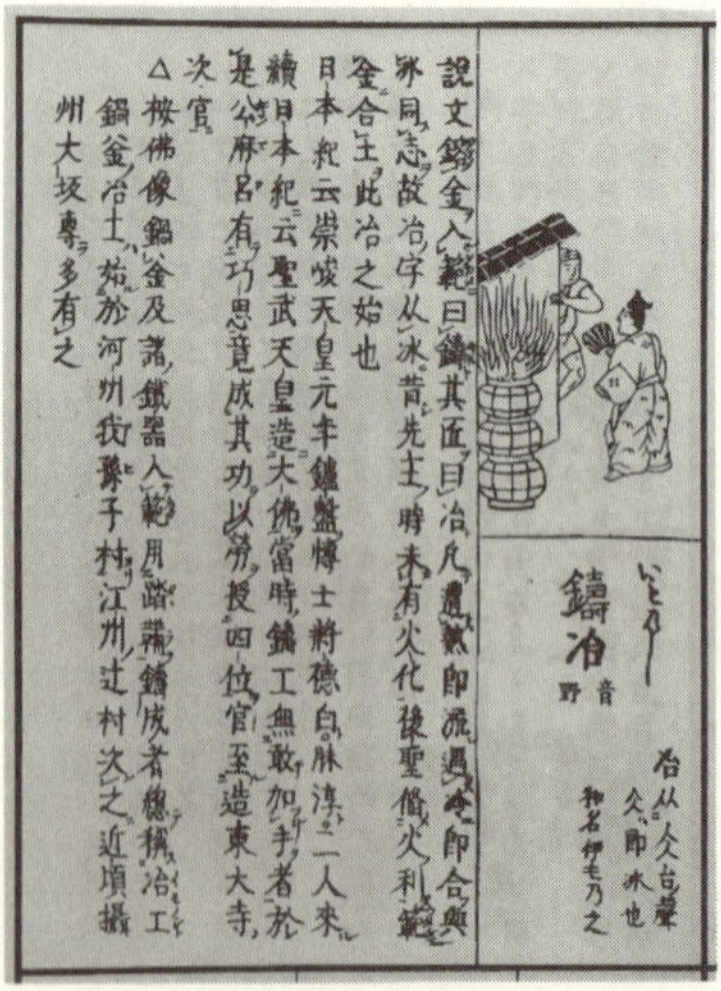
鑄冶 いもし 音野

冶从仌台聲 仌即氷也 和名伊毛乃之

説文鎔金入範曰鑄其匠曰冶凡遇熱即流遇冷即合與冰同志故冶字从冰昔先王時未有火化後聖作火利範金合土此冶之始也

日本紀云崇峻天皇元年鑪盤博士將徳白昧淳等二人來

續日本紀云聖武天皇造大佛當時鑄工無敢加手者於是公麻呂有巧思竟成其功以勞授四位官至造東大寺次官

△按佛像鉛釜及諸鐵器入範用鑄成者總稱冶工鍋釜冶工始於河州我孫子村江州辻村次之近頃攝州大坂專多有之

写真１『和漢三才図会』鋳冶《いものし》の項
鋳物師の始まりは河内我孫子村で、江州辻村がこれに次ぐ鋳物師村であると記される。

村こそ、全国各地に鋳物師を輩出した近世の「辻村」である。今、その面影を村の中に探すのは難しいが、鎮守社の井口天神社にそびえる青銅の鳥居と、そこに刻まれた諸国出職鋳物師らのおびただしい寄進交名に「鋳物師・辻村」の歴史が集約されている。元禄七年（一六九四）各地の辻鋳物師が発起して江戸深川で鋳造、はるばる近江まで運んで建立した一大モニュメントである。

すなわち辻鋳物師は元禄七年までに全国に展開し、日本最大の鋳物師集団となっていた。彼らの知られざる歴史をたどり、販売だけではなく自ら生産を行なった「もうひとつの近江商人」像を描き出してみたい。

辻鋳物師のはじまり

このように、「辻鋳物師」は全国各地に勇飛した鋳物師集団として特筆すべき存在なのであるが、彼らがいつごろ辻に定住して活動を始めたのかは史料上明らかでない。そのため辻の鋳物師の初期活動について具体的に触れた研究はこれまでなかった。そこで私は一九九一年から在銘作品の調査を進めてきた。その結果、ようやく初期鋳物師たちの活動が概観できるようになってきたのである。

まず在銘最古の作品として、蒲生郡日野町金剛定寺の梵鐘が挙げられる。正長元年（一四二八）「大工高野太夫紀広行入道沙弥文浄」の作であると銘文にあった（『近江蒲生郡志』）。中世の辻村は栗太郡高野《たかの》郷に属したと考えられるため、「高野太夫」とは「高野郷の太夫」、すなわち辻の鋳物師を指す可能性がある。じじつ江戸時代の辻鋳物師たちが、みずからの祖先を「高野太夫」と呼んでいたことは各地にのこされた梵鐘銘や由緒書の類から明らかである。だがこの梵鐘は戦時供出で失われ、実際の作品から検討することができない。

辻鋳物師の姿は次いで、『御上神社文書』の中に現れる。永禄三年（一五六〇）の「三上・出庭領堺論三上衆訴状」がそれで、その中に「辻村・雲村より動（ややもすれ）ばすな（砂）を取儀」について触れられている。すなわち、辻村及びその枝郷の雲（久保）村衆が野洲川の河原で大量の砂を採取していることを訴えたもので、この場合の「砂」は鋳型を制作する際に必要な「鋳物砂」を指していると見ることができる。恐らくこの頃に鋳物師集団が辻の地に定着し、生産活動を盛んにしていたものであろう。さらに天正二年（一五七四）には辻鋳物師の初期作品として最古の銘をもつ、野洲町御上神社所蔵の鉄湯釜が作られた。それは湯立神事のために作られた大型の真形釜《しんなり》で、口縁の上部に二条、下部に一条の圏線をあらわしている。銘は口縁部に「三上大明神湯釜　右天下泰平庄内冨貴如件　施主三上甚六重頼　天正二年八月吉日」、羽の上面に「大工□□辻村□□」と、いずれも陽鋳《ようちゅう》している。鋳物師名は残念ながら錆のために判読できないが、天正二年（一五七四）に「辻村」の住人が鋳造したとわかる。現在のところ、この作品が辻鋳物師の伝存最古作ということになる。

だが依然として、具体的な鋳物師名があがっていない。名前の明らかな辻鋳物師の初見は、伊勢国を中心に作品の残る桃山時代の鋳工、国松源七と田中藤左衛門である。国松《くにまつ》源七の作品には三重県白山町上野区蔵の鰐口《わにぐち》がある。同区の管理する東光寺薬師堂に奉懸されていたもので、鋳銅製、面径二八・二、肩厚六・五センチを量る。面の甲盛りは比較的ゆるやかで、圏線によって三区に分け、中央に八葉蓮弁の撞座を鋳出している。注目されるのが蓮弁を三角状にあらわす素朴な表現で、この古様な形式は同じ辻鋳物師の田中藤左衛門にも共通する。表裏の最外区に銘文を陰刻しており、慶長四年（一五九九）閏三月吉日、「江州栗本郡高野国松源七」が鋳造したことを伝えている。鋳工名の明らかな最初の遺品である。

これに次いで、田中藤左衛門の作品群がある。藤左衛門は初期の辻鋳物師を代表する鋳工であり、作品もかなり知られる。慶長八年（一六〇三）に伊勢松阪城の梵鐘を鋳造した（『一志郡志』）が、これは戦時供出で失われた。現存のものでは慶長七年（一六〇二）銘の甲賀郡甲賀町大鳥神社鉄湯釜などがあげられる。それは鋳鉄製の羽釜に獅噛《しがみ》を表現した三脚を鋳ついだ修験系の湯釜で、銘は陽鋳でおおらかに「江州甲賀上郡大原本庄河合牛頭天王御湯釜也、慶長七年壬寅八月吉日、願主祐人吾、大工辻村田中藤左衛門敬白」とあらわし、辻村鋳物師・田中藤左衛門の作である旨を記している。その後慶長九年には三重県勢和村昌慶寺の雲版《うんばん》を鋳造（もとは伊勢国度会郡宮子郷の広台寺のために制作された）している。こちらの銘は陰刻《いんこく》で「大日本国伊勢州度会郡宮子郷神照山広台禅寺常住也、于時慶長九年甲辰三月祥日敬白、大工江州栗本高野住田中藤左衛門」とある。異名同人と考えられる「田中藤一」の作品を含めて、田中藤左衛門の作品は慶長年間に集中してあらわれるのである。

さらに注目するべきことが、彼ら慶長期に活躍した第一世代の辻鋳物師の作品が鈴鹿山脈を挟んだ近江国甲賀郡と伊勢国を中心に分布していることである。元和六年（一六二〇）銘の甲賀郡甲賀町油日神社梵鐘（国松家次、太田善兵衛作）も含めて、この傾向は変わらない。甲賀町は三重県との県境に位置するまちであり、初期の辻鋳物師が甲賀郡から伊勢国までを主な活動の範囲としていたことは確実であろう。時には松阪城の梵鐘までも「出吹き」によって制作しているのであり、こうした近国への出職による経験がやがてくる第二世代の大規模な出職・出店を準備したと考えられる（「出吹き」とは、フイゴなどわずかな道具を運んで依頼主のもとに出向き、原料や燃料などを現地調達で鋳造することをいう。製瓦など他の手工業にも共通するこのやり方で、第一世代の活動は行われた）。また、この第一世代においてすでに辻鋳物師の主な姓である「国松」「田中」「太田」の三姓が出そろっていること、すでに彼らが「辻」あるいは「高野」の鋳物師であると自称していることも重要である。田中藤左衛門については千利休の釜師である辻与次郎の弟にあたる可能性があるが、それについてここで詳しく述べる余裕はない。別の機会を期したいと思う。

写真2　甲賀町大鳥神社鉄湯釜
初期の辻鋳物師を代表する、田中藤左衛門の作。慶長7年（1602）の銘があり、甲賀町指定文化財。

諸国への大発展

鋳物師村として知られる村は日本全国にあまたあり、中世以来名高い芦屋（福岡県）や天明（栃木県）は美術品としての茶湯釜をもって著名である。それらに比べて、辻鋳物師の特徴は何であろうか。それは明確に、活動範囲の広さと、鋳造品の多彩さといえる。これまで明らかにされただけでも、辻鋳物師は秋田・宮城・山形・新潟・東京・石川・長野・静岡・愛知・岐阜・三重・福井・滋賀・京都・大阪・兵庫・山口・香川の十八都府県、四〇か所を越える近世都市に出職・出店をして発展していったことがわかっている（210頁～211頁の図表参照）。それらの都市で彼らは、丈六の鋳銅仏や梵鐘などの大型鋳造品を始め、鍋、釜、農具の鋤先にいたるまで、ありとあらゆる製品を大量に生産し続けた。まさに近世最大の鋳物師集団であり、これに比肩すべき存在はわが国史上にあらわれない。江戸時代中期刊の著名な百科辞典『和漢三才図会』の「鋳冶（いものし）」の項にはこう見える。

鍋釜の冶工は河州我孫子村より始まる、江州の辻村これに次し、近頃摂州大坂専ら多くこれ有り

江戸時代、鋳物といえば辻村が想起されるほど、辻鋳物師の存在は全国的なものだったのであり、その背景には彼らの盛んな出職、出店活動があったといえよう。

かくも盛大な辻鋳物師の諸国雄飛は、いつごろから始まったのだろう。すでに述べたように、辻鋳物師の第一世代と考えられる田中藤左衛門らは、近江国甲賀郡から伊勢国までを主な活動の範囲としていた。かかる近国への出職経験を無視して、続く第二世代の大規模な出職・出店を考えることはで

きない。本格的な他国進出については、正保年間（一六四四〜四七）田中七郎右衛門が大坂に出店したのが初めだと伝えている（「冶工由緒記」石川県立歴史博物館蔵『大鋸コレクション』）。

しかしながら、他の史料から実は寛永十七年（一六四〇）に田中七右衛門と太田六右衛門が江戸に出店していたことが明らかである（『御府内備考』など）。当時すでに美濃国内に田中佐次兵衛の店もあったといい（「深川金屋之興并芝店之由来」）、作品として岐阜県関市の竜泰寺に元和十年（一六二四）作の梵鐘があったことが知られている。加賀国金沢に出店した武村弥吉が明暦三年（一六五七）に店を構えたことも、良質の史料から確かめられる。

これらからいえることは、十七世紀の中頃、辻鋳物師の第二世代が陸続と辻村を離れて東西諸国へ進出し、各地に「店（工場と店舗を兼ねた）」を構えはじめたということである。その際には辻村から一族の共同経営者や職人らを連れ、ほとんど村をあげての大移動だったと考えられる。結果、元禄（一六八八〜一七〇四）期までにほとんどの鋳物師が辻村を離れ、「此邑に居て鋳物師家業とするものは、西兵衛ばかり」という有様となった（「冶工由緒記」）。その後、天明期に太田西兵衛と縁続きの太田角兵衛が独立して辻村内で操業を始めたため、辻に店のある鋳物師は二家となったが、それ以外はことごとく諸国に出店したのである。

こうした諸国出店の状況は、冒頭で紹介した元禄七年（一六九四）建立の井口天神社銅製鳥居を「関東出居氏子中」らが寄進し、しかもそれを江戸深川で鋳造して輸送したことからもうかがい知れる。十七世紀半ばの初出店から時をおかず、辻鋳物師らは一斉に出店して、半世紀のうちに各地で大成功を収めていたのである。

写真３　銅造　阿弥陀如来坐像

東京都墨田区・回向院《えこういん》の本尊で、像高207.3センチ。宝永２年（1705）、太田近江大掾藤原正次を中心に鋳造された優美な鋳銅仏で、辻鋳物師の江戸における活躍を象徴する存在である。

辻鋳物師の展開

一、★は辻村を示す
一、番号は「辻の鋳物師出店一覧」表と一致する
一、史料により所在場所が明確な出店に限って、地図上に示した
一、鋳物師から転業した辻商人の出店については、いっさい掲載していない

辻の鋳物師出店一覧

番号	都府県	市町村	史料上の地名	鋳物師名
1	山形県	鶴岡市	出羽国田河郡西鶴岡三日町	国松市郎兵衛
2		酒田市	出羽酒田	国松新左衛門
3	新潟県	新潟市	越後蒲原郡新潟湊	藤田良平
4		〃	〃	藤田次郎右衛門
5		長岡市	越後長岡	田中弥惣兵衛
6		〃	〃	饗場金右衛門
7		三条市	越後国蒲原郡三条裏館町	田中佐兵衛
8		村上市長井町	越後国岩船郡小泉庄村上長井町	辻村又五郎
9				辻村清左衛門
10	東京都	江東区大島1	江戸深川	田中七右衛門
11		〃	〃	太田六右衛門
12	石川県	金沢市	金沢浅野吹屋町	武村弥吉
13				武村弥次兵衛
14	長野県	松本市中央2	信濃国筑摩郡松本飯田町	田中伝右衛門
15		〃	〃	田中伝兵衛
16		伊那市	信濃国笠原	上柳久五郎
17		飯田市伝馬町	信濃国伊奈郡飯田伝馬町	上柳喜右衛門
18	静岡県	静岡市大谷	駿州山田	田中佐次右衛門
19		〃	駿州大谷	田中助右衛門
20		磐田市見付	遠州見附	田中清兵衛
21		浜松市	遠州浜松	田中七郎右衛門
22	愛知県	碧南市松江町	三州大浜松江村	国松十兵衛
23		岡崎市祐金町	三州額田郡岡崎祐金町	木村重左衛門
24		西尾市平坂町	三州幡豆郡平坂	太田庄兵衛
25				太田甚兵衛
26	岐阜県	大垣市	美濃国安八郡大垣	田中清左衛門
27		〃	〃	田中徳左衛門
28		羽島郡笠松町	美濃笠松	田中五兵衛
29				太田半右衛門
30	三重県	桑名市	伊勢桑名	辻内善九郎
31		亀山市川崎町	伊勢川崎	国松七郎兵衛
32				国松善九郎
33		津市中山町	伊勢国奄藝郡中山村	阿保市太夫
34		上野市	伊賀上野	国松三郎左衛門
35		上野市佐那具	伊賀国伊賀郡依那具村	国松八郎右衛門
36	福井県	小浜市遠敷	若州遠敷	国松六左衛門
37	滋賀県	近江八幡市	近江国蒲生郡八幡多賀邑	国松伊兵衛
38		長浜市	近江国長浜	高谷忠兵衛
39			江州納村	助左衛門
40	京都府	舞鶴市	丹後田辺	国松市三郎
41		〃	〃　「若州より兼帯」	国松六左衛門
42	大阪府	大阪市南区	大坂道頓堀	田中長太夫
43		〃	〃	田中弥次兵衛
44		〃	〃	田中治左兵衛
45		大阪市西区	大坂阿波堀	岩本七郎右衛門
46	不　明		羽州亀田郡右脇村	彦兵衛
47				田中清左衛門
48			遠州会津	九郎右衛門

もうひとつの近江商人

東京都中央区日本橋小網町。東京が「江戸」と呼ばれていた頃から、都市機能の中心をなした繁華な地である。ここで万治二年（一六五九）以来、三百有余年の歴史を誇る老舗・株式会社釜屋もぐさが現在も営業している。社屋は近代的な「カマヤビル」の中に入り、外観からその由緒を想像することはできないが、店内には巨大な（直径現状一四二センチ）鉄湯釜が掲げられ、訪問者の目を驚かせている。

大釜はかつて店の軒上に「屋根看板」のごとく掲示されていたものだったが、相次ぐ震災と戦災で大破したため、銘の見える半面の、羽から上だけを切断して保存したものという。そうまでして掲げるべきこの釜には、店の由緒を語る大切な銘文が陽鋳されているのだ。

元祖は本国近江辻村の住、万治二年亥年より穀物・鍋釜・醤油及び積問屋を以て業とす、並びに国産の伊吹艾を鬻いで世上に弘む、後、鍋釜醤油等を止め、今は艾を以て家の商いとす、故に家の前に大釜を置き、天水の用とす

銘によれば「釜屋もぐさ」の元祖は近江国辻村の人。万治二年から穀物・鍋釜・醤油などを商い始め、同時に近江特産の伊吹もぐさを世上に売り広めた。のちに鍋釜等の商売はやめて、専らもぐさを扱う専門商人に転じたという。それでも元は鍋釜業、すなわち辻鋳物師の出身であったことを明示するため、大釜を店頭に置いてシンボルとしていたのだ。したがって屋号も、もぐさ商にそぐわない「釜屋」

のままである。
現在の釜は、万治三年鋳造の最初の釜ではなく、天保六年（一八三五）江戸深川の鋳物師・田中七右衛門知徳が鋳たものに変わっている。これは「釜屋もぐさ」こと田中治左衛門（のち富士姓に改姓）が七右衛門の一族であったことによるだろう。田中七右衛門家は初代の知次（一六一六～一六九三）が寛永十七年に単身江戸・芝海手に乗り込んで鋳物業を営んだのに始まる。少し遅れて、美濃国に出職していた兄の佐次兵衛が店を畳んで七右衛門に合流。芝の店では佐次兵衛が「帳面差引」（経理）、七右衛門は専ら「細工」に意を注ぐ形の兄弟経営がおこなわれていた（享保十七年成立「深川金屋之興并芝店之由来」）。やがて店の発展にともない、甥の又右衛門や従弟の次左衛門ら、当時十三～四歳の少年たちをも辻村から呼び寄せて、「手足の便」に用いたという。このとき出府した鋳物師「次左衛門」の子孫こそ、釜屋もぐさの治左衛門に他ならない。田中七右衛門は万治二年に店と工場を深川上大島町に移転し、「釜七」の号で知られる大店の基礎を築いたが、同年に治左衛門も日本橋小網町に移転したのであった。このときもぐさを商い始めた治左衛門は間もなくもぐさの専門商人に転じて成功を収めた。のちには辻鋳物師と関係のない複数の後発業者までが「釜屋」を称してもぐさ店を出すほどであった。『守貞漫稿』艾《もぐさ》売りの項にこうある。

江戸ハ専ラ切艾ヲ用フ、小網町ニ釜屋ト云フ艾店四、五戸アリ、名物トス

鋳物師からもぐさ商に転じた田中治左衛門のことを述べてきたが、このような例は他にも枚挙にいとまがない。江戸後期における辻村出身者の諸国出店とその営業種目をまとめた「天保七年他稼出店名前帳」（栗東歴史民俗博物館蔵）によると、下総国市川に出店の釜屋喜兵衛は釜屋を屋号としつつも

専ら「醤油造、質物商売」の者であった。他にも武蔵国深谷宿で醤油醸造業を営む釜屋利右衛門、丹波国大島で穀物類を商う鍋屋喜兵衛など、他稼者総数二十三名のうち十四名までが鋳物以外の商品を扱っていたことがわかる。これらは鋳物師の由緒をもつ辻村出身の者が、醤油醸造や穀物商などに漸次転じながらも、「釜屋」「鍋屋」といった鋳物師に由来する商号を称し続けたものと理解されよう。

そうした中から、豪商も出た。江戸井之堀で醤油醸造業を営んだ田中加兵衛は代表例である。加兵衛は嘉兵衛とも書き、同族の弥七と共同的な経営を行なったようである。江戸の外にも水海道に複数の出店を構え、大いに繁盛していた。天保十一年（一八四〇）板の「関東醤油番付」（いわゆる長者番付）には東方小結に江戸井之堀の「釜屋弥七」（ヤマカ）が登場する。大関は花輪の高梨兵左衛門（ヤ

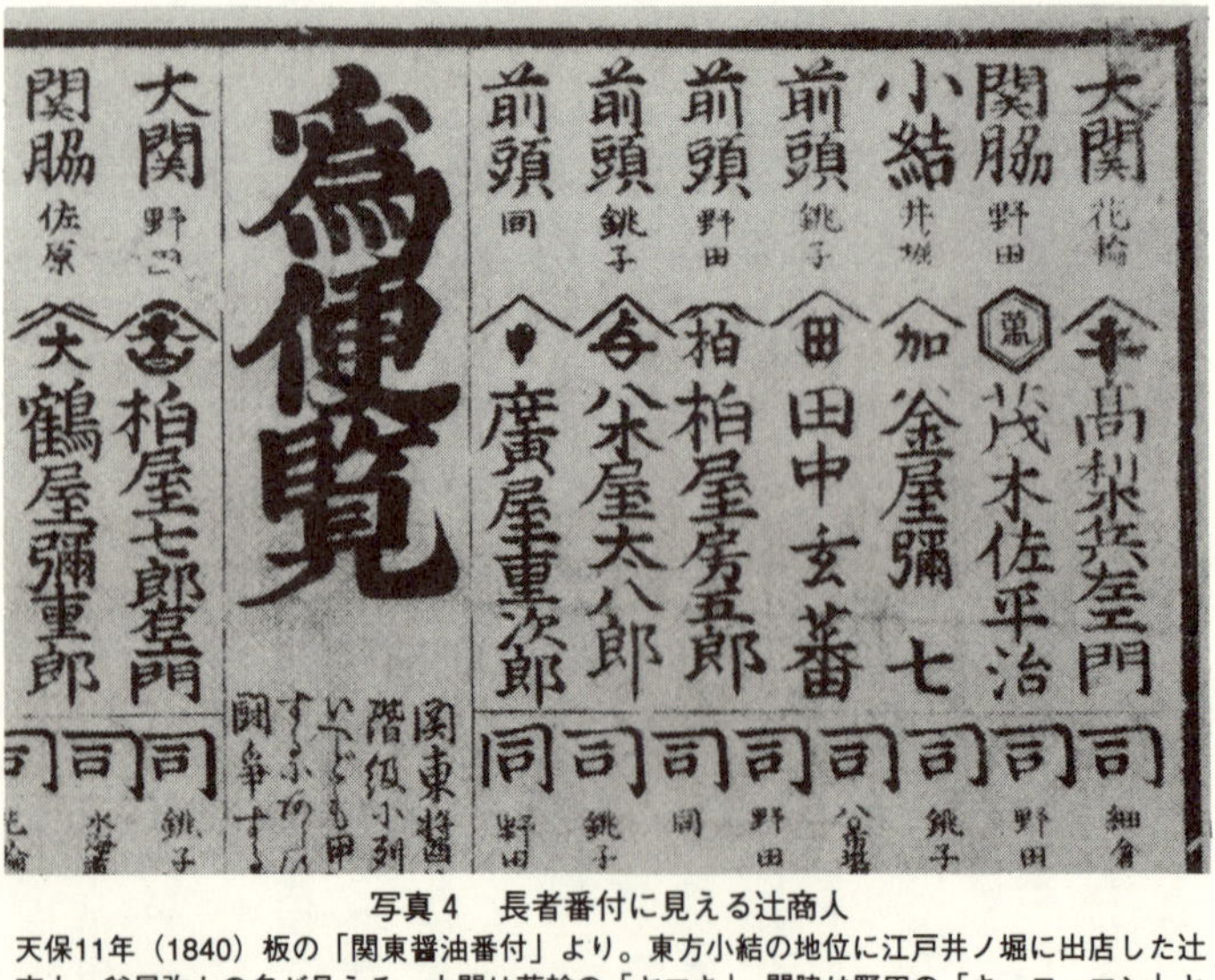

写真4　長者番付に見える辻商人

天保11年（1840）板の「関東醤油番付」より。東方小結の地位に江戸井ノ堀に出店した辻商人・釜屋弥七の名が見える。大関は花輪の「ヤマキ」、関脇は野田の「キッコーマン」となっている。

マキ）、関脇は野田の茂木佐平次（キッコーマン）であるから、それらと並んで江戸随一の醤油醸造業者であったことがわかる。釜屋加兵衛の名は例えば江戸後期板の「大江戸盛商家鏡二編」（栗東歴史民俗博物館蔵）など、江戸商家の長者番付にたびたび出てくる常連的存在である。深川で依然鋳物師を続ける田中七右衛門や太田六右衛門、釜屋もぐさの田中治左衛門なども、やはりこの種の番付の常連であった。近江商人といえば近江八幡・日野など湖東商人を指すことが多いが、近世の江戸では辻鋳物師の系譜を引く商人らが大活躍していた。寛永期に江戸進出を始めた辻鋳物師＝湖南商人は、日野・五個荘商人などよりはるかに古い歴史を有しているのである。今後は彼らの存在を無視した近江商人研究をすべきではないだろうし、私としてもさらに啓発していきたいと思う。

守山と辻鋳物師

さて、守山宿の近村から発展した辻鋳物師が、近隣地域に及ぼした影響についても触れておきたい。ひとつは、辻の太田家文書のうち「杉江赤野井両浜道筋之日記」（『滋賀県有形民俗文化財収集調査報告書九』所収）にみえる、辻村と杉江・赤野井両村との争論についてである。

それによると、辻村は琵琶湖岸の杉江・赤野井両村（現守山市内）から守山宿を経て鋳物の原料となる古鉄や燃料の炭などを運び、同じルートで製造後の鍋釜を輸送していた。その先は琵琶湖の舟運を利用して各地に製品を輸出したのである。先にも触れたように、辻鋳物師のうち辻村に工場を設けて地元で活動していたのは太田西兵衛と角兵衛の二家のみであったが、それでも鋳物のような重量物を運搬するということは道路にいちじるしいダメージを与えることにつながるので、往来の町村に多大の迷惑をおよぼしたことは間違いない。

そのような中で慶安三年（一六五〇）、杉江・赤野井から辻村に送られる荷物に対して、守山村が「口銭」（手数料）を取るべく通行を妨げるという事件がおこったのである。このときは荷物輸送を請け負っていた赤野井村が守山村を訴え、京都町奉行は辻村荷物に口銭を取ってはならない旨の判決を下した。だが、その後も享保三年（一七一八）から翌四年にかけて、通行の道筋をめぐって辻村と守山宿とが長期の争論におよんでいる。そのときには結局、辻村側の通行権を認めつつ、荷物の内容・上り下りの別によって通る道を変えるということで「和談」が成立した。総じて辻鋳物師は原料や製品などの輸送をめぐって、輸送委託業者のいる杉江・赤野井村と良好な関係を保ち、通過宿場の守山宿とは緊張関係があったようである。

けれども、守山宿の人びとが個人的に辻鋳物師と深い関わりをもった例はあった。加賀・金沢に出店を構えた辻鋳物師の武村弥吉家の文書には、元禄十三年から元文五年にかけて職人の異動を記録した「江州職人当処江越申年数書留覚」（石川県立歴史博物館蔵『大鋸コレクション』）という史料が含まれており、弥吉の経営する金沢出店で働く鋳物職人の出身地が明記されている。それによると、ほとんどの職人が近江国の出身であり、辻村以外にも野洲郡小南・南桜・北桜・津田・比江・守山・安治・北・高木など、野洲郡域（現守山市・野洲町・中主町）からたくさんの職人を引き連れていたことがわかる。このうち守山宿出身の半兵衛は享保元年（一七一六）に金沢に出て職人修業を積み、十六年間活躍したが、享保十五年「十二月廿四日、本国へ罷帰」ったものという。このような職人が各地の辻鋳物師について、それぞれ多く存在したものであろう。

彼ら辻鋳物師が諸国の出店に近江国、とくに栗太・野洲郡出身の職人を引き連れたことは、近江商人が出店での使用人をやはり近江国から採用したことと合致するやり方である。そしてその中から、「のれん分け」が行われたのもまた同様であった。野洲郡出身で辻鋳物師の下で修業し、のち独立して成功した典型的な人物に、大篠原村（現野洲町）の小沢六左衛門がいる。下野国宇都宮に出職した辻鋳物師・田中与惣右衛門から正徳二年に独立、「釜屋」の号で油・釜・醤油などを商ったものという（小澤七兵衛『童子一百集—小澤蕭鳳の教え—』）。最近、守山市域にも播磨田、赤野井両村に近世鋳物師がいたことが明らかになりつつあり、このうち赤野井村出身の釜屋孫兵衛は現在の神奈川県厚木市に出店していた（厚木市教育委員会の調査による）。これも小沢（釜屋）六左衛門同様、辻鋳物師からの独立なのではなかろうか。詳細な調査を重ねることによって、守山の知られざる歴史がまだまだ掘り起こされるように思う。

文化を伝えた近江商人

近江商人の名は日本中に知られているが、そのイメージは「がめつい」「こすっからい」などと芳ばしくない。近江商人は新しい文化の創造に貢献した史実がきわめて少なかった、という厳しい指摘もある。だが、本当に近江商人は日本文化の創造に無縁の存在だったのだろうか。近江国は最澄、中江藤樹、狩野山楽をはじめ多くの文化人を輩出し、民衆文化のレヴェルも高水準にあった。その近江を本拠として三都の都市文化にも親しんだ彼ら近江商人が、真にわが国近世文化の発展と関わりがなかったとしたら、あまりにも寂しすぎる話である。

ここで辻鋳物師、及びその転業商人らの文化活動を見てみよう。まず、基本的な事実として、辻鋳物師たちは生産活動と商業活動をともに行なっていた。商品をあきなうだけの存在ではなく、ときとして茶釜や梵鐘、鋳造仏など美術的価値のある作品を製していたのである。それらは現に文化財として伝えられ、日本人の文化創造力を刺激してきた。東京都・回向院銅造阿弥陀如来坐像（太田近江大掾正次作）、同・浅草寺梵鐘（太田近江大掾正次作）、同・豪徳寺梵鐘（重要美術品・太田近江大掾正次作）、松本市・長称寺梵鐘（重要美術品・田中伝右衛門吉隆作）など各地に伝わる辻鋳物師の代表的作品群に、高い美術史的価値を見い出すことができる。彼らの作品は梵鐘といい鰐口といい（とくに近世前期の作品）、中世の面影を伝える古様なものが多く、落ち着いた美しさを特徴とする。辻鋳物師たちはまず職業芸術家（アーティスト）であったのであり、その意味で紛れなく文化の担い手であった。

その上に私が強調しておきたいのが、辻鋳物師の棟梁たちに文化を愛した人物の多かったことである。辻鋳物師の当主たちは他の近江商人同様、江戸などの出店と本貫地・辻村の間を往復する二重生活者であった。そうした多忙な生活の中から多彩な文化人を輩出したことは、間違いなく辻鋳物師の特色である。

蕉門俳人として全国的に知られる田中千梅《せんばい》（一六八六〜一七六九）はその一人である。千梅はむろん号であって、本名は田中七左衛門知義。初代田中七右衛門の四男として生まれた彼は、兄・弥七（二代目七右衛門知春）の鋳物師業を助けるため江戸に出た。半年は江戸に、半年は辻村に住むという生活の中、俳諧を三上千那に、謡曲を観世滋章・清親に、蹴鞠を飛鳥井雅香に学び、国語漢文に精通した。とくに俳諧にこころざし、芭蕉の高弟であった三上千那の門人としてよく知られる。鋳物業のかたわら、奇をてらわず穏健で優れた句を多数残している。一例として父を亡くして十七日目の夜、月を見ながら作った句を紹介すると、

見れば涼し　思へば悲し　夏の月

というものがある。亡父をおもう心情が素直に詠みこまれ、透明感を感じさせる。もって千梅の句風を知ることができよう。その句集も多く、上梓されただけでも『千鳥の恩』『竹の秋』『てふつかい』などがあり、紀行文には『鹿島紀行』『鎌倉海道』『常総紀行』『若葉の奥（松島紀行）』などがある。門人も近江・江戸の他、伊勢、相模を中心に多数があった。同じ辻鋳物師で彼とは「竹馬の友」であった武村冠那《かんな》や相場左角《あいばさかく》も蕉風俳人で、千梅の子・五松、孫・花仙もまた俳人として名を馳せている。武村冠那の句を一つ掲げると、

水底て　月を曇らす　海雲かな

がある。水底に漂い、月の光を遮るものは海雲（もずく）である。静かな春の海、水底の世界に心遊ぶ想像力豊かな作品で、千梅とならんで千那門の俳人であった武村冠那の、非凡な力量をしのぶことができる。彼らは鋳物業のいわば余技・余芸として俳諧をたしなんだのだが、その才能を余すことなく開花させることに成功している。

その他、辻鋳物師および辻商人の中からは丹後国篠山藩儒の辻湖南《つじこなん》（江戸中期）、大坂混沌社の主要メンバーであった漢学者・田鳴門《でんめいもん》（一七一七〜八三）、四条派の画人・田中豊斎など、各種の分野

で優れた文化人を輩出している。近江湖南の地を本拠に全国を股にかけた「辻鋳物師」たちは、まぎれもなく江戸前期~中期のわが国における文化創造の面においても、大きな役割を果たしていたのである。彼らは正しく「文化を伝えた近江商人」であったと評してさしつかえないであろう。

また、その上は近江商人一般についても、先入観を排して今一度彼らによる「文化貢献」の実績を見直す必要があるのではなかろうか。これも意外なことだが、近江商人たちは商人でありながら、基本的に百姓身分であった。彼らは豊かな近江の農村地帯を背景に他国に進出したもので、村に帰れば農を本業としていた。農間の余業として他国稼ぎ（辻鋳物師の鋳物業も同じこと）をおこなったに過ぎないのだ。私たちはこうした実態をもつ近江商人たちを、つい現代の価値観から「悪徳商人」に仕立てあげてはいないだろうか。彼らは村にあっては模範的な「百姓」であろうと努めたため、鎮守社や菩提寺などに盛んに寄進を行っている。寄進は金品の形をとることもあったが、時には堂宇そのものの建立まで行われた。辻鋳物師の場合も、井口天神社や円超寺、正覚寺といった社寺に、今なお彼らの寄せた信仰の証を見ることができる。元禄七年建立の青銅鳥居、狩野為信筆の襖絵、江戸中期頃の曳山遺材など、巨大な富を故郷の文化に惜しみなく還元した証拠以外の何物でもない。それはおそらく他の近江商人においても同じであろう。

ここまで、もうひとつの近江商人＝辻鋳物師の姿を多角的に追いかけてきた。辻鋳物師のことは従来の歴史叙述の多くに洩れてきたが、代表的な近江商人の一群として捉えられることが認識されたと思う。また彼らを通して、近江商人像に新しい光の射し込んでくる予感もある。「文化を伝えた近江商人」である彼らの活動について、今後一層の研究を進め、次なる報告に備えたい。

九

村社会の成熟

舟橋和夫

はじめに

　縄文期頃から成熟し続けてきた日本の社会が、ひとつのまとまりのある美しい完成品のようになったのはいつごろであるのか、正確には分からない。私は、そうした土着の社会がシステムとして熟成したのは江戸時代ではないかと考えている。そしてこの熟成した社会は、基本的には昭和三十年代の高度経済成長期の直前まで続いたのではないか、と思っている。それは日本社会にシステムとして完璧な灌漑体系が完成し、当時の人々の主たる生業である稲作農業を基盤に人々の生活が成り立っていたからである。

　その後、日本社会は急激に変わり、土着の社会ではないような様相を呈しつつある。現在、土着の美しい姿が、昔からの日本社会が消えつつある。そのため、土着の日本社会にあった村社会の生活を少しでも描かなければ、人々の脳裏から消えてなくなりそうである。本論はそんな思いで書いている。最初に、人々がどのような生活をしていたのかを、守山市下之郷の老人たちの語りからみよう。次いで、当時の農業を支えた灌漑システムについて考える。そのような社会に育てられた人々は、どのような性格を有するのであろうか。また、現代社会におけるこれら土着生活へのまなざしはどのような意味を有するのであろうか。最後に述べたい。

村の生活

農家の一年間の生活について、春から冬にかけての農作業を中心に見てみよう。当時の守山の農業は水稲作と麦作の二毛作農業が行われていた。したがって、春と秋は最も忙しい農繁期である。

春　まだ残雪が残っていたりする時もあるが、それでも春らしくなって土が多少とも乾燥してくると、麦の土入れを始める。畝と畝との谷間《はざこ》の土を畝の上に上げ、その土が乾くのを待って、竹の長い柄のついた小槌で土を細かく砕く。それを鋤ですくって、更に細かくする。そして、細かくした土を、両手で摺り合わせながら、麦の上にふりかける。ちょうど仏壇を拝むような格好をして、土を揉み、麦の上にふりかけるのである。何回でも拝めば拝むほど麦がよくなる、といって麦の土入れをした。麦の土入れは、親だけではなく子どももよく手伝った。麦にまく土を叩いて細かくしたり、土を揉み、麦の上にふりかけたりする手伝いが主である。子どもは立派な労働力であった。

ちょうどその頃、農道の土手にはヨモギがたくさん出てくる。仕事の合間や休憩の時には、土手のヨモギを摘んで家に持ち帰って、ヨモギ団子の材料にした。家に持って帰ると、家ではおばあさんがヨモギをていねいに整理した。おばあさんとお母さんが仕事の暇な日に、そのヨモギでヨモギ団子をこしらえた。それはそれはおいしいおやつであった。

四月になるとすっかり春になる。麦は青々と茂り、菜種は黄色い花を咲かせ、空にはヒバリがさえずり、ますます春らしくなる。そのころ種もみを川につけて、種もみの用意を始めるのである。昨年の秋に収穫し、小さな袋に入れて梁につるしておいたモミを下ろし、品種別に布袋に入れて、さらに小さな俵やカマスで包んで、川に浸しておくのである。

種もみの準備が終わると、苗代の準備に入る。最初は苗代の草ひきから始めた。苗代作りは、その後の稲の出来不出来にかかわるのできわめて丁寧に行った。まず最初は、草が生えないように徹底的に草を抜く。草を抜き終わると鋤できれいに掘り返す。畦に平行に縄を引き、それに沿って一鋤一鋤と土を掘りあげる。掘りあげた底には刈りとった草やレンゲ草をその中に埋め、次の列の土をその上に乗せる。草を入れるのは堆肥にするためである。このように鋤の幅で一筋ずつ掘っていく。わずか一畝か二畝かの苗代を整地するのに、大変な手間がかかる。整地が終わると、家から下肥を運んできて苗代一面に平等にまく。これで苗代の準備は終わる。

五月の祭りがすむと、苗代に水が入れられる。そのため、各家とも一斉に苗代に出る。苗代の幅は三尺ほどで、畝と通路を作る。畝は足で土を踏みながら細かく砕き、熊手で土の高さを整える。高さを整えるのがきわめて難しい。高さが不揃いであると、水に浸かるところと水に浸からないところができて、苗の発芽が一斉でなくなる。

その後、種まきの準備をする。川に浸して十分水分を与えた種もみを日光に当てて暖める。その夜、風呂でさらに一晩暖める。入浴が済んだ風呂に、湯に浸からないように湯の中に台を置き、その上に種もみの袋を乗せ、風呂の蓋をして一晩おく。風呂の湯の温度と充分な水分でモミから少し芽が出る。発芽を確かめ、風のない日に種をまく。品種別に種が等間隔になるようにまくが、これが難しく根気のいる仕事である。種をまき終わるとその上にモミ殻を薫製にしたクンタンを一面にまく。最後に、畝が少し沈む程度に水を入れ、鳥の害を防ぐために周りにオドシを立てる。

これで苗代作りの仕事は終わりである。これから後は、朝夕に水の状態を見に来たり、スズメが種を食べていないか見に来たりするだけである。

苗代の仕事が終わると、大麦の刈り取りが始まる。草刈り鎌をよく研いで麦を刈り取り、畝の上に一束ずつ並べて置く。全部刈り取ると稲藁で一束ずつ束ね、畝の上に並べて乾燥させる。表が乾けば裏返してよく乾燥させる。だいたい二、三日乾燥させてから脱穀する。脱穀は古い蚊帳を張って、その中に叩き台を置き、叩き台に叩きつけて脱穀する。麦の穂は芒が長く、体につくと、はしかくて大変である。

大麦の収穫が終わると、菜種の収穫を開始する。鋤で菜種の根元の株を切って、菜種を倒して畝の

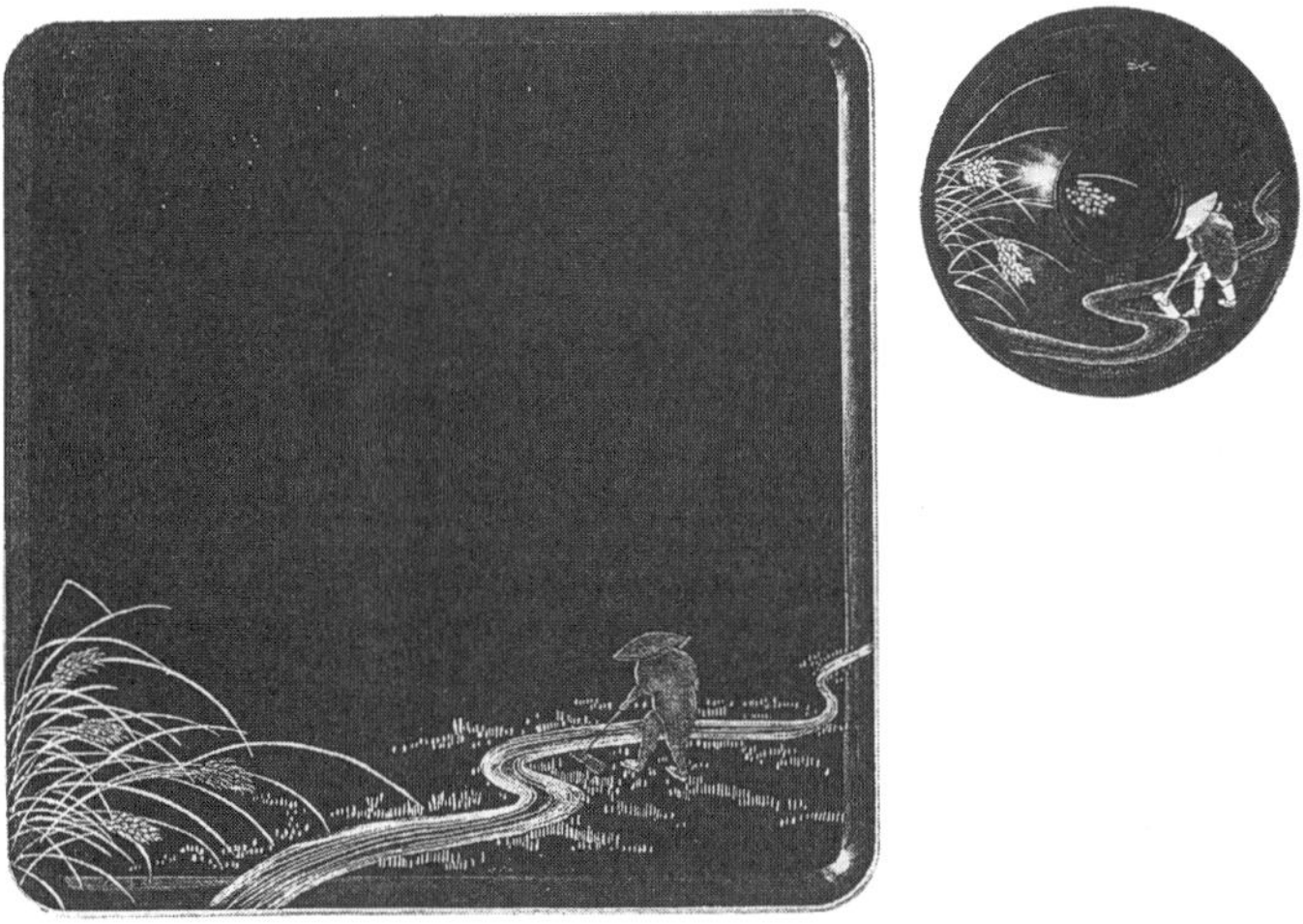

図1　用水路の補修の様子（農耕蒔絵膳椀、近江）
出典：佐藤他編『日本農書全集』第71巻（絵農書１）、農山漁村文化協会、1996年　78頁

上で四、五日乾燥させる。乾燥がすむと、モッコに菜種を一杯乗せて、前後一荷にして、男が担いで家まで運ぶ。家では女や子どもや年寄りが種を落とす。古い蚊帳を建てて、その中に叩き台を置き、菜種を叩きつけて種を落とす。種柄と種の入っている鞘、それに種の三種類にふるい分ける。種の入った鞘は、小屋に保存して牛の飼料にする。

これらの仕事、つまり麦や菜種の取り入れは、晴れた日に行い、曇りの日や少し時間的余裕ができると、田んぼの台起こしをした。台起こしとは麦や菜種が植えてあった畝を牛で耕起することをいう。畝の山を谷に、谷が山になるようにする。谷の土はさらに鋤で鋤いて畝の上に上げる。

このように、五月から六月にかけては息つく間もないほど多忙である。麦の収穫と脱穀、そら豆などの野菜の取り入れ、また田んぼの台起こしや鋤返し、その間に苗代の水管理など苗代の世話、夏野菜の植え付けと、仕事はこのときに集中する。

図2　田植えの様子（農耕蒔絵膳椀、近江）
出典：佐藤他編『日本農書全集』第71巻（絵農書1）、農山漁村文化協会、1996年　80頁

梅雨の季節になると、水田に水が入ってくる。鋤返しをした田んぼをまず荒返しする。およそ平らにして、水を入れる準備が整う。その間に隣の田んぼに水が入ってくると、畦の穴から自分の田んぼにも水が入ってきて、急いで準備しないといけなくなる。水が漏れないように、モグラがあけた畦の穴をふさぐ。水が入ると代かきである。代かきは、牛にマンガン（馬鍬）を引かせて田んぼを平らにする。代かきをすると二、三日後には田植えである。

田植えは苗代の稲苗を引くことから始める。二十センチばかりに育った稲苗を引き抜き、根のあたりで直径十センチぐらいの大きさになるように、藁で縛り土を払い落とす。カゴに詰めて田んぼに運ぶ。田んぼでは田植え縄が既に引いてあるので、そこに稲苗を一定間隔で置いていく。田んぼの真ん中あたりには、畦から稲苗を放り投げる。

田植えは、稲苗を一株ずつ手で取って後ろ向きに植えていく。田植え縄と田植え縄の間に六株植えると六条植えという。稲株を植えるのは主として女性の仕事である。男性は稲苗を等間隔に置いたり、田植え縄を引いたりする。働き手が少ない家では、親類などが協力することが多かった。いわゆる互いに助け合うユイ仕事である。ひとりで植えると一日一反ほどかかる。その点、ユイで大勢で植えると仕事がはかどるという利点もある。

田植えが済むと、すぐに草取りを始める。まず除草機で稲株の間を縦に押す。続いて横の筋を押す。縦は長くて力を入れて押すので疲れるし、横は短くてたびたび方向転換をするので疲れる。いずれも大変な仕事である。機械押しをした後は、田んぼの面をのたりまわるように稲株のまわりの草を手で取る。これを一般に「のたり」という。のたりは朝早くからはじめ、昼ごろに一旦休憩し昼寝をしてから、夕方涼しくなるまで、ふたたびのたるのである。
田んぼの草取りが終わると、畦や土手の草が伸びているので、暑くなる前の朝露のあるうちに刈りに行く。きれいな草は家に持ち帰って牛に食べさせる。牛に食べさせるので、人は競って草を刈る。特に公有地の大きな道路の両端などは早いもの勝ちで、みんなできるだけ早く刈ったものである。

夏　水田の水の世話や草刈りなど野良仕事が単調ながら休みなく続くのが、夏である。しかしお盆ごろになると少しはゆっくりできるようになり、出店や屋台が旧中山道の道の両側にずらりと並ぶ「守山市《いち》」(図4の守山宿あたりを中心に開催された)に、骨休みを兼ねて出かけるのが楽しみのひとつであった。守山市ではお盆の花や祝儀袋を買った。

順調な天候が続く年の水田の手入れは上記のようなことである。しかし、一旦天候が悪くなると、特に干ばつになると、川掘りが行われ、水源の水の確保に人々の力が集中した。また、たとえ村の水田の水が確保できたとしても、自分の水田の水を確保するために、同一水系の人々と水の取り合いを夜中にしなければならなかった。水田の水位より川の水位が低い場合は、川に水車を据えて水田にくみ上げた。特に水が少ない場合は、水車を長時間踏んだ。

上記のような水の確保だけでなく、水田の世話は農家にとって非常に大変な仕事であった。病虫害に関しては稲熱病が発生する頃になるとイモチ送りが行われた。今日はイモチ送りの日というと、各家では菜種柄を束ねて、たいまつを作り、お宮さんの灯明の灯をもらい、そのたいまつをかかげて、田んぼのあぜ道を歩き回った。またお盆をすぎる頃になると、二化冥虫が多く発生する。そのため誘蛾灯をつけて退治することも行われた。

秋　秋になってする事の最も重要なことは、台風に対する対策である。九月一日の二一〇日、それから十日後の二二〇日、と農家は台風が気が気ではない。台風が来そうだというと田んぼに水を入れ、稲が根本から倒れるのを防ごうとするのがやっとであり、台風が無事過ぎれば水を落としてしまう。特にこの時期は稲の出穂期にあたり、風で痛められたり倒れたりしないように特に気を遣う。もし倒れたりすれば、二、三株を藁で束ね、それ以上倒れないようにする。ただ台風のような一時の風の害よりも、長雨の害の方が被害が大きいともいわれている。

十月九日の草木祭が過ぎると、稲刈りの準備が始まる。脱穀機やムシロを整え、丸竹を編んでムシロの下に敷くミザラを作る。まず、早生稲から収穫が始まる。朝は露の落ちるのを待ちかまえる

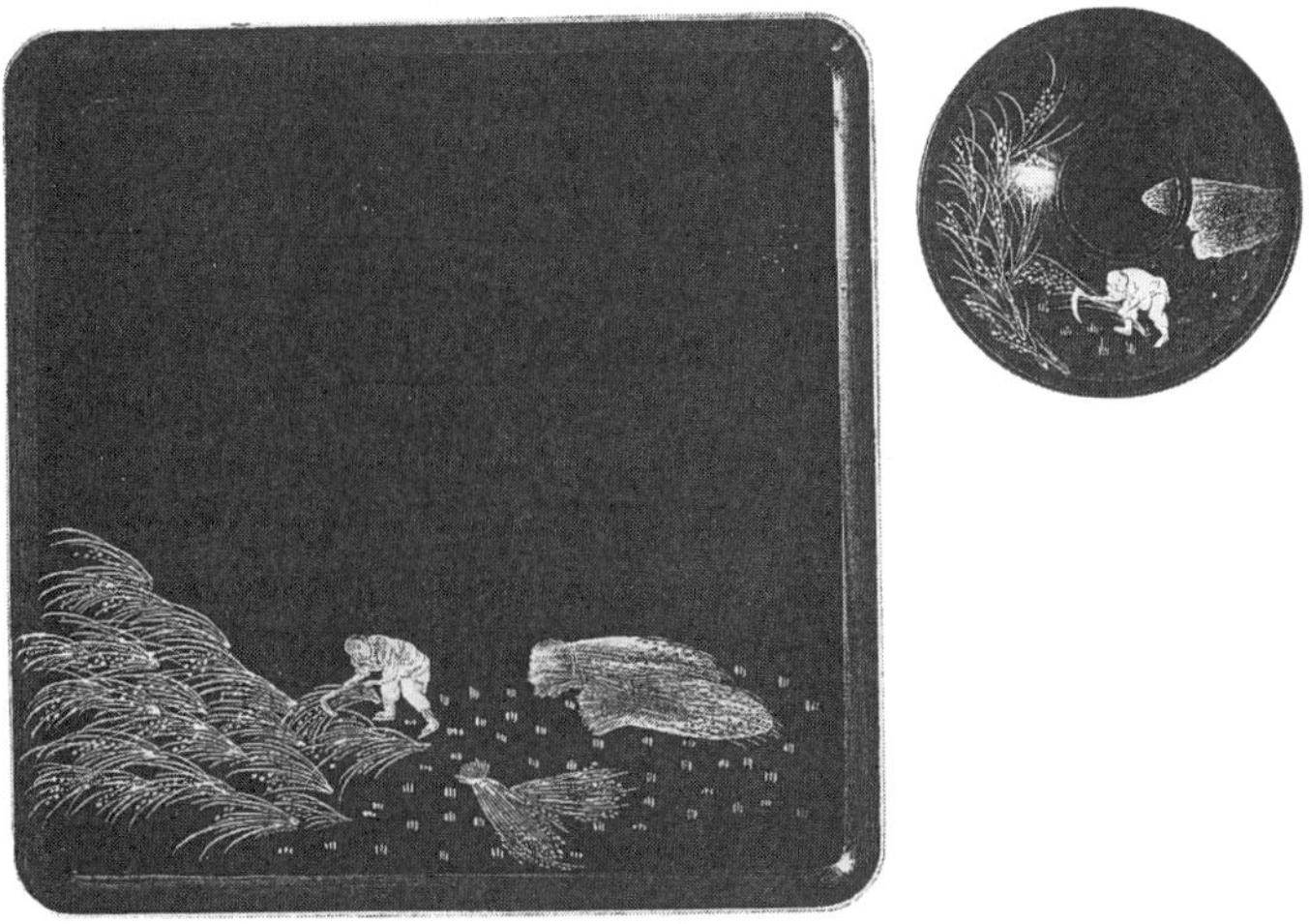

図３　稲刈りの様子（農耕蒔絵膳椀、近江）
出典：佐藤他編『日本農書全集』第71巻（絵農書１）、農山漁村文化協会、1996年　83頁

ようにして、鋸鎌で刈り取る。刈り取った稲が二握りほどになると藁三、四本で束ねる。まだ露で濡れている稲は稲束を並べて干す。刈り取った稲束は山のように重ねておく。午後になると、男子は竹のミザラを広げてムシロを敷き詰めて、脱穀機を置き、稲束をかついで来て脱穀機の後ろに山積みする。脱穀した藁は後ろに放り投げ積み上げる。三時ごろになると小昼にする。蒸したイモなどを食べる。小昼が過ぎると、一人は脱穀を続けて、他の一人は脱穀したモミをふるい分ける。そして良いモミをヒゲナシに入れて、家に持ち帰る準備をする。さらにもう一人は、刈りとった稲を穂先を真ん中にして円を描くように丸く積み上げ、翌日の脱穀の準備をする。翌朝は三時か四時頃から田んぼに行き、脱穀を始めることも多かった。脱穀した藁は六束ずつ束ねてチョッポイを作る。そのチョッポイを竹棚に掛けて乾燥させる。モミは家の前の庭で何枚もムシロを広げて干した。

稲刈りをしている間もグリーンピースやそら豆、麦の種まきをする。早生稲の刈り取りが済むと、水田をすいて畝を作り、畝の上を三十センチ間隔で穴を開けて、そこに豆をまき、藁を敷き土をのせて押さえる。天候が悪く次の刈り取りができないときには、水田をすいて畝を作り麦まきをする。まず大麦をまき、ビール麦、小麦とまいていく。まいた種の上に下肥（牛に踏ませた牛小屋の下肥）をやる。晩生の稲の刈り取りが済むと麦まきをして田んぼの仕事は一応終わる。

冬　田んぼの仕事が終わると、家では庭に広げたムシロの上にモミを干して乾燥させなければならない。晩秋から初冬にかけては天候が不安定で、干したモミをすぐに取り入れるときも多い。またこの時期、三日干して乾いていたものが、天日が強くなく四日干さねばならない時も多い。乾燥したモミはヒゲナシに入れ、モミ摺りを待つ。

モミ摺りは十二月の中旬になると毎日の仕事になる。大きな土臼ですりあわせてモミ殻を取り、玄米にする。一人がモミを木鉢ですくって、臼に入れながらまわす。他の一人は臼の長い棒を持って押したり引いたりして臼をまわす。子供も三、四年生になると臼すりを手伝わされた。モミ摺りでは臼の周りに玄米とモミ殻が混ざって落ちる。それをトウツバ（唐箕）で玄米とモミ殻に分ける。ハンドルを回して、パタパタと風をおこして風選する。玄米はさらに「かなとおし」で小米や悪い米をより分けて良い米を選びだす。

このように村の生活は、見事なまでに秩序立てられ、村人は一糸乱れぬ行動を取っている。まるで精巧な機織りでパタンパタンと正確に布を織るように、一年の生活がリズミカルに推移している。それが守山を中心とした湖南地方の村の生活であった。その理由の一つには日本に冬があるために、稲の収穫時期が固定され、それを基準に逆算して苗代づくりや田植えや収穫づくりの日程が厳密に定められたからである。他の一つは、雨水に依存する天水稲作ではなく、灌漑用水での秩序だった稲作を営んでいるためである。灌漑システムについては、次節で述べる。

灌漑社会の熟成

守山に見られる農業灌漑システムの特徴は、水源によって二つに分けられる。一つは野洲川の水を取水して灌漑する河川灌漑である。もう一つは、野洲川の伏流水を井戸のように地面を掘って、揚水して利用する井（湯・涌）壺灌漑である。前者は野洲川の本川を流れる表流水や伏流水を利用し、後者は平野の中を流れる野洲川の伏流水を利用している。ここでは、主として前者を中心に述べる。しかし、いずれの灌漑システムでも野洲川の水を利用することには変わりはない。それほど農業灌漑では、琵琶湖岸を除けば野洲川の存在は大きい。

野洲川本流の表流水や伏流水を利用した灌漑システムの例として、十郷井（今井組）を取り上げる。今井十郷井は、栗東町辻付近の野洲川本流から直接取水して、主として守山の南東部の水田に水を供給していた灌漑システムである。野洲川本流に大きな井堰を作って表流水を集め、また河床には伏樋を敷設して伏流水も集め、堤防の外側の樋口まで大量の水を導いた。樋口から水

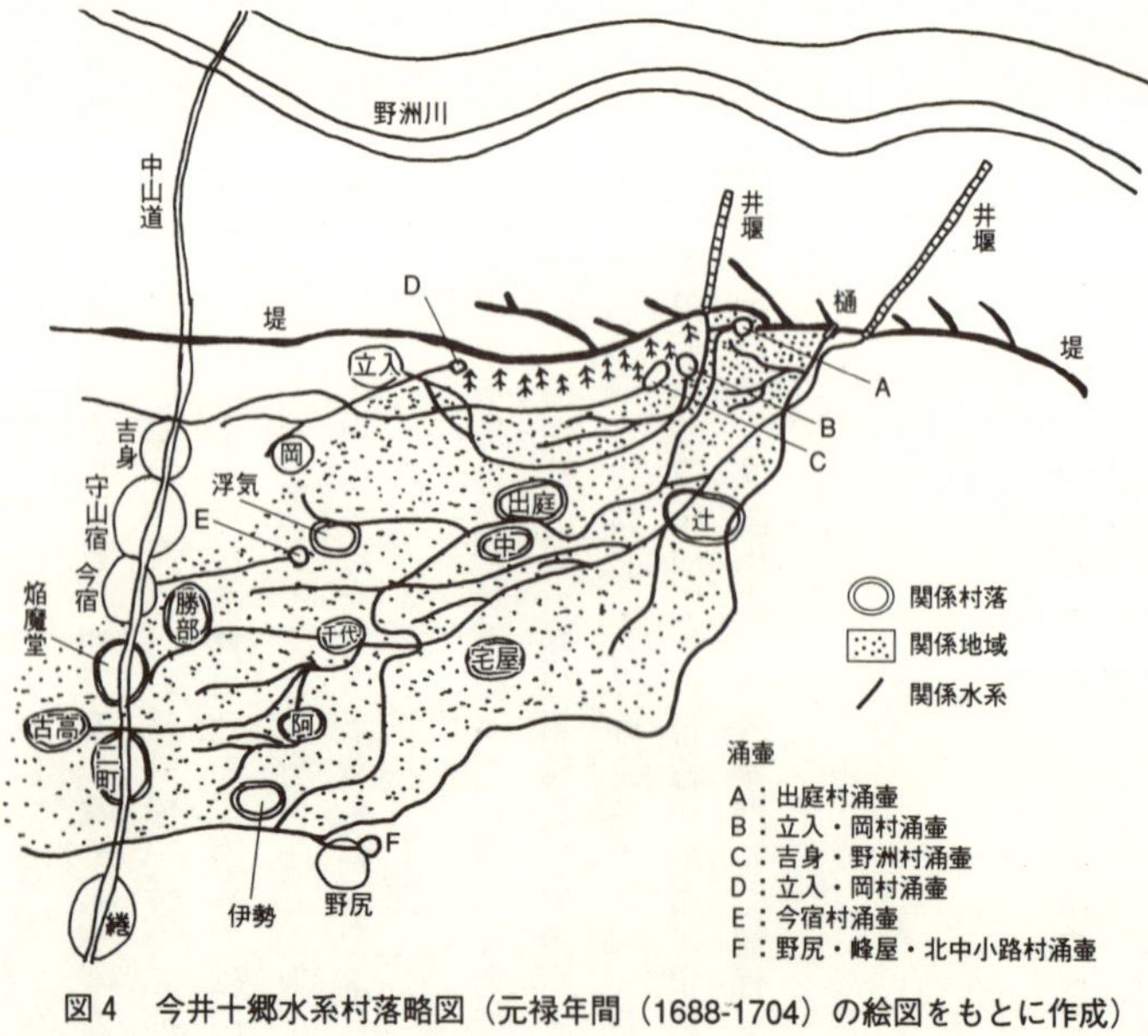

図4　今井十郷水系村落略図（元禄年間（1688-1704）の絵図をもとに作成）

田までは、緩やかな勾配を持った大小さまざまな水路で自然流下させ、網の目のようにつぎつぎと分岐して水を運んだ。この灌漑システムは、水かかりの水田所有者個々人による組織ではなく、水かかり関係村落の村々の連合による、広大で精密なシステムである。したがって、これら灌漑システムは世界でも例を見ないような高度な水制御水準を誇る。そのような村連合の灌漑組織は、野洲川には今井十郷井の他にもいくつもの井組が見られた。たとえば、今井十郷井の上流には一の井（七郷）や中の井（六郷）があり、下流には立入井などがあった。

今井十郷井の村連合の内部は、上流の村と下流の村に区分されていた。上流の村々は、旧葉山村に属し、上三郷と一般にいわれる。辻、出庭、中、それに宅屋を入れて四村で構成されている。それに対して、下流の村は下七郷という。下七郷は全部旧物部村に属し、現在の守山市に所属する。千代、浮気、勝部、阿、伊勢、焔魔堂、二町、古高の八ヶ村からなる。特に、二町と古高は一番下流に位置するので、十郷尻ともいわれる。また、千代は下七郷の最上流に当たるので、七郷頭といわれ下七郷の指揮をとり、上三郷との交渉は千代を通して行われた。上三郷も下七郷も、その所属村は野尻村が加わっていた時代もあったり、枝郷の独立があったりで、時代とともに変化している。そのためであろうか、それとも葉山村、物部村と旧村を表現しているからであろうか、それぞれ村の数は名称と一致しない。

毎年、田植え前の四月になると十郷全部の代表が出て、野洲川からどのように取水するのかを決めた。井組全体の指揮をとるのは井殿である。井殿は、上三郷である辻・出庭・中の三ヶ村の持ち回りで一年交代であった。具体的な井堰の掘り割りは、棹とりという上三郷の水の見張り番（水番）の意見を参考に、長さを決めるのが通例であった。それによって、五月に野洲川に張り出した井堰を掘り割るのである。辻村の入口にある井のぼり宿に集まり、各郷の人夫は用水費の負担割合である郷割で定められた割合分を棹とりの指図で掘った。上三郷の割合は、相対的に少なかった。また下七郷でも、七年に一度の川改め（用水路の川幅の確認）は七郷頭の千代が取り仕切った。棹とりは上三郷から選んだが、副棹とりは千代が担当した。秋の彼岸も過ぎて用水が要らなくなるまで、用水は厳密に制御され、郷内のすべての水田に水が配分されるように管理される。

野洲川の表流水が見られなくなり、樋に水が少なくなっても、水田に水を入れる必要があると、水をいかに配分するかが問われる。今井十郷井における用水の配分を天保十五年（一八四四）の「水道出水高割水引取定」によって、簡単に説明すると以下の通りである。つまり、十郷井を構成

図5　今井十郷の取水口の現状（堤防の上より）。水たまりに草が生えて、樋口すら確認できない。

している今井組の全水田に用水を供給するように、三十六時（現在の時間に換算すれば七十二時間で、三昼夜になる）で配水を一回りする仕組みをとる。つまり、時間を決めて配水する仕組みで、刻水《こくすい》という。刻水は石高に配水の単位時間を乗じて村単位の用水供給時間を算出した。その刻水は、灌漑用水の管理者にあたる井殿の指揮によって行うようになっていた。そのため、上三郷の井殿はなかなか刻水をやらなかったという。

刻水の合図は、出庭の従縁寺の鐘が用いられた。従縁寺の住職が全権を有し、刻水の割合表に従って、鐘を突くようになっていた。刻水は上流から順番に、定められた刻（時間）の間、下流の村に配水する仕組みであった。したがって、十郷尻にあたる古高では上流の四分の一になることもあったといわれている。また、雨が降って樋に水が大量に入ってくると「刻水流れ」といい、従縁寺の鐘の音で刻水が中止された。

図6　今井十郷の現水路（上流より）。旧物部村への分水地点。

郷内の全水田に農業用水を配水するための厳格な管理体制がとられる一方で、野洲川の堰の建設など用水費用の負担や水路掃除の用役の負担なども下七郷に比べて、上三郷の村の負担は軽いなど、他方で上流優位になっている。このように灌漑システムは、一方ではシステム内の平等性を保とうする力が働き、他方では上流の村は下流の村よりも優位に立つという、相反するベクトルの微妙なバランスの上に立っていた。

これらの水利組織の基本は、村むらの共同性とピラミッド的組織のバランスの上にある。しかも、それは長い年月にわたって形成された村人の自発性に基づくものであった。村は共同賦役や共同労働によって、共同の水管理を行い、道普請を行い、いわゆる共同体意識を、つまりわれわれ意識を、育ててきた。同時に、上流の村・水田所有者が優位に立ち、下流の村・水田所有者は劣位に置かれて、一部の上層が指揮し、多数の下層が上層に従ってきた。私はそのような微妙なバランスが、日本の美しい生活を形成していた基礎であると考えている。

人材の育成

ある村では、一月十六日、数えの十五歳で年齢階梯集団である若衆に入会する。酒一升と肴料もしくはスルメ一把を出し、羽織を着て入会式に臨む。若者が両手をついて挨拶すると、「ご苦労さん」「名前は?」と聞かれ、会の規則を読み聞かされる。そして、「おはよう」「こんばんわ」「おきばりやす」と、村内では誰に対しても挨拶するように注意される。その他、村で生活する上で必要な決まりを、つまり村の掟をいろいろと教えられた。

それはたとえば次のようなものであった。ひとは皆田畑を荒らしてはならないし、草を生やしたものは処罰されること。村の公務に就くものは、村人に対してえこひいきや不作法をしてはならないこと。村人に無礼なことをしてはならないこと。村の中での割り当ては誰に対しても公平にすること。火の元には充分注意すること。などなど。

これらの決まりに見られる考え方の基本は、村人としての自覚と村人相互の平等性である。それによって、村は一団となってさまざまな事に当たることができた。そのような中で共同体意識が育ったのである。村人はその共同体意識に育てられ、みんなと同じということで心の安らぎを覚えたのである。これらは共同性、画一性もしくは同質性志向と呼んでいいのかもしれない。

もう一つの村意識の特徴は、上述の平等性とは反する上と下のあるピラミッド的な階層的構造である。上流のもの、上層のもの、あるいは飛び抜けた才能を有する人を崇め、その人に従うことである。そのため、一種の上昇志向と他方では従順志向をもっている。

たとえばそれは、庄屋・年寄に代表される村の指導者を見ればはっきりする。彼らは僧侶とともに文字が書け、教養に富んでいた。つまり、日本の村の指導者たちは知識人であり、教養人であった。したがって、当時世界の中でも日本の庶民の識字率が極めて高かったのは当然であるといえる。このように極めて優秀な人材が村の中にいて、彼らを手本として人々は育てられ、育ったのである。それは多くの村人の上昇志向となって現れ、また文化的教養人でもあった上流・上層の人々に素直に従うことにためらうことはなかったのである。

これら村や村人に見られる共同性・同質性志向と、上昇・従順志向は別々に存在するのではなく、両者は村・村人という小宇宙で両立し、その中で人々が育てられたのである。しかも、彼らはすべて体験によって学んだのである。村でそのような体験を通じて育てられた人々は、自己の分をわきまえた人としての性格を有した。また、ある一面のみを見つめるモノカルチャー的見方ではなく、ホーリスティックな多面的・全体的見方を自然と身につけて育っていった。したがって、それは別の言葉で言えば、極めて人間的な育成といえるかも知れない。その上、日本の農村では優秀な人材が村にとどまり、村や地域の発展に多大な影響を与えたのである。各地に残る素晴らしい地方文書にそれらの片鱗を見ることができる。

これら村の中で美しく花開いていた人材育成は、明治以降西洋の方法を取り入れた学校教育が導入されたことで一変した。そこでは、上述したような旧来の村自身が行っていた泥臭い人間的な「体験教育」が否定され、科学という名の下で都会的物質的な西洋的教育が賞賛された。そこで優秀とされた人材とは、体験を伴わない一面的な学校で教わる知識の記憶力の優れた人たちであった。彼らは自己の住む土着の全方位的知識ではなく、生活実感のない局所的な、しかし普遍的と称された知識に酔いしれることとなった。ここに、日本の伝統的な価値観が衰退するに至ったのである。

むすびにかえて

以上見たように、稲作農業を主たる生業とした人々の美しい生活は、完成された灌漑システムのもとで形成されたものであった。土地に根ざして共に生活する人々は、一方で同質性・共同性を持ち、他方で上昇性・従順性を持つ、微妙なバランスのなかで生活を営んでいた。村生活でのあらゆる体験を通じて、子どもたちは生活実感のある総体的な視点を持つ人材として育っていった。それが野洲川流域の村の特徴であり、日本の典型的な農村の特徴である。

上記の特徴は日本社会の特徴でもある。明治以後、これらの特徴を非常にうまく生かしつつ、しかし他方で日本古来の伝統を否定しつつ、日本社会は急速に西洋化の道を突っ走ってきた。その結果が、世界でも驚くほどの経済的発展をもたらし、われわれはきわめて豊かな生活を享受できるようになった。他方、悪くなる一方の環境問題であえぎ、打つ手を持たない青少年問題で四苦八苦している。それが日本社会の現状である。

私は、だから明治以前の生活に戻ろう、と主張しようとしているのではない。現在の社会はＩＴ（情報技術）の発達、日本経済のグローバル化などわれわれの生活に直接影響を与えるような変化が、異常な勢いで進行していて、もはや逆戻りは不可能であろう。そのような急速な個々人の生活の変化は、われわれに「生活するとはどういうことであるのか？」「生活の豊かさとはどういうものであるのか？」「生活してどういう意味があるのか？」といった根本的な問題を突きつける。二十一世紀を迎えるに当たって、もう一度それぞれの土地に根付いた明治以前の生活をじっくりと観察し、現在の生活を考え直す、いい機会ではないかと私は考えている。

あなたの生活も再考してみませんか？

〔参考文献〕

下之郷老人クラブ編『下之郷の昔を語る』一九九四年、下之郷老人クラブ
守山市教育委員会編『守山往来』一九八〇年、サンブライト出版
守山市教育委員会編『続守山往来』一九八三年、サンブライト出版
播磨田町誌編集委員会編『播磨田町誌』二〇〇〇年、播磨田自治会
古高町民誌編纂委員会編『古高町民誌』一九九九年、古高町自治会

十　琵琶湖とのかかわり

―その歴史と現状―

高谷好一

はじめに

守山は田園都市といわれているが、同時に琵琶湖と深くかかわって来た。その結果、農・漁複合文化とでも呼ぶべき特異な生活文化を作ってきた。しかし、琵琶湖は時代の流れの中で変化を繰りかえし、中世から近世にかけては交通路としての意味が大きくなり、昭和になってからは一転して、京阪神の水がめと考えられるようになった。そして、もっと最近では湖岸周辺での人口増などのために、極端に汚れてしまうというような状況にもなってしまった。この小論では、琵琶湖がたどったこうした歴史を振りかえってみたい。あわせて、今私達が直面することになったこの汚れた琵琶湖をどうすれば美しい琵琶湖に戻せるのか、その点についても私見を述べてみたい。

基底にある農・漁複合文化

魞の親郷、木浜　木浜は魞の親郷といわれてきた。琵琶湖湖岸には魞を建てる集落は多いのだが、木浜にはとりわけ腕のよい魞師が多く、その人達が木浜地先の魞は勿論のこと、湖北にいたるまで、琵琶湖一円にわたって、魞を建ててまわっていた。それにまた、木浜は他には見られない巨大な魞もあった。こんなことがあって、木浜は魞の親郷といわれていた。

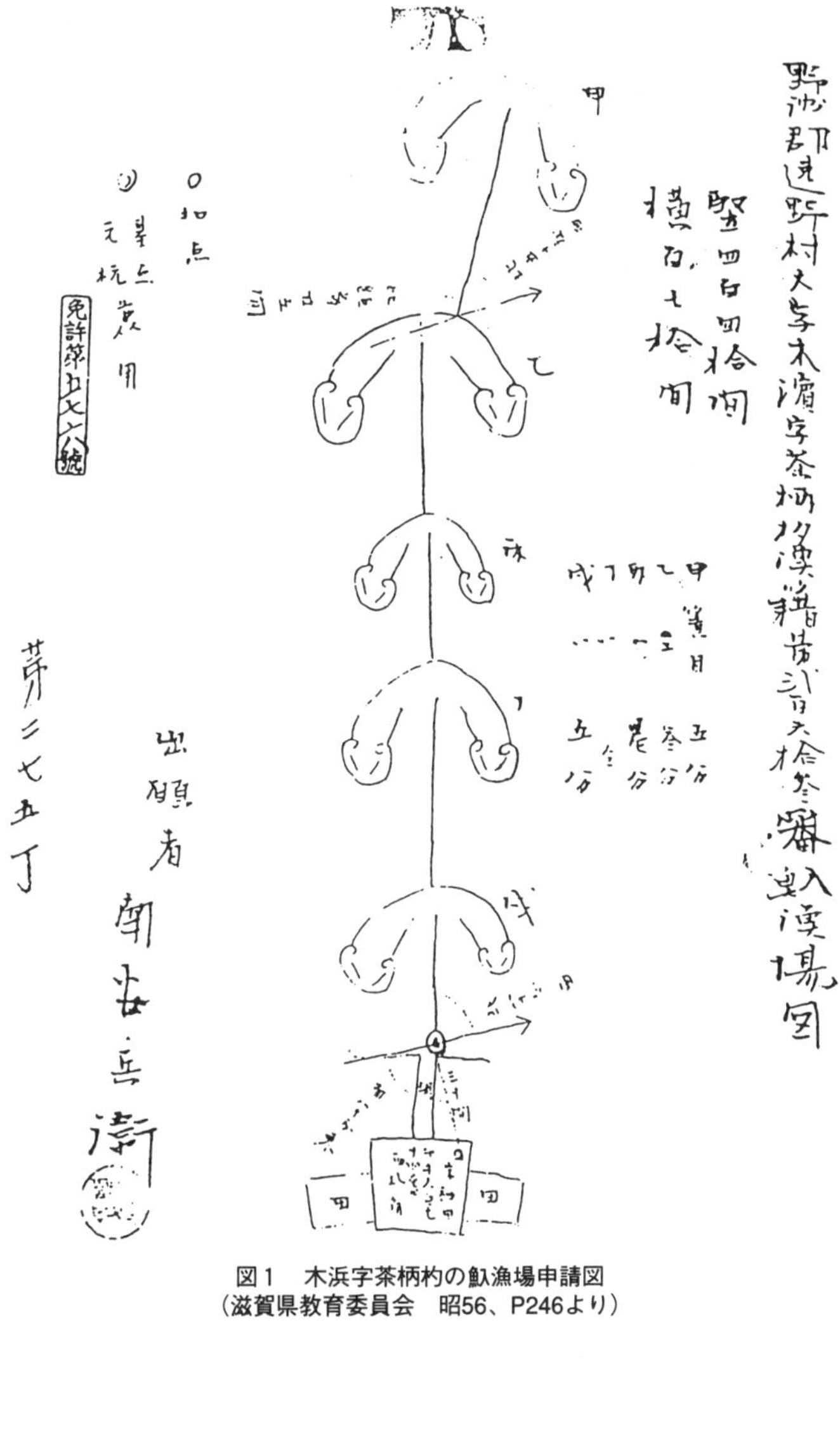

図１　木浜字茶柄杓の魞漁場申請図
（滋賀県教育委員会　昭56、P246より）

魞は図1に示したような構造になっている。簀に当った魚は、簀にそって動いているうちに坪に入る仕組みである。図1に示したものは大魞のひとつで茶柄杓の魞と呼ばれたもので、坪が二〇こある。長さは四四〇間（約八〇〇メートル）ある。江戸時代には長さ一三〇〇メートルにも達するものが作られたといわれている。魞の長さにかんしては普通は制限があったのだが、この「大魞」だけは秀吉のお墨付きをもらった特別なもので、どんなに長くしてもよかった。木浜にだけは、こういう特権があったようである。

魞を建てるのには特別な技術と組織が要る。その技術と組織を持った人が棟梁である。棟梁は二―三人の竹割りの男と、四―五人の簀編み専門の女、それに四―五人の湖上での作業員を持っていた。竹を買って来て細いひごに割り、簀に編み、その簀で魞を建てた。

写真1　木浜での魞の簀編み風景（昭和40年頃）。田井中善晴氏提供

何故、木浜にこんなふうに「大魞」が建ち、多くの棟梁が輩出したのかというと、それは木浜の湖底地形が魞を建てるのに極めて適していたからである。

魞は竹簀で作るものだから、それを建てる水深に限度がある。ふつうは七メートルぐらいが限度である。木浜にはこうした浅い所が広大に広がっている。これは野洲川が大量の土砂を流して来て、その河口に大きな沈水デルタを広げているためである。

それに魚の生態とも関係している。フナなどの主要な魚は寒い冬の間は深い北湖に潜んでい、春になって水がぬるみ出すと一斉に南湖に産卵のために移動する。これらの魚は全て木浜と堅田の間の狭窄部を通過するので、それを待ち伏せして捕えたのである。

こういうことからすると、まさに木浜は魞漁業のためには絶好の好点を占めている、ということになる。木浜が魞の親郷になりえた理由である。

ふつうに考えたら辺鄙な湖岸の集落であるはずの木浜に銀行や呉服屋や料理屋や銭湯があって、町のような雰囲気があった。大正、昭和初年の話である。魞とその関連事業があって、たくさんの人が集っていたからである。

まず、簀編みの仕事が盛んであった。先に棟梁の抱える簀編みの女性チームというのを云ったが、それ以外に、独立の簀編みの工場もあった。十数人の人達が集って簀を編んだのである。この仕事は木浜在住の主婦には大変人気のあったもので、子育てを終った年配の婦人達はほとんどがこれに参加した。木浜在住の人達だけでなく、近在の集落からやって来る人も少なくなかった。

魞で捕れた魚は浜の市場に集められた。朝六時頃市が立ち、それには木浜、新田、今浜などから行商の人達が集って来た。対岸の湖西、特に小松のアメダキ屋もしょっちゅう来ていた。行商は男だと自転車で、女だと乳母車などで売りにまわった。トロ箱といって、大型だが浅い箱に入れ、それを四—五箱持って売りにまわった。自転車の場合だと石部や篠原あたりまで行った。一〇キロメートルぐらいの先まで売りに行ったのである。昭和三〇年頃になると、小型三輪自動車のミゼットを使う人も出てきた。こうなると、信楽あたりまで運ぶようになった。

魚には季節があった。冬だと小エビの多く混ざったジャコを持ってまわった。春先からはフナを多くもってまわった。フナは頼まれると得意先でフナズシに漬けた。フナより少し遅れてモロコがよく出た。秋になるとアメノウオなども持ってまわった。貝の類も持ってまわった。

このように簀編みから、魚市、それに行商というふうに魞に係る活動はかなり広域に広がっていた。そして、そうしたものの中心として木浜が位置していたのである。

生活に密着した魚捕り　湖岸には、専門業者による活動だけがあったのではない。一般の人達の生活がごくごく自然に魚に強く結びついていた。

昭和の初めだと、木浜は水郷といってもよいような状態であった。集落の中にもいくつもの水路が入りこんでいたし、周辺の水田地帯には無数のクリークや沼地があった。人びとは田仕事には例外なく舟で行った。多くは家からすぐ舟に乗り、クリークを通って田に行った。

木浜の田は琵琶湖の水位がちょっと上ると冠水して、ワタカの大群が入ってきた。ワタカは稲の若葉が好きでそれを食べるために大群をなして入ってきたのである。ヨシ原なども多く、極端ないい方をすれば、陸域か水域か不明な所さえ多かったのである。こういう自然環境のためであろうか、木浜では農民も魚捕りを盛んにやった。安室知（一九九八）はこうした木浜の農民の生活を詳しく記録している。人びとはクリークを伝い、内湖を横切って田に行くのだが、その時に「オカズトリ」をするのである。

〝モンドリなどのウケ型漁具は、そうした田仕事の帰り道に水田の水口やホリ・ギロンに仕掛けられ、翌朝田仕事にまわるときに上げられる。その時取った魚は田仕事の間は水に生けておかれ、田仕事が終わると持ち帰って、その日の晩および次の日の食事のおかずとなる。また、サデによる漁は田仕事の帰りに行なわれることが多い。妻がタブネを漕ぎ、男がサデと竹棒をもって、ギロンやホリのそちこちへ寄りながら漁を行った。〟といっている。

木浜の田作りは田仕事だけを考えるとずいぶん能率が悪いことになるのだが、魚捕りのことも考え、一日の仕事全体として見ると決して能率の悪いものではない、と安室さんはいうのである。

一年中いろいろな魚がいろいろな方法でとれた。それを纏めたものが図2である。

冬から春にかけてよくやったのがツキである。ヨシの根本にじっとしているコイやフナをヤスで突き刺した。ツケシバというのは木の枝を沈めておいて、そこに隠れこんだ魚を簀で囲い、捕るものである。モンドリ、ツツはウケの一種である。マエガキは鋤簾で泥などを渫いあげて、その中に潜んでいる貝やドジョウなどをとるものである。こうしたものが、冬場の漁法である。

図2にも現れたように、五月、六月は魚捕りの最も盛んな時である。いろいろの道具を用いて各種の魚がとられた。ハネコミはエリに似ているが、大変簡単で、坪が一つしかない。タツベは竪型のウ

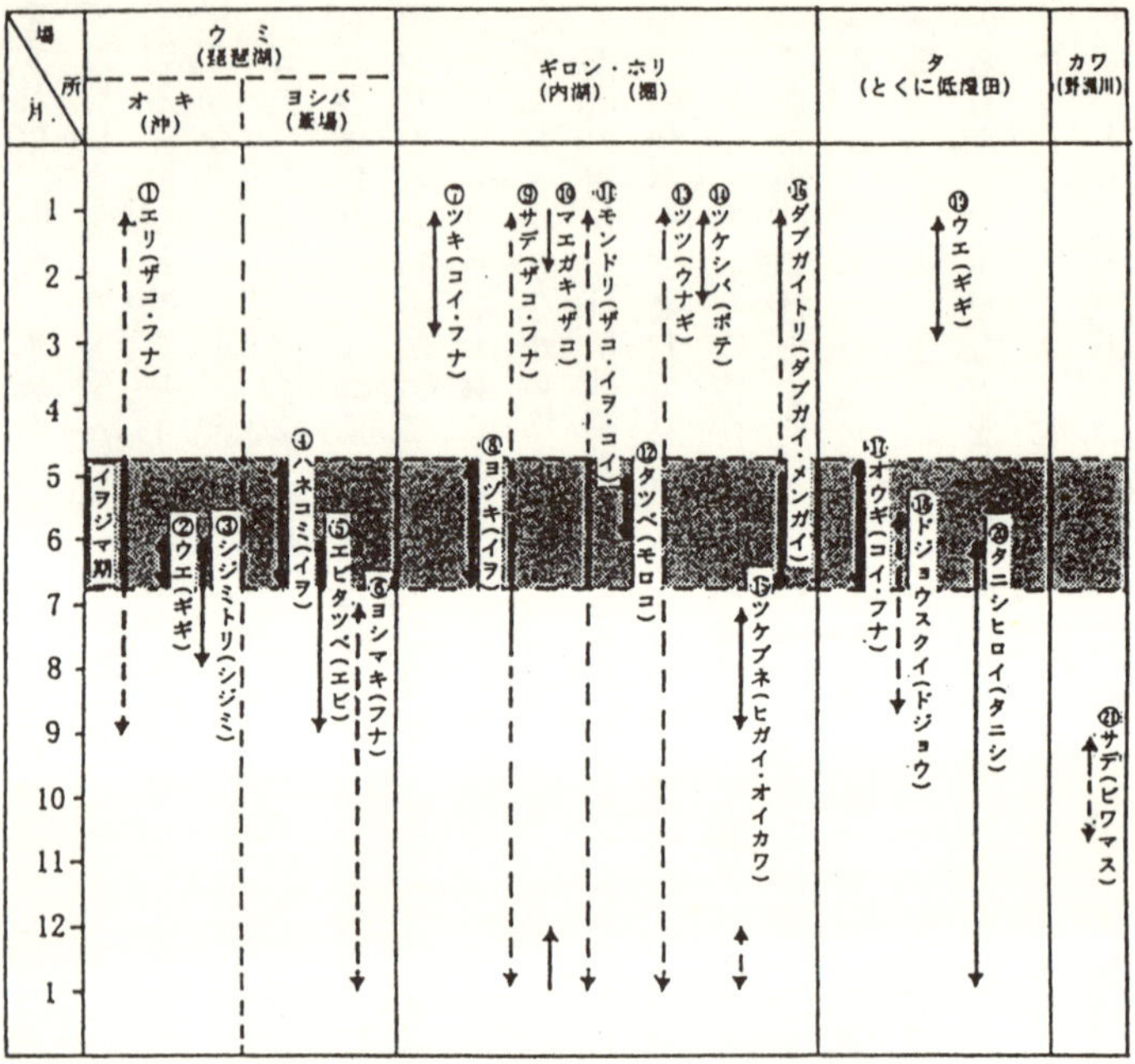

図２　木浜稲作民の漁撈暦。安室（1998）より。

ケである。ヨヅキはツキと同じだが、夜、カンテラを持ってやるものである。オウギは魚伏篭。底のない円筒状の篭で、これで魚を伏せてとる。

秋に入っても上に述べたような魚具を用いた魚捕りはまだ続くのだが、夏場ほど盛んではなくなる。多くの魚は産卵を終って、北湖へ帰ってしまうからである。秋の魚といえばアメノウオ（ビワマス）である。これは台風の出水の後などには野洲川によく登ってきた。これをサデ（網）で捕った。秋には魚は減るのだが、タニシ拾いがさかんになった。

このように、湖岸では一般の人達も四季を通じていろいろの魚をとり、オカズにした。毎日のオカズだけではなく、春先には大量にとったフナをフナズシにした。ふつうの家だと漬物小屋というのを持って、タクアンの樽に並んでフナズシの樽があった。

一般の人達が用いた漁法はみな、原始的なものであった。しかし、手軽で、それだけに生活のなかにぴったりと溶けこんでいた。

湛水害の多い水田　明治三十八年に瀬田川が拡幅されるまでは湖岸の水田はしばしば湛水害を受けた。木浜でもせっかく植えた稲が水腐れしてしまったのでヒエを植えたというような記録がある。

こうした湛水害にかんして詳しい情報を伝えてくれるものは赤野井村共有文書である（近畿地建昭六三）。例えば、慶応四年（一八六八）年のものからは次のようなことが読みとれる。すなわちその年の赤野井の田は次のような五つのグループに分けられるのである。

グループ1：植え付けた稲に被害がなく、そのまま成育したもの。これは本村周辺に広がっていた。

グループ2：せっかく植えた稲が水没して腐ってしまったもの。幸い六月上旬には減水したので、そこにヒエを植えた。

グループ3：水腐した稲の跡に六月末になってヒエを植えたものの、その後また水が増え、そのヒエも水腐してしまったもの。

グループ4：稲は水腐し、その後水がずっと深く残ったので、何も植えずにそのまま放置したもの。

グループ5：田植期にはもうすでに極めて深く湛水していて、田植そのものが出来なかったもの。

右の五つのグループの分布は図3にしめしてある。稲が普通に植えられたのは本村周辺だけで、湖

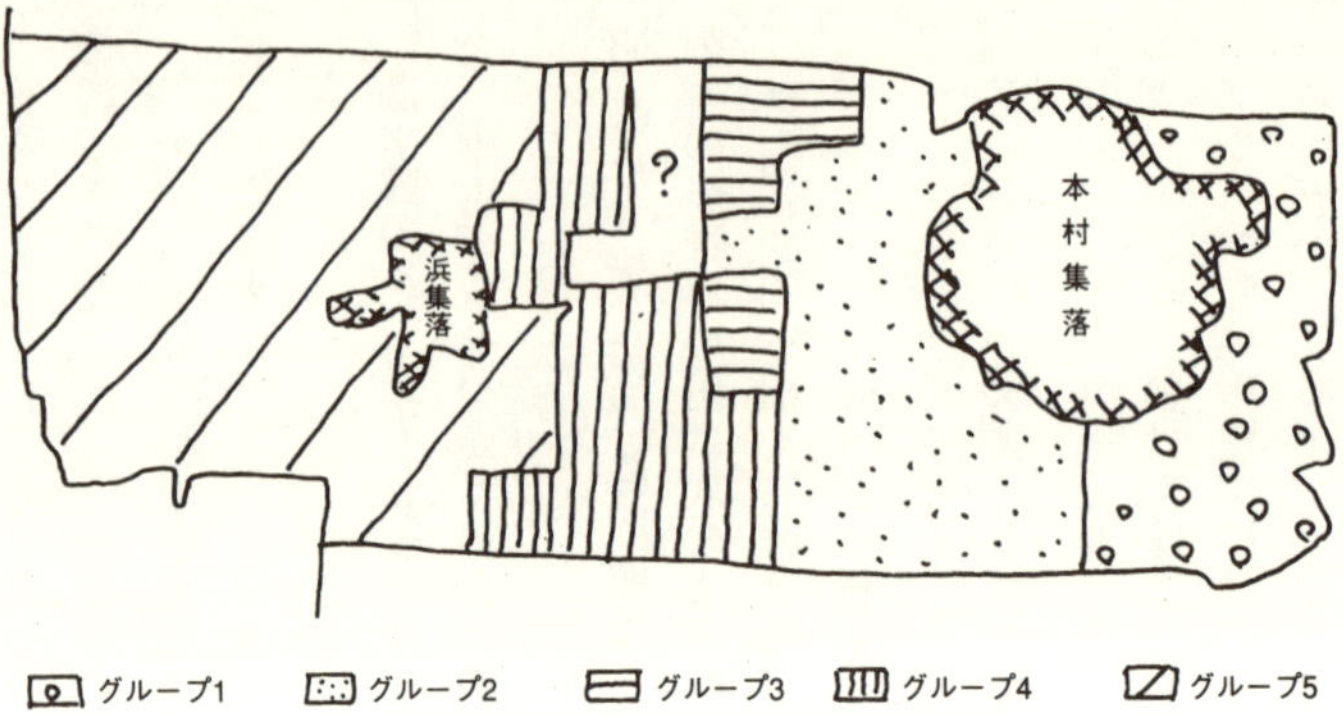

図3　慶応4年の赤野井の水田の作付けの様子

に近づくとヒエ田や、そのヒエさえ植えられなくて全く放置された所が多かったのである。

この赤野井の例でもわかる通り、昔はしばしば今では考えられないほどの湛水害を被ったのである。それだからこそ、すでに木浜の例でも見たように、むしろこの環境を逆に利用して、魚に多くを頼る生活をしていたのである。

南にルーツを持つ農・漁複合　主目的は農業にありながら、魚にも深くかかわった木浜の生活は少し誇張していうと農・漁複合的な生活といってもよいのではなかろうか。そしてそのルーツは華南から東南アジアにあるように思える。

例えば、フナズシがそんなことを考えさせる。フナズシはナレズシの一種である。ナレズシとは魚などの肉を塩と飯で漬けこんで発酵させたものである。

石毛・ラドル（一九九〇）はこのナレズシの分布を図4のように示している。これで見ると中心は東南アジアで、日本はこの分布圏の北端にあたっている。同書はまた、ナレズシがさかんにつくられる所は、きまって水田の発達した所である、といっている。そして、ナレズシの起源地はカンボジアのトンレサップ湖周辺だろうとしている。トンレサップは琵琶湖の二倍ほどの大きさの湖で、そのまわりには広く水田が広がっている。

トンレサップは乾季になるとその湖の面積が雨季の時の三分の一以下になってしまう。すると、縮小した湖に大量の魚が集中する。こうして小さくなった湖に何千人ものチャム人やベトナム人がやって来て魚をとるのである。そして、それを原料にして塩辛や魚醤を作る。塩辛は飯の入っていないナレズシである。魚と塩を混ぜて発酵させたものである。魚醤はこの塩辛を搾ってえた醤油である。塩辛、魚醤作りは、この地方では巨大産業といってよいほどの規模で行なわれている。

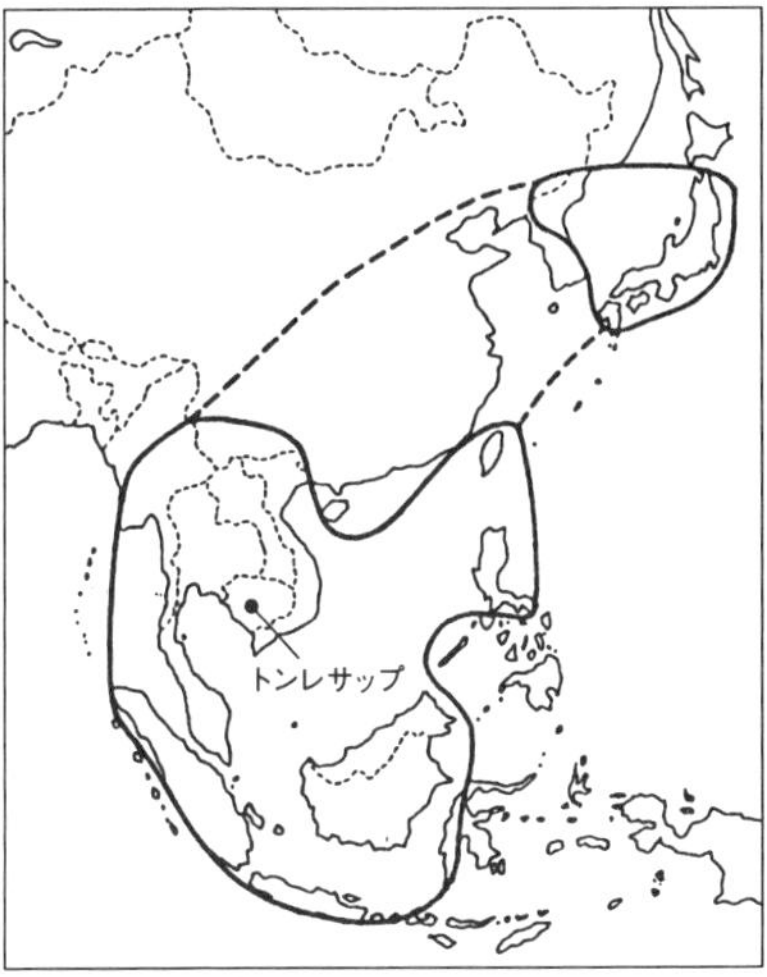

図4　ナレズシの伝統的分布
（点線はかつては存在していた地域をしめす）

こうして、湖とその周辺では大量の魚がとれる。しかし、その漁季はモンスーン気候のため限られてい、十二月、一月に集中する。こういう季節変動に対応し、捕獲した魚を保存するために考え出されたのがナレズシなのである。

こうして考えてみると木浜のフナズシも春から梅雨時にかけて大量にとれるフナの保存のためのものであり、そのルーツはトンレサップあたりにあるということになりそうなのである。

最近、下郷遺跡というのが調査されいろいろなことが解ってきた。この遺跡についてはこの本でも川畑論文ですでに詳しく論じられているが、今の議論にかかわっていうと、二つの重要な資料が出てきている。ひとつは大量のフナの頭骨が出土したこと、今ひとつは熱帯ジャポニカという稲が作られていたことが判明したことである。

その大量のフナの頭骨は右に見たナレズシ文化圏と何か関係していそうな気がするのだが、いかがなものだろうか。

次に熱帯ジャポニカだが、これについては東南アジアからの観点で少しコメントをさせてもらおう。稲にはインディカ、温帯ジャポニカ、熱帯ジャポニカという種類があり、それらは今では三つの特徴的な稲作文化圏を作っている。インディカはインド亜大陸を中心に広がり、牧畜との結びつきが強く、稲そのものはまるでムギのように直蒔きで作られることが多い。温帯ジャポニカは日本で典型的に見られるもので、低温に強く、ふつうは谷間の灌漑田で田植えをして作られる。熱帯ジャポニカはこれに対して熱帯に多く、しばしば山腹で焼畑稲として作られる。

川畑論文でもいわれているように、この熱帯ジャポニカは粗放な栽培に適したものなのだが、現地では実にいろいろな作られ方をしている。もともと焼畑で作られることが多いのだが山腹の焼畑だけでなく、湿地でも作られる。湿地に生い茂ったヨシやカヤツリグサ、時には潅木を山刀で伐り倒し、耕起は全くしないで、そのままの所に棒で穴をあけ、そこに大きく育てた稲苗を植える。これは火入れこそしないが、その手法は焼畑のそれとほとんど同じである。だから焼畑水田などともいわれる。

焼畑水田というのはまた東南アジアでは漁業と密接に結びついている。焼畑水田は二―三年耕作すると放棄される。するとその湿地は、しばしば魚捕りの場として使われる。ハネコミが仕掛けられたり、ウエやモンドリが仕掛けられたりする。

またこんなことも行われる。二—三年で放棄しないでもう少し長く用いだすと、草が少なくなって、普通の水田のようになる。すると、この水田内に池を作る。雨季に水が多く、稲の青い時は魚は田の全域に広がって住む。乾季になって稲が実る頃になると、稲の植わっている部分は水が浅くなり、魚は池の部分に集る。こんな水田はドゥア・フンシーの水田といっている。稲作と養魚というドゥア（二つの）・フンシー（機能）を持った水田ということである。

また海に近い所ではマングローブ帯が伐り開かれて水田にされることがある。そんな所にもこの稲・魚のドゥア・フンシーの水田がよく作られるのだが、さらにまた、それに隣りあった所で、魚・塩のドゥア・フンシーの区画も作られる。雨の多い季節には魚を飼い、雨が止むとそこを塩田にするのである。結果的にはこういう地区では稲・魚・塩がえられ、塩干魚製造が行なわれる。東南アジアにはこんなところが相等広くある。こんな所にある文化を私は農・漁複合文化といっているのだが、これは先に見たナレズシ文化圏を含み、それよりさらに少し広い範囲に広がっている。

さて、下郷遺跡で発見された大量のフナの頭骨と熱帯ジャポニカ稲は、私には上に述べたような東南アジアの農・漁複合文化を想起させるのである。

盛んだった湖上交通

平安時代になって、京都などに都市が出現しだすと湖上交通が盛んになり出した。琵琶湖は日本海と京都を結び、さらに瀬戸内に通ずる交通の幹線になったからである。戦国時代になるとここは戦略拠点として重要になった。

北海物産の搬入路　昔は、米や北海物産が敦賀や小浜に陸上げされ、そこから山越えで塩津や大溝、今津などに運ばれ、湖上を大津に至り、京、大阪に持っていかれたことはよく知られている。

江戸時代のこの幹線の様子は非常によく判っている。大阪に向った物資で圧倒的に多かったものは米であった。北陸でとれた米が大津にあった幕府や藩の御蔵に運びこまれ、そこから大阪に送られたのである。米以外では松前の鰊や棒鱈や昆布、山形の紅花、北陸の木地や漆器、等々があった。一方、こちらからは京、大阪の呉服や太物、近江の焼き物や、漆器、茶などが行った。こうした交易の中心にいたのは近江の商人達であった。彼等は、松前藩の許可をえて江差に大きな店を構え、この交易活動を行なっていた。

古い時代のことは、もうひとつはっきりしない。しかし平安時代の昔から大量の物産が日本海から琵琶湖に入り、京、大阪に運ばれていたといわれている。

そうだとすると、北湖と南湖をつなぐ狭窄部はとりわけ、重要な位置を占めていたということが想像される。守山の湖岸に多い式内社はこのことと関係しているのかも知れない。

戦国時代の木浜　古来、交易路として重宝にされてきた琵琶湖は武士の時代に入ると戦略的據点として、重要な意味を持つようになった。

例えば、鎌倉時代になると木浜には大槻城が作られる。城は約三反歩ほどの所を濠と土居で囲ったものであった。おそらく、水上交通を監視するために作られたものであろう。この濠は昭和の初めだとまだ多くの部分が残っていた。

戦国時代になると進藤氏の居城がこの同じ木浜に築かれたといわれている。進藤氏は六角の重臣の一人で、安土の観音寺城の本丸近くに上屋敷を持ち、その下屋敷が木浜と小浜にあったといわれている。湖上交通を取り締るために、木浜、小浜という戦略的據点に城を構えていたのである。

戦国時代には、多くの武将達が全国制覇を狙った。こんななかにあって、武将達にとって、非常に重要だったことは琵琶湖を支配することであった。琵琶湖は日本海と大阪を結ぶ幹線であっただけでなく、東国と京都を結ぶための幹線でもあったからである。全国制覇をするためには京都におられる天皇のお墨付きをもらわねばならない。京への道は絶対に確保しなければならない。こういう意味で琵琶湖は極めて重要な據点になっていたのである。

地域経済のなかで　木浜と堅田が水運上極めて重要な地点であったことは確かだが、この二つの港は全く違った性格を持っていた。木浜は地域経済の據点として重要であった。これに対して堅田は幹線を支配する軍港として重要であった。これは、地形的な立地から出てきている。

木浜は何十もの農村のちらばる広大な野洲川デルタをその背後に持っている。木浜港はそこの人や米や、その他の物産の出入口の働きをしていたのである。一方、堅田には生産力のある後背地はほとんどない。だが、遠浅の発達していないのが港には好都合で、それに背後の山は見張り塔を作るにも適している。だから、軍港としてはより適しているのである。

信長の登場で、琵琶湖が一円的に支配され、港の整理が行なわれると、それ以降広域経済にかかわるようなものは、堅田に委ねられ、一方、木浜は地方港ということにさせられることになった。分業態勢が確立したのである。

地方港としての業務ということになると、その最も重要なものは米の積出しである。年貢米が川や堀りをつたって田舟で、時に陸路で港に集められ、それが大津に積み出された。これに対して先方から守山側へは下肥が多く入った。米やナタネや野菜を作るための肥料として、人びとは大津や坂本から屎尿を持ち帰ったのである。田桶に入れられた屎尿は田舟にのせられて、川や堀をつたって村に帰って行った。

それとは別に、東西の物の動きというものもはっきりとあった。湖東の守山側から湖西へは米と野菜が出た。湖西からは石材と木材がやって来た。水田地帯の野洲川デルタでは石と木が不足していたのである。一方、平野のない湖西は食糧に困っていたのである。

小さくなってしまって、今となってはとうていそんなことは考えられないのだが、昔はいくつかの川は大きく、それぞいに船運があった。例えば、石田川には湖から馬路石辺神社まで船が来ていた。平城宮址から出た木簡の「益珠郡馬路石辺玉足」の中の石辺は石橋のある船着場のことだと解釈されている。当時舟運があったのである。実際、この石田川はその後しばらくは使われなかったが、明治になると、再び船運に利用されるようになった。岡田逸治郎が、石田川ぞいにいくつもの閘門を作って、曳船で荷を運んだのである。その他の川筋も船運に利用された。例えば美戸津川や堺川などは利用された。古い文書には守山浦などという語が出てくるが、これなども守山に河港があった証拠だと解釈されている（内田秀雄　平成二）。

汽船の時代、そして鉄道の時代へ　明治元年には汽船が導入された。しかし、汽船時代になっても物資の流れは江戸時代とそれほど変らなかった。米はやはり大津方面に積み出された。湖東・湖西間の物の動きを見ても江戸時代のそれと似たようなものであった。例えば、大正九年度だと、木浜から堅田へは野菜、魚、酒が出ている。逆に堅田から木浜へは木材、石、薪炭、酒が入っている。ちなみにこの年度だと木浜港には汽船が延べ約千隻、和船が約三千隻入港している。乗降人員は延べ約一万六千人だから、一日約平均四十五人ほどである。（『守山市史』編纂委員会　昭和四十九年）

明治四十五年に守山駅が作られると水上交通の重要性はゆっくりと降下して行た。それでも湖岸の近くに居を構えている人達にとっては港は便利なもので、そう簡単には消えてしまいはしなかった。昭和の二十年代でもまだ、例えば矢島や赤野井や木浜で作られる野菜は汽船で大津や坂本や堅田に積み出された。木浜の一部の人達は汽船で堅田の学校や工場に通っていた。湖上交通が本当に消えていくのは昭和三十年代に入ってからである。

資源としての水

湖上交通の縮小する頃から，琵琶湖の水を工業用水や都市用水として利用しようとする動きが大きくなってきた。後にはリゾート地としての琵琶湖という方向にも向う。昭和三十年代から琵琶湖は一層めまぐるしく変化した。

洗い堰の建設　少し古い時代からその変化を見てみよう。

琵琶湖周辺ではもともとは農・漁複合的な生活をしていた。こういう生活があった背景にはここが洪水常習地帯でまともに農業だけでは生きていくことができなかったからである。このことはすでに議論した。

明治に入っても洪水はあいかわらず続いた。一七年、一八年、二十二年も大洪水があり、二十九年のそれなどはとりわけひどいものであった。湖岸では深さ三メートルの湛水が長期にわたり続いた。すっかり水が退いてしまうのには七ヶ月もかかったほどである。

こうしたことがあったのは瀬田川の通水能力が小さかったからである。それは分っていたのだが、下流との利害の対立など、いろいろの理由があって、工事が出来なかったのである。しかし、さすがに明治二十九年の大水害があって、これではひどすぎるということになり、やっと瀬田川の拡幅と浚渫工事が行われることになった。洗い堰が竣工するのは明治三十八年である。そして、これ以降、琵琶湖岸の湛水害はぐっと少なくなった。

ちなみに、二〇〇〇年の本日現在の瀬田川の通水能力は明治の拡幅・浚渫前のものに比べると十倍以上になっている。

水資源開発と琵琶湖総合開発　琵琶湖の水を工業用に利用しようと考えた最初の人達は京都の人達であった。明治になって首都が東京に移ったために京都は急激に萎んでいった。そんななかで町の活性化のために、琵琶湖の水を引いてきて電気を起し、京都の工業を盛んにしようということが考え出されたのである。そのために作られたのが疎水で、トンネルを掘って水を引き、蹴上に発電所を作り、その電力で市電が走らされた。発電所も市電も日本最初のものであった。

この時に京都が行なったことは水資源利用といえばその通りなのだが、本格的な水資源利用とはいえない。この時はただ、トンネルで水を導水してくるというだけのものだったからである。

その後に現れる、本格的な水資源利用というのは、自然の琵琶湖から水を引くというようなものではなく、もう一歩前進したもので、琵琶湖をダム化し、そこから取水するというものである。瀬田川に巨大な堰堤を築き、下流に水があり余っている時にはそこを閉じて琵琶湖に水を溜めておく、一方、下流に水が足りなくなった時には堰を開けて放流する、というものである。昭和三十年代にはいると京阪神の都市化と工業化が猛烈な勢いで進んだ。だから、こんな風にしてでも水を確保しなければならなくなったのである。

水の需要の増大は京阪神で起っただけではない。やがて地元の滋賀でも起った。ここでも人が増え工場が増え、多量の水を必要とするようになった。おまけに農業用の逆水灌漑も始った。この頃になると漁業と水上交通ははっきりと縮小し、人びとは、琵琶湖といえば水がめと考えるようになった。

こうした流れのなかで、昭和四十七年、琵琶湖総合開発事業が始まった。下流の都合だけで水資源を開発するには問題があるという滋賀県の強い主張があって、国が調停に乗り出し、滋賀県、下流受益県、国の三者が相互の利害を調整しながら水資源開発を進めていくということになった。こうして出てきたのが琵琶湖総合開発である。

琵琶湖総合開発が進み出すと、地元の滋賀の利益のためということで湖岸の地域整備事業が大きく推進されることになった。道路や港湾の整備、下水道や屎尿処理場の建設、公園の設置等々の事業がいくつも実施された。この総合開発事業は当初十ヶ年計画で発足したが、その後延長に延長が繰りかえされ、結果的には平成九年まで続いた。

この二十五年の間に事業の内容は実際には大きく変った。開発が進むと以前には考えられなかったほどの汚水が工場や家庭から出るようになり、琵琶湖が汚れ出した。事業の発足当時は、もっぱら水位変動が中心的な問題であったが、後には水質汚染が最大の問題となってきた。きれいな水を取り戻すために多くの研究費が投じられるようになった。こうして滋賀県は水環境問題について最先端を行くことになった。滋賀県が世界湖沼会議を先導したり、環境G8会議の議長県になるなどは、このことと直接関係している。

環境の次は文化（むすびにかえて）

過疎になった琵琶湖　琵琶湖総合開発が行なわれた結果、木浜や赤野井の湖岸はすっかり変ってしまった。かつてたくさんあった内湖や水路は消え、さらには遠浅部も埋め立てられた。かわってそこには、公園やゴルフ場、運動場が作られ、大きな美術館やホテルが立ち並ぶようになった。新しい汀線ぞいには捨石とコンクリートで固められた湖周道路がビューンと通っている。そしてその先の湖面はヨットや水上バイクでいつも賑っている、昔のあの水陸両棲的な農・漁複合の場は消え、まるで地中海のリゾートのような恰好になった。

ところで二十五年間にわたって行なわれた琵琶湖総合開発事業が平成九年一応の終結をした時、新しい研究会ができた。事業の総括をし、この次には何をなすべきかを考えようというのが目的で、関係者の間ではポスト琵琶総の研究会などともいっていた。この会では全く自由な発言が許されるということだったので、私も発言した。この小論を閉じるに際して、この時の私の発言を紹介し、私の琵琶湖に対する考え方を述べさせていただきたい。

会議は何回か行なわれたのだが、私はたったひとつのことだけを繰りかえし述べた。それは、どういうことかというと、地元のことを本気で考えていただきたいということである。役人や生態学者などいわゆる外部の人達の見方だけでは片手落ちなので、地元の人達の見方、考え方をまず第一に聞くべきであるということであった。

私がこういう発言をした背景には、地中海のリゾートにも似た姿になってしまった木浜や赤野井を前にしても、地元民の一人として私は、これでいいのだとは決して思えなかったからである。むしろいらだちと危惧さえ覚えていたからである。大はしゃぎをし、楽しんでいるのはヨットや水上バイクを走らせる若者だけではないか。湖岸道路を疾走する他国者と、その連中を相手にするホテルやレストランの連中だけではないのか。道路や湖岸に捨てられたゴミにはもう慣れてしまった私だが、水田中に投げ込まれたプラスチックや空き缶などを見ると我慢ならない怒りを覚えたからである。〝田をなんと思っているのか！　この神聖な場に車の窓から投げ捨てるなんて、それでも日本人か！〟外部者にはせせら笑われるかも知れないが、これが地元民の一人である私の偽らざる気持ちなのである。地元では少なからぬ人達がそういう気持ちを持っている。

役人も科学者も、きれいな琵琶湖を取り戻そうと一生懸命である。それは私も分っている。だが、地元民からすると、役人や科学者の対応の仕方には、どこか他人事への親身のなさのようなものを感じてしまい、思わず怒りがこみあげるのである。

話は少しそれるが、ちょっと湖から目を広げて滋賀県全体を見てみよう。まわりの山は相等強く荒れている。過疎で山に住む人が居なくなったから山林が荒れたのだといわれている。琵琶湖も荒れている。平野も荒れている。田にまでプラスチックや空き缶が投げ込まれているのである。

何故こんなことが起っているのか。山林の荒廃が起こっているのは過疎の結果だといわれている。それと同じように、みな過疎の結果起っているのだ、と私は見ている。昔なら百姓は毎日、田の見まわりに行った。だから空き缶など、仮に投げ捨てるような不届き者がいたとしても、すぐに取り除かれてしまった。またそうしていつもきれいにしていたものだから、投げ捨てる方も気がひけて投げ捨てなどしなかった。だが今は違う。土・日百姓になってしまって人のいない田が広がるようになっている。だからこんなことが起っているのである。田に過疎が起っているのが原因だといってもよいのではないだろうか。琵琶湖の荒廃も同じように過疎が原因だと私は考えている。漁師達が陸に追いあげられて琵琶湖が過疎になっているから琵琶湖は汚れたのである。琵琶湖は過疎なんかでない、賑っているという意見があるかも知れない。しかし、これは間違いだ。いくらヨットや水上バイクが群をなして走ろうが、これはやっぱり過疎なのである。

過疎か過疎でないかというのは、そこに根を張って住んでいる人がいるのかいないのかということである。別のいい方をすれば、その場所は自分のものだと思って人がいるか居ないかという問題である。自分のものだとなれば、欲にかけてでもそれを一所懸命大事にする。自分のものでないとなれば、欲も湧かないし、愛着心も出てこようはずがない。ヨットや水上バイクを楽しむ人達にとって琵琶湖は、その時利用するだけのもの、他人の持物なのである。東京の役人にとっても、大学の研究者にとっても琵琶湖は自分のものではないのである。

私が琵琶湖のことなら地元の人に聞いてほしいというのは、ここの所と直接かかわっている。琵琶湖には漁師という職業についていて、琵琶湖は自分のものだと思っている人達がまだいるのである。彼等にとっては琵琶湖は自分のものであり、もっといえば身体の一部でさえあるようなところがあるのである。だからこそ、それを守ることにかけては本当に真剣であり、余人には及ばないような生きた知恵を持っているのである。

漁師が減ってしまった。だから琵琶湖が汚れてしまったのである。琵琶湖をきれいにしようとするならば、最も確実な方法は漁師の数を増やすことでしかない。最終的には私はこういうことがいいたいのである。

こういうとすぐ反論が出てきそうである。漁業では食へなくなったから漁師が減ったのだ、だから仕方がないではないか。これに対しては私は次のように云いたいのである。だから私達がもっと魚を食べて漁業を盛んにする必要があるのだ。スーパーマーケットには外国産のエビや貝や魚がいっぱい並んでいる。あの魚に代えて琵琶湖のエビや貝や魚を食べるようにすれば、もっと琵琶湖漁業は盛んになり、漁師が増え、そうすれば彼等の存在で琵琶湖は生きかえる。

次は文化の時代　私は環境の次は文化の時代と思っている。琵琶湖総合開発の後半には環境が中心的な課題となった。しかしこれからはこれでは不充分だと私は思っている。ポスト琵琶総、それは文化事業であるべきだと私は思っているのである。

ところで、ここでいう文化とは単に琵琶湖にある伝統技術や民話の発掘、収集といったことではないのである。それも大事なのだが、琵琶湖をとりまく生活全体の回復のことなのである。そこにはきれいな水があり、漁師が漁業をしている。その魚を食べる人達が周辺にいる。そういう地域に広がる生活全体のことなのである。こういうことだからこれは周辺に住む私達自身の食生活のいささかの改善をもともなうものであり、考え方そのものの修正をも要求するものなのである。

私達は琵琶湖を中心に農・漁複合文化というものを縄文時代の昔から持ち続けてきた。すでに見たようにごく最近までそれを持ち続けて来た。考えてみると、結局のところ、私達はこの基本的な生き方から離れてしまうことはできないのではないだろうか。それを放棄してしまうと、過疎のもたらす荒廃が一気に広がるということではなかろうか。

琵琶湖を中心にした近江小宇宙というものをしっかり深く考え直してみる。今、私達に求められているものは、それではないかと私は思っている。

〔引用文献〕

石毛直道／ケネス・ラドル『魚醤とナレズシの研究』一九九〇年、岩波書店
内田秀雄「びわ湖と河川の水運」（内田・高橋編『都賀山』平成二年所収）
近畿地方建設局『琵琶湖の水位変動に関する記録の調査研究業務調査報告書』昭和六三年
滋賀県教育委員会『内湖と河川の漁法』（琵琶湖総合開発地域民俗文化財特別調査報告書 Ⅲ）昭和五六年
守山市史編纂委員会『守山市史 中巻』昭和五六年
安室知『水田をめぐる民俗学的研究―日本稲作の展開と構造』一九九八年、慶友社

座談会

明日の守山

司会（高谷）「つがやま市民教養文化講座」というのは二十年間続いたわけですが、今度それを記念して関係者で本を出そうということになりました。文化講座そのものが郷土の歴史を学ぶということを中心に据えてきましたので、今回の本の内容も歴史が中心になりました。しかし、途中で「明日の守山」のことも考えようということになり、若い人達にも加わってもらって座談会を行うことになったのです。

一連の講座も今回の執筆も、もともとは「つがやま荘」が創られてはじめて出てきたのです。

最初に㈶守山市野洲郡勤労福祉会館「つがやま荘」の創設者の一人である武冨さんに会館設立の狙いなどについて話していただき、その次に今回の本のあらましについて編纂していただいた高橋、舟橋のお二人に説明していただき、それから「明日の守山」について皆で話せればと思っています。

それでは武冨さんお願いします。

つがやま荘の夢

武冨　つがやま荘の設立の背景および建設以降の経緯を述べたいと思います。

私は企業誘致第一号新日窒の工場建設が始まった翌年の昭和三十二年に、守山にまいりましたが、それ以降新しい工場が次々と守山周辺に進出し、労働者が増えるに伴い労働組合も多数集結してきました。この当時、労働組合が会合や集会を開くにも既存の施設がないので、公民館や地域の会議所や学校の教室を利用するしかありませんでした。当時これらの施設は、利便性や快適性の点で現在の施設に比べてはるかに劣るし、使用上でいろいろと制約がありましたし、まして食事を供するパーティーや宴会などの開催は不可能でした。「企業は人なり」といって優秀な人材を集めるために、大企業ですと立派な福利厚生施設を持てますが、中小の企業では独自でそれを持つことは難しいわけですから、行政として勤労福祉施策をたてて、社会資本として勤労福祉会館を建設してほしい。そしてその結果として、企業誘致もやりやすくなるのではないかと。運動に取り組んだのが約三十年前の昭和四十年代のころでした。その後十年間くらいはなかなか進展がありませんでしたが、昭和五十年代に入ってやっと念願がかない、昭和五十五年につがやま荘が竣工し、今日に至っております。それだけに会館が単に労働組合の拠点としての館《やかた》ではなく、地域の中小企業の皆さんへの福祉文化事業の提供の場として、また、企業が提供する社員への福利厚生施策の肩代わりとしての施設としての位置付けがされたわけです。

建設は決まったが何処に建てるのか、立地条件ですね。それと主体の性格付け、いわゆる市立なのか財団法人でいくのかが問題でした。いま考えてみましても、ここが大きな分岐点でした。もし市立を選択していたなら地域密着型の福祉文化事業を中心とした、今の「つがやま荘」はなかったと思いますね。公益法人としての財団法人だからできたのだと思いますね。

当時この選択をめぐっては厳しい議論がありました。市立だと市が管理運営に全責任をもち、私たちは利用する立場で関わればよいので楽ではないか、財団法人だと経営全般に責任を持つわけですから、本当にやれるのかという議論でした。

この二つの方法論があったのですが、納税者として税金がどのように活用されているのか、給与取りの税金は高いと減税運動をやっている団体の立場からすれば、市立になって税金を湯水のごとくとまでは言わないまでも、管理運営費として大きなお金を使うのはちょっと矛盾しているなという考えでした。それなら経営に全責任を負うことは確かに大変だが、自立の精神があってこそ会館が地域と密着し、勤労市民と一体感の中で福祉文化事業にも貢献できるという私たちの想いが達成するのではないかとの結論に達したわけです。

公益法人としての財団を選択した以上、立地条件が重要になるわけで、一つには自立した経営をする立場からの収益を考えての駅周辺という立地条件。二つ目には大正七年に江州煉瓦がこの地に工場としてスタートしたことから、工場労働者発祥の地として念頭におきたい。三つ目には歴史的背景を大切にしたい。つがやま荘の十年史に「都賀山の由来」が載ってありますが、この地が日本書紀の中での記述で、持統天皇の七年（六九三）益須郡《やすのこほり》都賀山《つがやま》のこの地に益須寺《やすでら》があり、この寺で湧く醴泉によってわが国最初の民営の療養施設として栄え、社会福祉施設、事業発祥の地であったとの歴史的に由緒ある土地であるということも大きなウエートでした。そんなことで歴史的な背景、工場労働者の発祥地、経済的な立地条件と、ここに立地を定めて理解と協力をいただきスタートした次第です。

この座談会に入る前に、皆さんにお配りしたレポート「つがやま荘の歴史的過程と今日抱える課題について」ですが、なぜ配らせてもらったかといえば、ここに建設当初からの私たちの想い、理念が述べられていて座談会の参考になればと思ったからです。このレポートは山村さんが労働組合の立場からまとめたものですが、重要なことは会館をただ建てればよいというのではなくて、建てて何をするのかという想いが書かれています。労働組合の立場からみても最初から会館の地域への貢献度を重要視して、そのなかでも福祉文化事業をその中心に据えています。経営というか利益がどうなるか、海のものとも山のものとも分からない時から、想いとしての運営の理念をつくり、それに懸命に挑戦してきた会館の二十年の姿を理解してもらおうとお配りしたレポートです。

もちろん財団法人ですから収益をあげなければ事業としてもなりたちませんし、法人も維持できません。収益をあげて公益法人としての事業にその収益をまわさなければならない。財団法人だから収益に追われて公益事業がやれないというのでは、公益法人の意味がないので、そのときは解散するくらいの覚悟で望んだものです。いわゆる公益法人としての使命感みたいなものです。レポートの中の「会館の地域への貢献」でも述べていますが、福祉文化事業に対しては、こんな気持ちでスタートをきりました。

一つ目に、この「市民教養文化講座」、二つ目に

「夏休み親子教室」、三つ目に「少年スポーツサッカー教室」、このなかからは望月、井原など全日本クラスの選手が育っています。四つ目に青年団を中心にした「ドゥースポーツ」、五つ目に遠藤九段を講師に開催している「囲碁サークル」、六つ目に「つがやまコンサート」、「つがコン」として、大阪フィルハーモニーのチェロ奏者が守山にいらっしゃるので振興会を中心に続けられ、七つ目には「ライフプランセミナー」、いま重要になっていています生涯生活設計の講座です。これらの企画の中心に「市民教養文化講座」を据え、創立十年目に「都賀山」という記念誌を発刊し、二十年目の今を迎えているわけです。

これらの運営の基本として、自主・自立の精神でやってきました。特に福祉文化事業は参加するみんなで育てるというか、ボランティア的な考えで運営をしよう、そこから地域密着型が形成され、地域社会のものとして育つのではないかとの想いでした。つまりこの姿勢、この使命感がある限り努力はもちろんですが、収益はおのずとついてくると考えたからです。

私も山村さんも、会館建設のずっと前から運動も含めて会館に携わってきましたが、工場建設に伴ってよそからきた人間です。そこで非常に気になっていたのが、企業内も含めてですが、地元の住民の皆さんと新住民の生活意識の違い、歴史、風土、文化の違いといって良いのかもしれませんが、そこからくる意識の差、自治会意識もそうですが。コミュニティとしてはまずいなあと。その融和に向けて何かお手伝いができないか。どのように新しい地域社会を作っていくのか、文化・風土の差をどのようにして克服していくのかを、運動のなかで強く意識しておりましたね。

勤労者が多いということは転勤者も多い、その人たちが退職したら守山周辺に永住の地を求めて帰って来たいという人が結構多い。それは田園ですね。自然環境との共生の意識だと思います。あとで述べますが私たちの設計思想の中に「水と緑と土」がありますが、これですね。京都に近いこともありましょうし、子どもの教育もありましょうし、歴史文化の宝庫でもありましょうし、琵琶湖の周辺で「やすらぎ」や「癒し」としての永住の地を求め帰って来たいということだと思います。

自然環境との共生といえば、この会館の建設時、当時としては珍しい試みとして設計コンペをおこない、その指名設計要領のなかで「水と緑と土」をテーマとした構想の提案要求をおこなったことです。

そういうことを含めて考えると、文化というか風土というべきか、その歴史的文化的背景を勉強しながら地域に溶けこんでいくことが重要になってきますから、その意味でもこの福祉文化事業には力を入れてきましたし、よそから来た者だけにすごい歴史的背景をもったこの土地での一体感の醸成に力を尽くしてきたともいえます。

この時世、ついこのような歴史文化を軽んじる風潮が強すぎる。残したい村社会の文化をたいせつにしながら、二十一世紀にどう繋ぐかというには、一つには私どもの責任だし、地元住民と新住民の一体化への橋渡しの仕事だろうと思います。「おかげさまで」と共にいえるコミュニティになれば、というのが心からの願いです。

いま私どもをとりまく経済環境は厳しく、会館を運営していくのに大変な時代でもありますが、使命感に燃えて、公益事業を第一義に据えて「文化の香り高い館《やかた》」を続けていくというのが、私なり、担当の山村さんの想いでありまして、今後とも皆さんの力を借りて頑張りたい。そのことが収益面でもプラスとなる成果を生み出すものと確信しております。次の議論の中でお話に参加させていただきますが、以上で一応のまとめとしておきたいと思います。

司会　ありがとうございました。

次に本の内容をごくかいつまんでお話ください。本は前半が歴史になっていますが、その部分、高橋先生お願いいたします。

守山の豊かな歴史と人々

高橋　近江の国の豊かさについては、いろいろと話題にのぼります。現代的な視点で捉えられて経済的な面での豊かさがいわれる一方、精神的な面も問われていると思います。ところで、精神的な面と経済的なことは、実態を知る上では分けて考えることは出来ないかと思います。湖南地方で感じられる豊かさというものについて、文化学の立場で考えてみたいと思います。

文化財保護法によって発掘調査された遺跡のなかで、下之郷遺跡と伊勢遺跡が脚光を浴びていますが、これらの遺跡は野洲から二十余りの銅鐸群が出土したことや、その後の大岩山古墳群造営との関連から、古代のクニの成立の過程を野洲川流域に集約したものでした。そして、安国造や益須寺が『日本書紀』という国史の編纂ものに見えるようになりました。滋賀県には五十余に及ぶ古代寺院の遺跡のあることが報告されていますが、『日本書紀』に見えるのは益須寺のみです。益須寺によって象徴されるようにこの地方は、大和朝廷と深い関わりをもっていました。守山という地名の由来の説明を参考にして頂きたいと思います。そして、守山市三宅の蓮生寺に生まれた歴史学者三品彰英博士が、コトバの変遷の中に文化を認めるとされた文化史学一説の上に立って益須・守山の文化について皆さんに検証してもらいました。

悠紀・主基という名でもって知られる地域の文化があります。平安時代以降、京都を中心にして東方の近江を悠紀、西方の丹羽・備中播州路を主基と固定しまして、この地方の豊かな風景を描いた屏風と高御座《たかみくら》の前で即位の儀が行われました。今も同じであります。双方の地方には、多くの銅鐸の出土を見た処でありました。同じ銅鐸の文化圏であったか否かは定かではありませんが、今は近江路と播州路を結んでＪＲの列車が悠紀・主基の文化を分刻みで運んで走っています。

野洲川の氾濫を現在の天井川と同じように想定してはならないと思います。天井川生成以前での氾濫は沃野を作り、ここで美田と荒廃田とを繰り返して耕作されていました。そして早くから朝廷ゆかりの屯倉や権門寺社の荘園が成立しました。荘園が相伝される過程で一円化が進められまして、沃野には皇族相伝の吉身荘、墾田から展開した大安寺淵荘、伝教大師ゆかりの中津神崎荘がありました。これら荘園の中には本所領家の仏堂があって、荘民たちの心の支えにもなっていたのでした。

鎌倉幕府の成立、承久の変という歴史の大きな転換期にあっても、中津神崎荘や吉身荘はそのまま相伝されたようでした。野洲川の治水が進みますと中津神崎荘は南北に二分されました。この中津神崎荘の一角に箭放大明神極楽寺という大寺が甍を聳えさせていました。今は退転して在りませんが、旧野洲川北流の堤の辺りに文明十八年頃まであったかと思います。これは滋賀県教育委員会が十年の歳月をかけて滋賀県下に存在している大般若経の悉皆調査の結果から判明したものであります。ここに古い大般若経が奉納されていましたものが、流転して中主町吉川の地に伝えられてありました。どうして奉納されたかを経巻の識語によって伺いますと、承久の変に際して犠牲となった敵味方の菩提を弔うために書写奉納したものであることを推定できました。承久の変というのは、後鳥羽上皇が鎌倉幕府と対峙して院政復活を図った事件でありまして、この戦いには近江佐々木源氏が上皇方と幕府側に分かれて身内が相争ったものでした。

戦い終わって、佐々木源氏の系譜に見える覚西という人物が大勧進となり、近江国一円・山門・奈良薬師寺の僧までを動員して敵味方怨親平等の願いを籠めて奉納したものでした。永い間わが国には敵味方怨親平等の思想がありました。高野山にあります文禄の役の碑などは有名なものですが、今は日本人の心の中で忘却された思想ではないでしょうか。惣村という村の自治の成立は十三世紀の終わりころから近江を先進地区として成立したと考えられています。惣村はこうした近江の宗教的風土の中で成長してきたものでした。延暦寺の僧兵に追われた本願寺蓮如は、この地に三年余を過ごされまして宗教的風土の中で育まれ、その後に全国に教化の旅に出られたのでありました。

織田信長が天下統一を果たしますと、楽市楽座の朱印状を与え惣村の秩序を越えて商売・村の出入りは自由勝手を認めました。近江商人の全国的な飛躍が始まりました。近江商人の全国的な展開とともにこの地に在りました鋳物師の集団が全国に展開したことが明らかにされました。野洲川畔の辻村に栄えました鋳物師の技術集団が全国に鋳造技術を伝えました。また、これらの人々は江戸や浪速など都市の文化を伝えて帰りました。こうした目でもって見ていきますと、この近江の国というのは、日本の文化を先行する形で進んできたような感じが致します。

申し遅れましたが、日本文化を先行するものとして、『日本書紀』持統天皇の記事のなかに見えます益須寺で療養施設の在ったことを語っております。平安時代に弘法大師空海が平安京に施薬院というものをお造りになってわが国の社会福祉に対する芽生えであると言われておりますが、益須寺の話は社会福祉の濫觴と考えられて数世紀を遡ることとなります。

司会　続いて舟橋さん。後半部を編集していただいたのですが、そこでとりあげていただいた庶民の生活などについて、少し触れていただけませんか。

舟橋　私は武冨さんの話と、それから高橋先生の話をお聞きしながら、非常におもしろいなと思いましたのは、お二人ともいわば守山についての話なんですけれども、その話というのは、すべて日本社会全体に通じる話でもあるということなんです。

例えば、高橋先生の話の中にいろんな遺跡の話がでましたけれども、これはいわば日本史の中での、大きな変革の時でありますす農業革命のときの、世の中が非常に大きく変わっていくときの、その時のいろんな遺跡の話であります。また、武冨さんの話でいいますと、戦後起こった非常に大きな変化であります高度経済成長期の、いわば日本社会のどこでも起こったような変化の話であります。

そういう大変化の話をお聞きしていますと、村といいますか、そこで生活していた人たちは一体どのような生活をおくっていたのかが気になります。江戸時代の生活を中心に話しますと、もちろん守山だけの話ではないんですけれども、守山とか野洲川を見ていますと、明らかに田んぼに水を引いて、一生懸命米を作って、彼らは生活しておりました。すばらしい秩序だった生活がありました。いわば水利社会みたいなものがここにはできておりました。

その水利社会では、平等性みたいなものが必ずありました。つまり、どの田んぼにも全部同じように水を配るところがあったと思うんです。みんな同じという考え方です。しかし、もう一方ではやはり田んぼに水を引くときでも、上流に当たります水口がやはり有利でして、下流の郷尻といいますか、水路の末端はやはり不利です。末端だと水が足りないか、まったく水がこないというわけです。いわば不平等性みたいなものも非常に強くあったわけです。

また、江戸時代の村人たちは村を離れて動いてはいけない、つまり彼らはずっと守山の地にいた、と一般に思われております。でも、いろんな記録に残っていますように、彼らはさまざまなところへ気軽に出かけております。わりと、農民的ではないといいますか、いわば商人的なというようなところも同時にあったような気がいたします。先ほどの高橋先生のお話に出てきました辻村の鋳物師の話ですけれども、これは辻村だけで鋳物を作っていたという話ではなくて、全国へ出かけて行った話ですし、木地師の例でも全国展開の話であるわけです。

このあたりの特色の一つは、そういう平等性と不平等性、定着性と非定着性といいますか、そういう相反するようなもののバランスの中で、人々は生活していたような気がしているわけです。これが、このあたりの特徴ではないかなというふうに思っているしだいです。しかも、それは同時に日本社会の一つの特徴でもある気がいたします。

そうすると、この守山を見てますと、それは同時に日本社会の動きといいますか、日本社会の本質的なところを見ているような気がしているしだいです。

司会 ありがとうございました。今までの話題提供を踏まえてフリーディスカッションに入りたいと思います。今の舟橋発言の中の、相反するもののバランスの中で生きるというのは面白い見方ですね。それでは、どなたからでも自由に発言してください。

古い風土と外来者

武冨 高橋先生が触れられましたが、近江は経済的に豊かですよね。精神的にはどうかとおっしゃったが、私や山村さんの世代までかも分からないが、京をひかえて権力者の往来の激しいところ、近江商人のイメージで近江・滋賀を知らされていました。「三方よし」、「文化の功績」など全然知らないし、一方からのみの近江観でしたね。西武・堤家の実業家・作家・詩人の堤清二さん(ペンネーム辻井喬)も、『闇夜遍歴』のなかで、「小田村は無言のまま、日塔の胆汁質の黒い顔と短い首を見た。落ち窪んだ目は、土蔵の小さな窓に嵌められた格子の奥から、今度都に攻め上がるのはどんな男かと品定めをして暮らしてきた近江商人の人間の目であった。」と述べています。

その意味では、「つがやま市民教養文化講座」のはたしてきた役割は、歴史・風土・文化を正しく継承しようという意味で大きいものがあると思います。いろんな問題はあるかと思いますが、転勤者が退職後帰って来たいと、こちらに永住の地を求めてくるのは一つの回答だろうと思います。先に述べた先入観を大きく逆転しますよね。

高橋 従来の歴史研究では、経済史の視点に立って近江商人の研究がなされてきたことによる偏見かと思います。偏った近江商人研究による商人像が広く流布していると思うんです。近江商人が文化的なものをどのように伝え、また近江に持ち帰ったかがもう少し早く研究されておれば、異なった近江商人像が伝わったかと思います。例えば、個々の近江商人が俳諧の雅号を持っていたとか、連歌に精通していたとかは彼らの姿を伺う基本かと思います。今でも、個々に趣味をもって生きていることと同じことかと思いますが。

先ほど申しそびれましたが、文明十八年ころ箭放大明神の建物が立ち腐れの状態で崩壊しますと、ここに安置されておりました仏像などは村々に請留められました。極楽寺の仏像や経典を村々に奉置した村の自治の芽生えでありました。この村の自治の心を育んだ背景がお判り頂けるでしょうか。近江商人を含めた湖国の人々を育んだ背景を垣間見ることが出来ると思いますが。

橋　近江商人がいろいろな文化を伝えてきたということなんですけど、今この滋賀県というところには結構、工場とかたくさんあって、よそから人がたくさん来られると思うんですよ。そんな時に近江の国というのがどういう風に受け入れているのかなというのに関心を持っています。

やはり内と外の違いが激しいとよく言われるんですよ。豊かでいいところのはずなのにどうしてそういう風に内と外ができてきたのか不思議に思います。そして、これからこの辺りを解決していかないといけないと思います。

そのことについてどのようにお考えなのか、聞かせていただければ嬉しいと思います。

司会　滋賀県人は極めてしっかりした内を持っている。そのためか、時に排他的にさえ見えることがあるということですが、これには何か歴史的な背景があるのでしょうか。

高橋　排他的な観念というものですが、このことについては、この地方に発達しました宮座という組織を無視することができないと思われます。近江国では再編成された荘園を母体に惣村内で数組の宮座が組織されており、固く結束していたといいます。村の祭祀組織のことで特定の家に属する者で構成されておりまして、順番に定められる頭家が祭祀を司っていました。座の序列や座内の序列の変更については、座構成員のたゆまぬ努力がありました。その中で、彼らは村を統合していくわけなんですね。

表面的には村の結束が強いように見えますが、決して一枚岩ではなかったようでした。例えば、村には本願寺の道場をもっていましたが、一村に二つの道場（十五世紀中頃）三つの道場（十六世紀初）があった処がありました。また、村のなかに新しくお寺を建てました。織田信長が金森攻めを行ったころ錦織寺の末寺が造られたのでした。そして江戸時代のはじめには村の中で有力な一族が次々と寺を建てるようになりました。そこで、元禄五年には幕府から新寺建立禁止の法度が出るまでになりました。

村の中には草分けを名乗る家を中心にして、幾組かの宮座の組織があったことになります。たとえ、宮座が無くなりましてもその後遺症が今でも遺っていると思います。例えば、選挙がありますと、一統以外の人々は無関心を装うということがあります。惣村の設立以来先祖を共有した人々が保持し続けてきた文化というものではないでしょうか。良い面も見てください。こうした雰囲気が県外から来られた方には、非常に排他的なものとして認識されるのではないかと思いますが、如何でしょうか。決して、意識して排他的な行動をとっているわけではないと思います。

橋　空間的に見て滋賀県というところは大変開けていて、なかなかこんなにぱっと開けているところはないんですね。それで田圃がだぁっとあって、湖があって、その向こうに比良山なり比叡山が見えるという、大変開けていてあけすけな感じがする土地柄なんですよね。私は他の土地にも住んでいたことがあるので思うのですが、この土地のイメージというものを生かしていきたいなと。

山村　私は大分県に生まれました。あの辺の地形というのはリアス式海岸でしてもう海まで山が迫っていまして平野が少ない。そこで半農半漁の人たちが歴史的にずっと生活していた土地だと思うのですよね。私はこの地に来てみて、非常に広大な平野があるということ、これまで自分が住んできた空間とか景色とまったく違った世界が、この近江の平野にあるということに驚きを覚えました。

野洲川というのは暴れ川でこれまで何度となく氾濫して、そのたびに流域が肥沃になる。冷害の東北地方や、毎年台風の洗礼を受ける九州と違って、この地には毎年予定された収穫が期待できるわけですよね。その意味で豊かな地域であったわけですよ、歴史的には。

この地理的な背景があって、住民の意識形成においても東北人や九州人と異なる意識の形成過程があったのではないかと思います。その意味で、東北や九州の人たちと違った経済的や時間的な余裕があったのではないでしょうか。そのことが近江商人という形の一つの文化なり経済的な発展を生み出すことができた根本的な土壌というか、ベースになっているのではないかと思うのです。

先ほど滋賀県人の意識の表と裏という話がありましたが、それは生活の中に個人の価値基準が明確になっているのですね。自分にとってプラスかマイナスかが非常にはっきりしていて、自分のいろいろな判断の中でそれが反映される。それが歴史的に、あるいは伝統的に確立されてきた。東北や九州ではそうはいかないわけです。経済的な基盤が確立されていないから、肉親、親戚、地域、地縁との関係を大事にしなければ生きていけない。そのためには自分の価値基準を抑制してでも、周囲との調和を尊重しなければならない事情があったわけです。つまり東北人や九州人は近江の人にくらべて、自己の価値基準で判断したり、自己主張することが制約され、周囲との関係性において、日常の中に自己を埋没しなければ生きていけない。その意味で、他者にはその人の意識の裏表は見えてこないわけです。

このような事情から自分の価値観をあいまいにして生きている人間よりは、自分の価値の尺度や指針をもって生きている人間の方が優れているともいえるのではないかとも思います。このことが近江商人が全国で名を成し、これまで彼らのビジネスが継承されてきた伝統的な精神風土がこの地に蓄積されてきたということではないのでしょうか。

中川　近江商人のように自分の意見が貫けるというのは、僕は、人間として表裏がないように感じるんですよ。自分が嫌だと思っていることでも他人に合わせて行動する方が、逆に表裏があるように感じます。

舟橋　非常におもしろく聞かせていただきました。一つは研究者という立場から、もう一つは地元民として、おもしろく聞かせていただきました。

移民の研究を少しやった研究者の視点から見ますと、ものすごく豊かな人とか、非常に貧しい人は移民には出なくて、基本的に中間層が出ていく傾向が強いと思うんです。ある程度の豊かさが動くには必要であるというわけです。また、移民する人たちは見通しがいいとか、あるいは先進的な気風があるとか、そういう開けたところの人たちが出ていく傾向があるんです。近江商人のことは移民と同じ現象だと思いながらお聞きしました。

それと地元の人間としてのことですが、自分自身のことを思いながら、ある程度自分の意志を通せるというか、あるいはそれができるというか、そういうところが自分にもあるなと思いながら、話を聞かせていただきました。

つまり、一方でみんなのやることを一緒にやりながら、だけど俺はこっちへ行くでえ、というようなこともある程度できるのかなというわけです。

武冨 守山の人口の半分以上が新住民で占められるようになってきました。私も守山に来て四十三年になりますがよそ者意識が、周囲も自分の中にもまだあります。私で四十三年、山村さんなどと一緒に三十年近く運動をやってきて、どんな人間かも隅々まで分かってもらっているはずなのに、微妙な判断を求められるときに、あいつは信用してよいのかと、やはりよそ者意識が出るのかなと思ってしまう。男性と違って女性の交際範囲は非常に広く、それだけ活動分野も男がびっくりするくらいに広く深い。そんな中でうちの家内が言うには「おたくのご主人は九州の出身ですよね。当然奥さんも九州ですわね、九州のどちら。」と聞かれ、「いや私は栗東の手原ですよ。」と家内が答えると、「あぁそうですか、手原のどちら。」ということになって、「どこどこの誰べえの屋号は○○です。」となると、それまでの態度が変わり親近感をこめたつきあいになる。つられて旦那の評価もがらりと変わる。これも運動していて直面することですが、女性の方がサークル参加などで、外に出ていくにも周囲の目があって「わざわざエプロンを上から着て軽トラックで出かけるのよ」と。新しい時代に新しい街づくり、コミュニティづくりを目指す場合、このへんをどう克服するのか、心の問題でも文化の面でも重要な問題ですよね。克服課題は感じないのですが、ここというときにね。普段ですよね。今から先の街づくりというのかな、自治というのかな、どう一体化していくのか、新しく入る側も受け入れる側も壁を作らないで、歴史と風土と文化をお互いに認めたうえで、変化させるところは思いきって変える努力の中で、よい意味での相互作用、相乗効果を生み出す協同作業により、よそ者意識を乗り越えた時、融和のコミュニティ、おかげさまのコミュニティが形成されてくると感じています。第二のふるさとですからね。

司会　遠藤さん発言お願いします。

ＩＴ時代に向けて

遠藤　私は、守山に生まれ住んでいるのですが、ここ三十年、四十年ぐらいで環境が激変してきたと感じているんです。三面張りの水路に側溝蓋、車を優先したアスファルト道路、最近では旧野洲川河川敷での骨材採取による森林伐採など、自然と人との関わりがどんどん遠ざかっていきました。

私の思い出の中に残っていることは、旧野洲川や琵琶湖で泳いだことが強くあります。水路でザリガニや小魚をつかんだこと、堤防でカブトムシやクワガタムシをつかんだこと、また最近でも堤防の木々を利用してものづくりをしたことなど、たくさんの知恵をこの地域で教わったと思っています。こうした経験は非常に大事だと思います。今ですと、子どもにこういう体験をさせるのに、遠くへ行かなくてはなりません。何か不思議な感じがします。地域づくりをいうとき、生命をも左右する自然環境をその地域で体験できるかどうかをまずは問わなければならないと思います。現在気がかりなのは、廃川敷跡の「地球市民の森」なんですが、植樹していく方向だということで、いいとは思うのですが、名前からして里山的発想があるかどうか疑問を感じています。地元のいろいろな利用による地元の管理がないと継続的で健康的な森づくりはできないと思うからです。

それと、もう一つ大切なことは「コミュニティ」だと考えています。コミュニティの基礎である自治会、そして、今後盛んになるであろうＮＰＯやＮＧＯ。これら地域の活力や文化を継承する担い手であるコミュニティ活動の活性化こそが、二十一世紀の地方主権時代を生き抜く、また希望ある将来を築く原動力になると思います。

今日のテーマが守山、野洲、中主の未来ということで、この地域にはこういう歴史があってうんぬんと言いたいのですが、まずは、「自然環境」と「コミュニティ」の再生と創造ということが基本だと考えます。

幸い守山には、「川」や「琵琶湖」と深く関わってきた歴史があります。生活、生産や交通手段として。

それらの文化を取り戻すべきではないかと思います。また、旧野洲川河川敷の堤防の木々は、昭和三十年ぐらいまで、風呂を沸かしたり、ご飯を炊いたりするための燃料としての利用もありました。特に守山は、山がないので、水文化とともに森文化を創造していくことが大事だと思います。

数年前になりますが、守山青年会議所が旧野洲川河川敷をフラットにするか、しないか、あるいはどう利用するかなど関係する地域と議論の場をもってくださいました。その議論をふまえ、守山の原風景を生かす将来像として、かなり議論された成果品があります。これらの提案を生かしていくべきではないかと思います。

司会　風景の復元というようなことが考えられているのですか。

遠藤　環境面で言いますと、江戸時代のリサイクル社会のことがよく言われます。この地域の江戸時代の社会システムなんかを研究して、その文化の良い面を今の文明に組み込んだらおもしろいと思いますね。それと、野洲の山や守山、中主の平野、それを結ぶ川。そうした連続的なつながりもほしいですね。

舟橋　思い出を残したいというのは、非常にいいことだと思ってお聞きしました。

守山は、野洲川流域に位置していますので、水の問題もありますし、下之郷遺跡もありますし、今までの歴史がずっと残っていますので、これらを活かせないかと思っているのです。

フィールドミュージアムという考え方があるんですけれども、その考え方はこれからの守山を考える上で非常にいいなあ、と思っているんです。それは何かといいますと、体験を重視する博物館です。守山全体がいろいろな体験を積める博物館であれば非常にいいと思っているんです。

経験が非常に大事だと思います。特にこれからIT革命といいますか情報革命が進みますと、これはバーチャル（仮想）の世界ですので、逆説的ですが、実体験がないと全然駄目なんです。体験が非常に重要なんです。つまり、体験とバーチャルという、両輪がないといけないと思っているんです。そうしますと、守山でフィールドを体験できるってすばらしいじゃないですか。つまり水に触れて、土地にも触れて、古い遺跡から現代のコンピュータまで全部見渡せて、それらすべてが体験できる。そういうものが守山の基本的なコンセプトとしてあるといいと思っているのです。

山村　これは守山だけに限った話ではないですし、ちょっと夢物語みたいに聞こえるかもしれませんが、私は今日本がおかれている状況を考える時、今の文化か、歴史が果たして後世に残り受け継がれていくのかという危惧を持っております。

日本を取り巻く環境は急激に変わっておりまして、先ほどよそから来た人間の、いわゆる移民の話がありましたが、これからはボーダーレスの時代になって、国際的な移民も含めて守山にはもっと海外からの移民も増えてくると思います。

その一方で、先ほど舟橋先生がお話しされていましたようにＩＴ技術が導入されて、個人個人の日常的な接触がなくてもコミュニケーションが可能な社会がつくられて、日常生活に浸透してきています。

そういう中で私たち一人ひとりの生活が、個人主義的な生活スタイルでも生活要件が満たされるという環境が生まれてきています。これからその環境がさらに推移していくと、本当にその中から、歴史や文化が創成されて、次代に継承されていくのかが、私にとっては非常に心配なのです。先ほど申しましたように、この地域は日本でも有数の歴史の古い土地で、二千年ちかくも歴史や文化が受け継いでこられたのに、それが今の時代になって歴史が途絶えてしまうのではないかと。

私自身、歴史とか文化を考える時、たしかに当時の権力者の指導性や影響力があったとは思いますが、一方で、やはり名もない人たちのエネルギーといいますか、ダイナミズムみたいなものが前提にあったと思いますし、そういう人たちが文化とか歴史を形成しながら、次の時代へ継承していった担い手であったと思うのです。

先ほど遠藤さんがおっしゃったように、コミュニティがなければそういう大衆のエネルギーの発露とかダイナミズムが結晶していくような過程が生まれてこないと思います。これからの守山の中に、核家族とか、隣近所と没個性的な今の生活スタイルを打ち破るコミュニティ社会の形成を創るきっかけを、日本の中でさきがけてやるような文化的な試みが必要で、このことを提案することが必要ではないでしょうか、少し冒険的かもしれませんが。そうしないと、日本全体が没個性的で、無機質で、金太郎飴みたいになってしまう。これは政治の関わり方にも責任がある。フランスのパりを見れば、日本の政治がいかにこの点に無関心で、無責任かがわかります。民衆一人ひとりの自覚の問題も確かにありますが、民衆の意識やエネルギーを発揚するひとえに行政の責任でもあると思います。

中川 僕は守山をよく通りますが、これだけ歴史のある場所だということすら知りませんでした。昔からずっと住んでいる方は、そういうことも知っておられますし、そういう方の意見を例えばホームページで開設する。僕らは分からないことがあれば、とりあえずホームページで検索するように身体が染まっていますし、これからはIT化が進むということで、そういうツールを利用して、まず地域を知ってもらうことから始めてはと思います。

橋 少し前の話に戻るかもしれませんが、思い出を残すという話が先ほどあって、川で遊んだ経験を残していきたいという話でした。私にとって川で遊んだ経験はありません。思い出というのは一人ひとり違うし、時代とともに変わってくるんですよね。

そうやって文化、まち全体が変わってきて、常に文化の中身がちょっとずつ変わっていくと思います。「伝統ある文化」でもそうだと思います。

その変わっていく中で何を残していくのかというのが結構難しい問題になってくると思うんですよね。その中で思い出として残る部分には、やはりバーチャルな世界ではなく、実際の世界だと思います。ホームページ等の利用をはかることももちろん重要ですが、実際身をもって体験したものにはなかなか勝てないと思います。

そのあたりを考えると身をもって経験して、その中で新しいものを加えながら今後に残していくということが大切だと思います。そのためには、身をもって体験できる環境を残しておかないといけませんが。

武冨 最初に私もふれましたが、この会館を建設する時に設計思想が重要な意味を持つと述べました。「水と緑と土」です。

なぜ外壁は煉瓦なのか、池に鯉を放しているのは、周囲を緑でつつんだのはなど、深い思い入れがありました。転勤者が退職してこの地を永住の地と定めて帰って来たいとの想いと同じで、自然環境と共生できる地ですよ。

会館が所在するこの地、野洲川流域への歴史を含めた想いをこめて、「緑」は鎮守の森、子どものころの遊び場、緑の深いやすらぎ、癒しの場。「水」は浮気《ふけ》という地名の水です。近くにありました吉水《よしみず》（身）とよばれる清流と琵琶湖で、水は蛍につながり、そこで池を配置して鯉を放ち、蛍のレリーフを玄関に据えつけました。「土」は野洲川の恩恵によって生まれた良質の粘土からできる煉瓦、タイル煉瓦で外壁を貼る。この三つとも野洲川の恵みですよ。感謝の気持ちです。ですから「水と緑と土」が建設する時の思想で、これはこの地への永遠の願い、二十一世紀にむけてのこだわり、郷土のあるべき姿への願望でもあります。

今、「ＩＴ（情報技術）革命」だという、私も山村さんも民間企業の出身だからつい数年前まではＱＣ・ＴＱＣ活動と小集団活動をやってきました。お互いの顔が見え、コミュニケーションをとって問題解決手法で仕事を進めてきた。ところがここにきて「ＩＴ革命」の言葉だけが先行して、脳天気にＩＴを礼賛するだけで、深い暗部があるのに気がつかずに進んでいるきらいがないのか。このままでよいのか。人と人との連携がなくとも端末機器でいろいろなやりとりができ、物づくりや物流やあらゆる分野でコストダウンも含めて飛躍的な前進があり、エネルギーも大きく削減されるでしょうが、その反面職場や社会での人と人とのふれあいが少なくなり、人間の絆が切れはしないか。人間のコミュニケーションは機器でははかれないし、言葉だけのものでもない。相手の動作や表情や感情のなかで、行き違いを前向きに調整してきたが、機器ではそれができない。さらにはものすごい情報量の中で主体性がないとのみこまれて、何のためのＩＴ革命かということになり、共同体意識が吹っ飛んでしまいはせぬか。今や会社主義が壊れつつあるというが、今までのような会社に依存した会社人間から、社会性をもった自立した人間の成長であれば、それはそれで有意義なことではあるが、新しいＩＴ時代の価値機軸をどう設計するのか、個人にとっても会社にとっても、地域社会にとっても、かえって大きな試練だと私は思いますよ。

地方分権、地方の時代といわれるが、全国各地が「まちづくり」を含めて画一化され、どこもかしこも東京化し、地域の個性、存在価値が薄れてないか、情報化時代こそむしろ各地域の独自性と村社会の地方文化をもう一度再発見して進めるべきであろう。地方文化が輝くときではないか。そのためには新しいコミュニティ、新しい自治意識がより重要になる。ＩＴ時代といわれるだけにこのことの重要性を強く求めたいと思います。その意味で、ＮＰＯとかＮＧＯの成長なり連携が必要で、それによって民意というか民度というか、民主主義の根底に関わる各人の問題意識が新しい二十一世紀の尺度となってくると思います。

遠藤　大雑把な言い方で誤解があると困りますが、高度成長期の経済優先主義の中で、本当にいいものが失われていったのではないかという気がします。身近な自然環境の破壊とともに、生活の知恵までもなくなった時代であると。二十世紀は、と言いたいですが、実体験の中でいうとなると、ここ三十年、四十年はＯＩＬ（化石燃料）文化が地域文化の破壊とコミュニティの崩壊をまねいた時代ではないかと思えます。

たとえば、村の伝統や文化、自然と共生する知恵のことを聞くとなると、世代を超してかなりのおじいさん、おばあさんに聞かなければわからない。ＯＩＬ世代でそうした地域文化の継承、発展が何かしら途切れたように感じます。

蛇口をひねると水が出て、スイッチを入れると明かりが灯る。どこから水がきて、どうして電気がつくられているか、そんなことも気にならなくなる。こういう便利な世の中になればなるほど、一方でアナログ的な生き方が体験できる場所があえて必要だと思います。

たとえば、「市民の森」を利用して自治会館で使うエネルギーはその自治会で自給するとか、考えればできなくもないと思います。こうしたことは、コミュニティの再生にもつながるし、地域の自立ということにもつながります。新しいまちづくりの方向として進めてもいいのではないかと思います。

司会　ありがとうございました。短時間にも関わらず広範囲にわたって議論をしていただきました。野洲川下流域というのは大変豊かな歴史のあるよい所だというところから話が始まりました。だが、排他的な所があり、裏表があるというような指摘もあり、そんな中で旧住民と新住民が共生するにはどういう心構えが必要かというような話にもなりました。そして、ふと気が付いてみると、ＩＴ革命とかバーチャルリアリティが生活の全面に広がってきているということになり、人々の本当の繋がりはなくなり、社会は崩壊の危機に瀕しているというような話にもなりました。こんな状況の中で我々は今なにをなすべきかということになり、大方の意見はコミュニティの再生こそ最も緊急なことだということになりました。

二十周年の節目にあたって、私たちはこうして本を書き、座談会をしたのですが、私たち自身が置かれている位置を確認するにはよい機会になったかと思います。今後は時代の流れをしっかりと見据えたうえで、それに流されることなく、この伝統ある地域にしっかりと生きていくようにしたいものだと改めて考えさせられた次第です。有意義でかつ楽しい座談会でした。ご協力に感謝いたします。ありがとうございました。

【座談会出席者】

◇遠藤由隆（えんどう・よしたか）守山市在住　公務員　一九六〇年生
◇高橋正隆（たかはし・まさたか）守山市在住　元大谷大学教授　現善慶寺住職　一九二九年生
◇高谷好一（たかや・よしかず）守山市在住　滋賀県立大学教授　京都大学名誉教授　一九三四年生
◇武冨寛幸（たけとみ・ひろゆき）守山市在住　財団法人守山市野洲郡勤労福祉会館「つがやま荘」理事長　一九三四年生
◇中川毅（なかがわ・つよし）中主町在住　大学院生　一九七七年生
◇橋元輝（はし・もとき）野洲町在住　公務員　一九七四年生
◇舟橋和夫（ふなはし・かずお）守山市在住　龍谷大学教授　一九四七年生
◇山村博英（やまむら・ひろふさ）野洲町在住　財団法人守山市野洲郡勤労福祉会館「つがやま荘」専務理事　一九四七年生

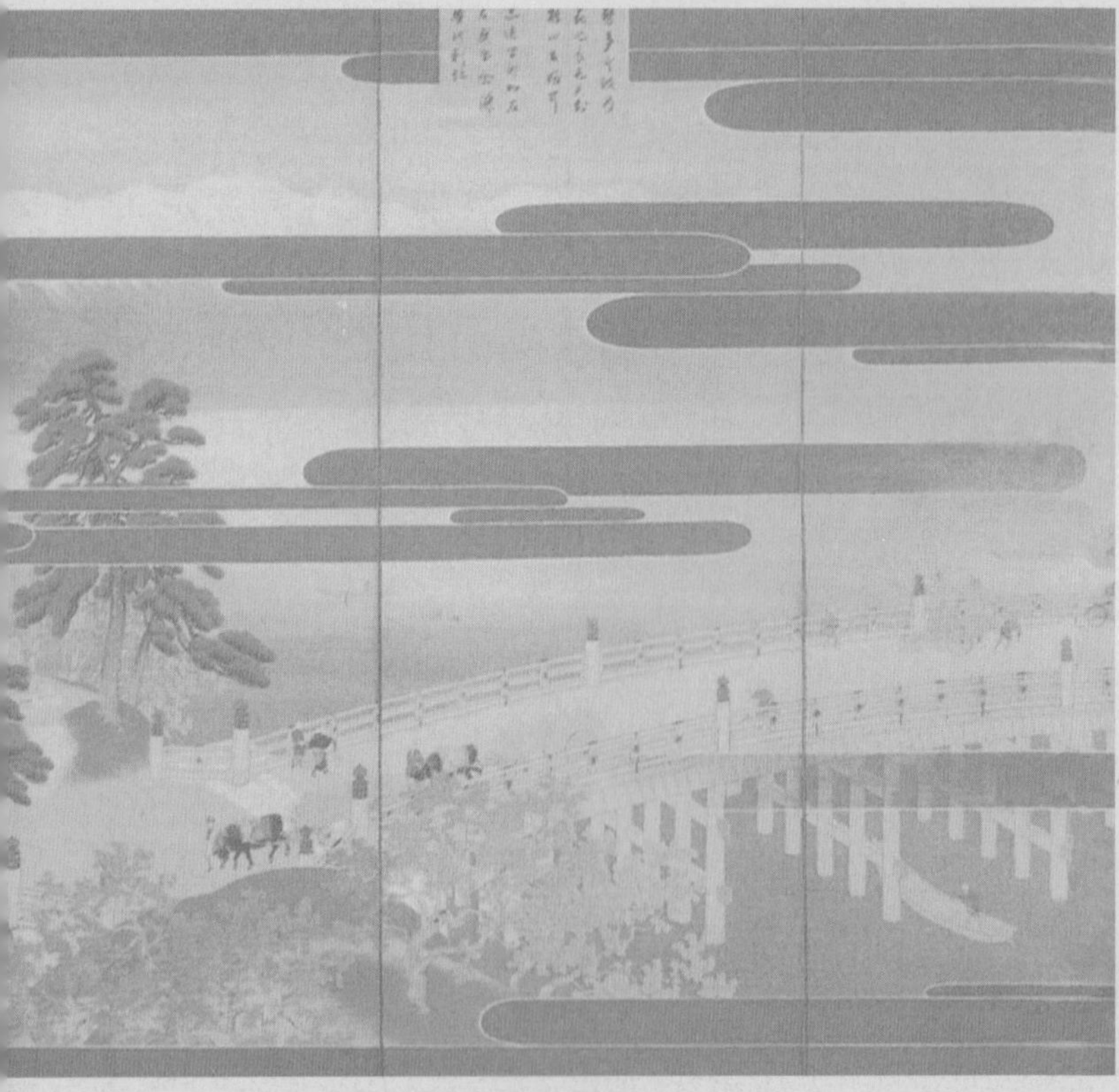

日本文化のかなめ　つがやま市民教養文化講座二十年の記録

2001年1月15日　初版発行

企　画　財団法人守山市野洲郡勤労福祉会館つがやま荘

編　者　高　橋　正　隆
　　　　高　谷　好　一
　　　　舟　橋　和　夫

発行者　岩　根　順　子

発行所　サンライズ出版
〒522-0004　滋賀県彦根市鳥居本町655-1
TEL 0749-22-0627　FAX 0749-23-7720

印　刷　サンライズ印刷株式会社

製　本　渋谷文泉閣

定価はカバーに表示してあります。

ISBN4-88325-083-0　C1021

著者略歴（50音順）

井上　優　いのうえ・まさる

1965年生　栗東歴史民俗博物館学芸員　守山市在住

「街道薬・和中散の創製と展開について」(『栗東歴史民俗博物館紀要』2号 1996)、「『元亀の起請文』の史料批判」(『栗東歴史民俗博物館紀要』4号 1998)、「牧野信之助と『滋賀県史』編纂」(『栗東歴史民俗博物館紀要』5号 1999)

内田秀雄　うちだ・ひでお

1906年生　大阪教育大学・奈良大学名誉教授　守山市在住

『日本の宗教的風土と国土観』（大明堂 1971)、『裁断橋』法藏館 1998)

川畑和弘　かわばた・かずひろ

1963年生　守山市教育委員会生涯学習課主任　水口町在住

「考古学の調査と古環境の復原」(『うみんど』8号 1998琵琶湖博物館)、「近江湖南の弥生集落」(『歴史の広場』3号 2000 大谷大学日本史学会)

進藤　武　しんどう・たけし

1962年生　野洲町教育委員会文化財保護課主査　大津市在住

「突線紐式銅鐸の動向と予察」(『野洲町立歴史民俗資料館研究紀要』2号 1990)、「近畿式銅鐸と三遠式銅鐸」(『古代文化』47-10　古代学協会 1995)、「銅鐸祭祀の終焉」『滋賀考古』21. 1998)

髙木叙子　たかぎ・のぶこ

1966年生　滋賀県立安土城考古博物館学芸員　守山市在住

「江戸時代の摠見寺―摠見寺由緒書の成立をめぐって―」(『滋賀県立安土城考古博物館紀要』3，1995)、『浅井長政像模写事業報告』(『滋賀県立安土城考古博物館紀要』5，1997)

高橋正隆　たかはし・まさたか

1929年生　元大谷大学教授・現善慶寺住職　守山市在住

『久安六年本三国祖師影の研究』(『優鉢羅室叢書』 1969)、『絵絹から画紙へ』（文華堂書店 1976)、『鎌倉新仏教管見』文華堂書店 1977)、『大般若経の流布』善慶寺 1995)、『和紙の研究』（近代文芸社　1995）など

高谷好一《たかや・よしかず》

1934年生　滋賀県立大学教授、京都大学名誉教授　守山市在住

『コメをどう捉えるのか』(NHKブックス 1990)『世界単位からの世界を見る』(京都大学学術出版会 1996)『多文明世界の構図』(中公新書 1997) など

辻　広志《つじ・ひろし》

1954年生　中主町教育委員会文化財保護係係長　彦根市在住

『八夫遺跡第9次発掘調査報告書』中主町教育委員会 2000、「中主町木部天神前古墳の調査」(『滋賀考古』8. 1992)、「西河原森の内遺跡」(『空からみた古代遺跡と条里』共著 1997)

舟橋和夫《ふなはし・かずお》

1947年生　龍谷大学社会学部教授　　守山市在住

『ドンデーン村の伝統構造とその変容』創文社 1990、『近江商人の里・五個荘』行路社 1998、『フィールドワークの新技法』(日本評論社 2000) など

松下　浩《まつした・ひろし》

1963年生　滋賀県立安土城郭調査研究所主任技師　守山市在住

「戦国期六角氏権力に関する一考察」(『近江地方史研究』29. 30, 1994)

「穴太積の再検討—北垣聰一郎氏の議論によせて—」(『織豊城郭』 3, 1996)、「長篠合戦図屏風にみる織田信長—信長観読とりの試み」(『近世近代の地域と権力』共著　清文堂 1998)

つがやま市民教養文化講座事務局

武冨寛幸	村中洋治	近藤　守	西田清子
高橋正隆	高谷好一	舟橋和夫	

つがやま市民教養文化講座
20年の記録

(肩書は講座当時のものです)

■第1回(昭和56年度)

4月	地域の風土	大阪教育大学・奈良大学名誉教授	内田秀雄
5月	秩序のある街の発展	大谷大学講師	高橋正隆
6月	エクスカーション(野洲川下流)		
7月	エクスカーション(野洲川上流)		
8月	錦織寺と本願寺	大谷大学教授	細川行信
9月	地域に刻まれたもの		内田秀雄
10月	地域に刻まれたもの		高橋正隆
11月	地下に埋もれた文化財	守山市教育委員会技師	山崎秀二
12月	染織の美について	京都市立芸術大学教授・染織作家	中村彦之
1月	文化の宝庫「しが」		高橋正隆
2月	中世の内乱		内田秀雄

■第2回(昭和57年度)

4月	近江富士・三上山の生いたち	奈良大学教授	池田碩
5月	都賀山の醴泉と東山道	京都大学教授	足利健亮
6月	雁皮紙―近江鳥ノ子―		高橋正隆
7月	エクスカーション(紙漉き村)		
8月	エクスカーション(水運の跡)		
9月	びわ湖と河川の水運		内田秀雄
10月	地名をかたる	滋賀医科大学教授	井戸庄三
11月	比叡山の魅力	現代歌人協会会員・歌誌「潮音」選者・日本歌人クラブ地方委員	三品千鶴
12月	経済往来	㈱滋賀相互銀行常務取締役	岡路潤一
1月	近江米の品質	滋賀県立短期大学名誉教授	野々村利男
2月	金森の道西		細川行信

■第3回(昭和58年度)

4月	これからの町づくり		井戸庄三
5月	びわ湖の生態史	京都大学教授	高谷好一
6月	観音寺城と近江の古城	滋賀大学教育学部教授	高橋誠一
7月	エクスカーション(石山寺)		
8月	エクスカーション(草津方面)		
9月	近江工人(辻村鋳物師)のこと	大阪市立大学名誉教授	小林博
10月	緑と旧野洲川の植生	京都府立大学助教授	本城尚正
11月	一遍上人の巡錫ともりやま		高橋正隆

12月　近江米の移りかわり …………………………………………………… 野々村　利　男
1月　近江商人雑話 ……………………………………………………………… 内　田　秀　雄
2月　幻の屏風絵を尋ねて ……………………………滋賀県審議員（文化担当）本　城　博　一

■第4回（昭和59年度）

4月　近江雑感―近江の地理学的思い出など― ………京都大学名誉教授　藤　岡　謙二郎
5月　水車さまざま ………………………………………………関西大学文学部教授　末　尾　至　行
6月　大津の宮時代の謎をさぐる …………………………京都芸術短期大学教授　田　辺　昭　三
7月　エクスカーション（近江八幡方面）
8月　エクスカーション（信楽方面）
9月　湖南の門徒 ……………………………………………………………… 内　田　秀　雄
10月　私の観た諸仏 ………………滋賀県教育委員会事務局・文化財保護課調査員　宮　本　忠　雄
11月　近畿地方の民家―日本と世界の民家展望―
…………………国立民族学博物館教授・総合研究大学院大学教授（併任）杉　本　尚　次
12月　野洲川のはなし ……………………………………………京都大学教授　芦　田　和　男
1月　日本佛教の分水嶺―法然房源空について― ……………………… 細　川　行　信
2月　雅から「わび」へ ………………………………………………………… 高　橋　正　隆

■第5回（昭和60年度）

4月　国際森林年によせて―湖南のはげ山に関連して― ………愛知大学教授　藤　田　佳　久
5月　近江の土地利用 ……………………………………………滋賀大学教授　小　林　健太郎
6月　太閤検地と近江の郷村 ………大阪教育大学・羽衣学園短期大学名誉教授　宮　川　　　満
7月　エクスカーション（国立民族博物館）
8月　エクスカーション（西陣織）
9月　明治初年の近江の農村とその農業
………………………京都大学教養部教授を経て関西学院大学文学部教授　浮　田　典　良
10月　城下町考 ……………………大阪大学文学部教授・大阪大学付属図書館長　矢　守　一　彦
11月　近江の民俗 ………………………………………………京都文化短期大学教授　宮　畑　巳年生
12月　照葉樹林文化と稲作の系譜 ……………………国立民族学博物館教授　佐々木　高　明
1月　中国の思考―天と地と人― …………………………大阪大学名誉教授　海　野　一　隆
2月　名画の見方―中国の絵画― ………………………………奈良大学教授　古　原　宏　伸

■第6回（昭和61年度）

4月　インドの生活―アヒンサー(不殺生)のこころ― ………大谷大学名誉教授　佐々木　教　悟
5月　遣唐使悲話 ……………………………………………奈良大学客員教授　堀　池　春　峰
6月　石の文化　木の文化 ………………京都大学名誉教授・奈良大学学長　水　津　一　朗
7月　エクスカーション（唐招提寺）
8月　エクスカーション（東大寺）
9月　伊吹山―カルストの文化― ……………………………大阪教育大学教授　守　田　　　優
10月　木曜島　さいはての日本人 ……………………………帝塚山学院大学教授　大　島　襄　二
11月　カメルーンの人びと ……………………………国立民族学博物館助教授　端　　　信　行
12月　カナダという国 ………………………………………大阪市立大学名誉教授　小　林　　　博

1月　世界のなかの琵琶湖
……… 大阪市立大学名誉教授・滋賀県琵琶湖研究所長・国際湖沼環境委員会委員長　吉　良　竜　夫
2月　ヨーロッパの街並みとその保全 …………………立命館総長・大学長　谷　岡　武　雄

■第7回（昭和62年度）

4月　古代文化と近江 ……………………………京都大学名誉教授　林　屋　辰三郎
5月　湖北の一向一揆 ……………………………大谷大学名誉教授　柏　原　祐　泉
6月　近江に残る大般若経と吉川矢放神社 ………………大谷大学助教授　高　橋　正　隆
7月　エクスカーション（定朝様式の仏像を訪ねる）
8月　エクスカーション（近江の神社建築の源流を訪ねる）
9月　源智上人の阿弥陀如来像造立と専修念仏の地域的展開
……………………………………………仏教大学文学部教授　伊　藤　唯　真
10月　仏教芸能と江州音頭 ……………………………仏教大学教授　関　山　和　夫
11月　金森と一向一揆 …………………………国立歴史民俗博物館研究部助手　小　島　道　裕
12月　守山と大津事件 ……………………………………………作家　徳　永　真一郎
1月　堅田時代の一休と矢島少林寺桐嶽
…………………………花園大学・京都大学名誉教授・国際禅学研究所長　柳　田　聖　山
2月　近江の民俗あれこれ ……………………………滋賀大学名誉教授　宮　畑　巳年生

■第8回（昭和63年度）

4月　兵主神社と渡来人 ……………………………京都産業大学教授　井　上　満　郎
5月　連歌から俳諧へ―少林寺仮寓の宗長― …………大谷大学名誉教授　山　本　唯　一
6月　京言葉とその広がり ……………………………元京都府立大学教授　寿　岳　章　子
7月　エクスカーション（延暦寺）
8月　エクスカーション（彦根城を中心に）
9月　木地屋の話 ……………………………………日本民俗学会評議員　橋　本　鉄　男
10月　ミヤケの時代から条理の時代へ―土地計画のうつりかわり―
……………………………………………………京都大学助教授　金　田　章　裕
11月　近江雑感―京を支えた近江― ……………………………歴史家　奈良本　辰　也
12月　天下一統―豊臣秀次の悲劇― ……………………………京都大学教授　朝　尾　直　弘
1月　近江多羅尾氏 ……………………………………元大阪市立大学教授　平　山　敏治郎
2月　記紀の神話と湖国―天之御影神など― …………………龍谷大学教授　日　野　　昭

■第9回（平成元年度）

4月　天智天皇と大津京 ………………………滋賀県文化財保護協会専門員　林　　博　通
5月　傳教大師について ……………………………………元大谷大学教授　白　土　わ　か
6月　井伊家そして直弼 ……………………………彦根城博物館学芸課長　難波田　　徹
7月　エクスカーション（三井寺（園城寺）・近江神宮・木下美術館・琵琶湖文化館）
8月　エクスカーション（京都に遺る室町文化を訪ねる―三宝院・
西本願寺・豊国神社・方広寺・高台寺）
9月　平安・鎌倉時代の日本語―ことばの歴史を探る―……兵庫教育大学助教授　金　子　　彰
10月　不死鳥の寺 …………………………………………園城寺学問所所長　柳　田　暹　暎

11月　小堀正次と遠州―その政治家としての側面―…市立長浜城歴史博物館学芸員　太田浩司
12月　雨森芳洲と朝鮮通信使　……雨森芳洲庵館長　木村一雄
1月　平家物語と湖国の文化　……大谷大学教授　渡辺貞麿
2月　竹生島とその文化　……滋賀県立琵琶湖文化館学芸員　土井通弘

■第10回（平成2年度）

4月　日本仏教　……大谷大学名誉教授　横超慧日
5月　近江の風光と美術　……県立近代美術館学芸課長　石丸正運
6月　滋賀県の重力　……大谷大学助教授　西田潤一
7月　エクスカーション（佐々木氏の古跡を訪ねる―沙々貴神社・浄厳院・安土城址・近江風土記の丘・桑実寺・観音正寺・老蘇の森）
8月　エクスカーション（湖北の神秘を訪ねる―余呉湖・高月観音の里・歴史民俗資料館・雨森芳洲記念館・賤が岳古戦場・伊香の民家）
9月　明治の町村役場の人びと―日清日露戦争のころ―　……同志社大学教授　高久嶺之介
10月　歌舞伎にみる東西文化の比較……京都新聞社企画委員　西村彰朗
11月　近江の民家　……滋賀県教育委員会文化財保護課技術補佐　鈴木順治
12月　琵琶湖魚類の生態　……滋賀県琵琶湖文化館学芸員　前畑政善
1月　桂離宮の昭和大修理―職人技術の衰退―……元桂離宮修理大林組事務所長　水本豊弘
2月　地図いろいろ……森圖房　森三紀

■第11回（平成3年度）

4月　滋賀の水中の生物―植物と貝類―　……大谷大学教授　日下部有信
5月　比叡山を降りた法然上人　……仏教大学名誉教授　藤堂恭俊
6月　東大寺献物帳とその願文　……宮内庁正倉院事務所調査室長　関根真隆
7月　土の建築・木の建築　……関西大学教授　山田幸一
8月　エクスカーション（太平記の遺跡を訪ねて―番場蓮華寺・成菩提院・清滝寺）
9月　神仏習合の美術　……京都大学教授　清水善三
10月　近江の民家　……岐阜女子大学教授　吉見静子
11月　新聞の出来るまで　……京都新聞社編集局社会部部長代理　小栗茂樹
12月　江若鉄道の建設　……同志社大学教授　藤田貞一郎
1月　大菩提寺（金勝寺）の文化　……栗東町歴史民俗博物館次長　佐々木進
2月　中世文学の心……愛知県立大学助教授　黒田彰

■第12回（平成4年度）

4月　蓮如上人の人間像　……前大谷大学学長　北西弘
5月　エクスカーション（雨森芳洲庵・青岸寺庭園・安楽寺庭園・大通寺庭園）
6月　信長にとっての近江と安土―歴史地理学から考える―…京都大学教授　足利健亮
7月　昨今の宗教事情　……淡交社代表取締役副社長　臼井史朗
8月　良寛の中国……　柳田聖山
9月　近世逢坂の雅人・幽暢園主平井紀宗　……金蘭短期大学教授　水田紀久
10月　エクスカーション（関ヶ原方面―岐阜県不破郡の史跡を訪ねる）
11月　刀剣の美　……滋賀県文化財保護審議委員　岡田孝夫

12月　守山とドンデーン―日・タイ比較文化論―……京都女子大学助教授　舟橋和夫
1月　日本の生活に定着している中国　陶磁―近江のやきものとのかかわりを中心に―
……………………………………………京都国立博物館学芸課美術室長　河原正彦
2月　日本の音・ヨーロッパの音　……………………………大谷大学教授　岩田宗一

■第13回（平成5年度）

4月　簡牘から紙の文化へ　………………………………………大谷大学教授　高橋正隆
5月　水の文化とくらし　…………………………………………滋賀大学教授　鈴木紀雄
6月　エクスカーション（京都大原方面―三千院・勝林寺・寂光院・古知谷阿弥陀寺）
7月　平安朝の漢詩文　……………………………………………大阪大学教授　後藤昭雄
8月　新勅撰和歌集の撰集について　……………………………龍谷大学助教授　大取一馬
9月　エクスカーション（越前和紙の里めぐり―和紙の里会館・大滝神社・
岩野平三郎製紙所・パピルス館）
10月　一点の木簡（西河原森の内出土木簡より）………中主町教育委員会　辻　広志
11月　木簡と古代文化　……………………………………………大阪大学助教授　東野治之
12月　近江における平安彫刻の成立　……………滋賀県立近代美術館学芸員　高梨純次
1月　児童文学の中の「家族」……………………………………大谷大学教授　西田良子
2月　徳川家の調度品　……………………………………………徳川美術館学芸員　四辻秀紀

■第14回（平成6年度）

4月　越後の親鸞・金ヶ森の蓮如―そこで彼らは何を見たか―………　内田秀雄
5月　桂離宮　…………………………………………元宮内庁京都事務所専門官　佐藤　理
6月　エクスカーション（金剛輪寺・梵鐘の工場を訪ねて）
7月　鑑真和尚の来朝について　…………………東海学園女子短期大学教授　佐久間　竜
8月　神饌から想定される近江の国の食　…………滋賀女子短期大学教授　小島朝子
9月　エクスカーション（禪林寺（永観堂）・哲学の道・白沙村荘庭園（橋本関雪庭園））
10月　イギリスの小説の中の女性像―特にＤＨロレンスを中心として―
……………………………………………………………京都橘女子大学教授　杉山　泰
11月　「一遍聖絵」を読む…………………………奈良国立博物館主任研究員　西山　厚
12月　角筆文献の可能性―日本文化史研究のために―…三重大学助教授　山本真吾
1月　聖徳太子　……………………………………………………大谷大学教授　名畑　崇
2月　滋賀県下の魚類と漁業………………………………琵琶湖文化館学芸員　秋山廣光

■第15回（平成7年度）

4月　諒闇の色　………………………………………………元大谷大学教授　高橋正隆
5月　畳の文化　…………………………………………元宮内庁京都事務所専門官　佐藤　理
6月　エクスカーション（京都大原野方面・西山浄土宗発祥の地善峰寺・三鈷寺・光明寺）
7月　近江の村落と宗教　…………………………………………龍谷大学助教授　古賀和則
8月　琵琶湖の水質と守山市内の河川水質　……………………龍谷大学助教授　竺　文彦
9月　浄土の世界（仏教美術）……………………………奈良国立博物館学芸課長　河原由雄
10月　エクスカーション（奈良方面・九躰寺・般若寺・奈良国立博物館）
11月　近江と木簡　………………………………奈良国立文化財研究所歴史研究室長　綾村　宏

12月　西洋近代小説と神……京都女子大学助教授　青木謙三
1月　滋賀県の都市化にともなう農村社会の変貌と地域農業……龍谷大学教授　河村能夫
2月　西洋文化の起源……大谷大学教授　新村祐一郎

■第16回（平成8年度）

4月　京の町家……㈱安井工務店副社長　安井清
5月　イスラムにおける宗教と社会……京都女子大学助教授　小田淑子
6月　多文明の共存（21世紀はどんな時代か）……滋賀県立大学教授　高谷好一
7月　エクスカーション（岐阜の鵜飼・岐阜市歴史博物館）
8月　滋賀県の蚊と病気について……元京都女子大学教授　岩城操
9月　世界の米、食糧需給と日本農業の将来……京都大学教授　辻井博
10月　稲の品種がたくさんあるわけ……岐阜大学助教授　宮川修一
11月　エクスカーション（紺九（野洲町）・兵主大社・錦織寺（中主町）・瓦ミュージアム（近江八幡市））
12月　野洲川流域の特徴……京都女子大学助教授　舟橋和夫
1月　かなの文化……徳川美術館学芸員　四辻秀紀
2月　敦煌写経の歴史……大谷大学教授　竺沙雅章

■第17回（平成9年度）

4月　近代日本画と越前和紙……高橋正隆
5月　蓮如上人と町づくり―金森・赤野井と関連して―……滋賀県立大学人間文化学部長　西川幸治
6月　エクスカーション（福井県立美術館・和紙と日本画展）
7月　歴史の中で宗教を考える……龍谷大学教授　福嶋寛隆
8月　木内石亭……土井通弘
9月　越南の都・一乗谷の文化……滋賀県立大学教授　村井康彦
10月　エクスカーション（鯖街道の文化を訪ねて―福井県立若狭歴史民俗資料館・朽木村郷土資料館・鯖街道熊川宿資料館・旧秀隣寺庭園・明王院）
11月　滋賀の水と暮らし……水と文化研究会会員　岡田玲子
12月　腸内細菌とあなたの健康……京都女子大学助教授　高桑進
1月　日本の稲作文化と東アジア……シルクロード学研究センター研究交流課課長補佐　寺沢薫
2月　中世の近江―商人・自治・女性―……滋賀県立大学教授　脇田晴子

■第18回（平成10年度）

4月　八幡神の成立と発展……聖徳学園大学教育学部教授　逵日出典
5月　本願寺蓮如と畿内……真宗大谷派教学研究所嘱託研究員　上場顕雄
6月　エクスカーション（一乗谷・朝倉遺跡を訪ねて）
7月　近江の連歌と俳諧―支那・矢島・永原を中心として―……守山市企画部市誌編纂室嘱託市誌編纂委員　木村善光
8月　謎の湖底遺跡……滋賀県立大学人間文化学部助教授　林博通
9月　近江の惣村……滋賀県立大学人間文化学部助教授　水野章二
10月　エクスカーション（菅浦方面―阿弥陀寺・菅浦郷土資料館・竹生島）

11月　山岳・砂漠の村、ツェルゲルの四季—モンゴル遊牧民の暮らしから学ぶ—
……………………………………………国立民族学博物館博士課程在学　伊　藤　恵　子
12月　仏教と気づき（日本語による講義）…………京都女子大学専任講師　ミシェル・モール
1月　アフリカ—苦悩する人々………………滋賀県立大学人間文化学部教授　黒　田　末　壽
2月　オアシスの商人と草原の騎馬民族　……………滋賀県立大学教授　高　谷　好　一

■第19回（平成11年度）

4月　世界の中の琵琶湖—その生活と文化—　……滋賀県立琵琶湖博物館総括学芸員　嘉　田　由起子
5月　東山道と中山道……………………………滋賀県立大学助教授　高　橋　美久二
6月　エクスカーション（伊勢神宮外宮・内宮・神宮徴古館・神宮美術館）
7月　滋賀県の神社建築　……………………………神戸大学助教授　黒　田　龍　二
8月　弥生の巨大環濠集落—下之郷遺跡の調査成果から—
……………………………………………守山市教育委員会生涯学習課主事　川　畑　和　弘
9月　農耕開始期前後の赤野井周辺　……………滋賀県文化財保護協会技師　鈴　木　康　二
10月　エクスカーション（大津・湖南方面—琵琶湖文化館・三宅町蓮生寺・野洲川水害の跡・中主町堤箭放大明神極楽寺跡地）
11月　中国の少数民族政策と朝鮮族　…………………龍谷大学助教授　李　相　哲
12月　茶と人とのかかわり　………………………滋賀県立大学教授　早　川　史　子
1月　百済と近江………………………………滋賀県立大学助教授　田　中　俊　明
2月　神前結婚式—その伝統と現代—　…………………龍谷大学教授　舟　橋　和　夫

■第20回（平成12年度）

4月　銅鐸文化の終焉　…………………野洲町教育委員会文化財保護課主査　進　藤　武
5月　信楽の陶芸と石仏　…………………………滋賀県立大学教授　安　土　優
6月　エクスカーション（信楽方面—飯道神社・紫香楽宮跡・甲賀寺跡・滋賀県立陶芸の森・信楽伝統産業会館）
7月　声明・日本音楽の源流　……………………大谷大学名誉教授　岩　田　宗　一
8月　安土城と織田信長　……………滋賀県安土城郭調査研究所主任技師　松　下　浩
9月　紙の加工と文学の改竄……………………………………　高　橋　正　隆
10月　エクスカーション（丹波・篠山方面—丹波焼・丹波篠山城を中心として）
11月　ドイツのダイオキシン対策　…………………龍谷大学教授　竺　文　彦
12月　近江の仏堂—建築空間と法会—　……………京都大学助教授　山　岸　常　人
1月　インドの修行者　……………………………京都大学助教授　田　辺　明　生
2月　万里の長城　…………………………………滋賀県立大学教授　菅　谷　文　則

（各年度の最終月の3月には、「講師団を囲む反省会」を実施しました。）